城市轨道交通车辆空调系统

主　编　葛党朝　李小平

副主编　吴　敏　毕恩兴

主　审　曹双胜

重庆大学出版社

内容简介

本书全面、系统地介绍了城市轨道交通车辆空调系统的结构、原理、使用、控制技术和我国城市轨道交通车辆常用空调设备的造型、特点、维护等,着重介绍了常见故障排查分析和处理实践内容,同时还简要介绍了城市轨道交通车辆空调系统调试等相关内容。

本书可作为铁路高职院校城市轨道交通车辆空调系统检修技术、城市及城际轨道交通车辆类专业的专业课教材,也可供我国城市轨道交通运营管理人员和城市轨道交通车辆相关技术人员及大专院校、中等职业学校相关专业师生参考。

图书在版编目(CIP)数据

城市轨道交通车辆空调系统/葛党朝,李小平主编.—重庆:
重庆大学出版社,2013.8(2023.1 重印)
ISBN 978-7-5624-7592-7

Ⅰ.①城… Ⅱ.①葛…②李… Ⅲ.①城市铁路—铁路车辆
空气调节系统—高等职业教育—教材 Ⅳ.①U270.38

中国版本图书馆 CIP 数据核字(2013)第 157477 号

城市轨道交通车辆空调系统

主 编 葛党朝 李小平
副主编 吴 敏 毕恩兴
主 审 曹双胜
策划编辑:周 立
责任编辑:文 鹏 版式设计:周 立
责任校对:秦巴达 责任印制:张 策

*

重庆大学出版社出版发行
出版人:饶帮华
社址:重庆市沙坪坝区大学城西路 21 号
邮编:401331
电话:(023) 88617190 88617185(中小学)
传真:(023) 88617186 88617166
网址:http://www.cqup.com.cn
邮箱:fxk@cqup.com.cn(营销中心)
全国新华书店经销
POD:重庆新生代彩印技术有限公司

*

开本:787mm×1092mm 1/16 印张:13.25 字数:331 千
2013 年 8 月第 1 版 2023 年 1 月第 6 次印刷
ISBN 978-7-5624-7592-7 定价:36.00 元

本书编写人员

主　编

　　葛党朝　高级工程师　西安地铁运营分公司车辆部部长

　　李小平　副教授　兰州交通大学

副主编

　　吴　敏　工程师　西安地铁运营分公司车辆部技术室主办

　　毕恩兴　教　授　西安铁路职业技术学院

主　审

　　曹双胜　工程师　西安地铁运营分公司副总经理

编　者

　　项目1　葛党朝　高级工程师　西安地铁运营分公司车辆部部长

　　　　　　张月秀　助理工程师　西安地铁运营分公司车辆部检修车间主办

　　项目2　吴　敏　工程师　西安地铁运营分公司车辆部技术室主办

　　项目3　葛党朝　高级工程师　西安地铁运营分公司车辆部部长

　　　　　　刘　海　工程师　西安地铁运营分公司车辆部检修车间主办

　　项目4　雒智奇　助理工程师　西安地铁运营分公司车辆部检修车间主办

　　项目5　都荣兴　助理工程师　西安地铁运营分公司车辆部检修车间主办

　　项目6　毕恩兴　教授　西安铁路职业技术学院

　　　　　　都荣兴　助理工程师　西安地铁运营分公司车辆部检修车间主办

　　项目7　李小平　副教授　兰州交通大学

　　　　　　吴　敏　工程师　西安地铁运营分公司车辆部技术室主办

序

　　轨道交通以其快捷、舒适等其他交通工具无法比拟的优越性,成为城市交通发展新的热点和重点。当前我国的城市轨道交通正处在大发展、大建设时期,截至 2012 年年底,全国有 16 座城市共开通运营 70 条线,总里程 2 081. 13 千米。

　　随着城市轨道交通行业的迅猛发展,相应运营专业人才的需求也日益紧迫,尤其是具有理论和实践性的复合型人才尤为紧缺。为适应新形势,近年来,国内的大专院校,尤其是交通职业技术类院校的城市轨道交通专业迅速扩大,早出人才、快出人才、出实用型人才成为学校和业界的共同愿望。通过一系列的调研和准备工作,在重庆大学出版社的倡导下,西安市地下铁道有限责任公司联合多省市交通类高职高专院校(如西安铁路职业技术学院、陕西交通职业技术学院、广东交通技师职业技术学院等)建立了校企合作联盟,组织具有丰富实践经验的轨道企业技术人员和职业院校的一线教师,与地铁运营实际紧密结合,共同编写了高等职业教育城市轨道交通专业教材。

　　这套教材采用校企结合模式编写,结合全国轨道交通发展状况,推出的面向全国、面向未来的教材,既汇集了高校专业教师们的理论知识,也汇聚了城市轨道交通专业技术部门创业者们的宝贵经验。

　　为做好教材的编写工作,重庆大学出版社专门成立了由著名专家组成的教材编写委员会。这些专家对城市轨道交通专业教学作了深入细致的调查研究,对教材编写提出了许多建设性意见,慎重地对每一本教材一审再审,确保教材本身的高质量水平,对教材的教学思想和方法的先进性、科学性严格把关。

"校企合作"、"理论与实践相结合"是本套系列教材的特点,不但可以满足当前城市轨道交通运营技术管理的需要,也为今后的城市轨道交通运营发展管理提出了新思考。随着运营管理的要求越来越高,以及新技术的不断应用,本系列教材必然还要不断补充、完善,希望该套教材的出版能满足广大职业院校培养城市轨道交通专业人才的需求,能成为城市轨道交通运营技术管理人员的"良师益友"。

建设部地铁轻轨研究中心　　顾问总工
建设部轨道交通建设标准　　主　编
建设部轨道交通专家委员会　专家委员

2013 年 7 月 26 日

前言

本书根据国家职业教育的要求和我国城市轨道交通车辆检修技术专业人才培养的需要，从高职教育的角度出发，以城市轨道交通车辆空调系统检修维护工作过程为主线，以城市轨道交通车辆空调系统常见故障维修任务为载体，按照项目教学的要求组织全书内容。全书共分为7个项目，每个项目由"项目描述""学习目标""能力目标""项目小结""思考练习""评估跟进"6个部分组成；结合项目内容和要求，设若干活动，并根据拓展知识的需求进行"知识扩展"。

城市化是世界各国共同的发展趋势。城市轨道交通作为大都市"公交优先"的交通管理模式的一部分，也越来越多地被世界各国所采纳。随着我国城市化进程逐步加快，城市的快速发展导致了城市交通运输量的迅速增长，继北京、上海等一线大城市后，地下铁道、城市轻轨等轨道交通也在我国大中城市迅速开工建设、开通运营。城市轨道交通，改变了城市交通，改变了城市框架，改变了城市范畴，改变了城市人群的生活。

为适应我国大中城市对轨道交通技术人才急剧增加的需求和对轨道交通技术人才技能水平的要求，保障城市轨道交通车辆运营安全，舒适、便捷，根据高等职业教育"以市场需求为目的，以服务为宗旨、以就业为导向"的指导思想，编写了此书。本书结合城市轨道交通行业对空调专业知识和维修技能的需求，针对轨道车辆空调检修岗位实际工作内容，引入空调技术应用的新工艺、新技术、新方法、轻理论、重实操，突出适用性和实用性，体现工学结合，使所培养的人员能够尽快掌握城市轨道交通车辆空调系统的结构原理和检修技术，并能够参与新线建设和新车调试车辆空调专业相关工作。

本书对轨道交通车辆空调系统的理论和实践进行了有机的整合，详细介绍了轨道车辆空调系统的基本原理及我国城市轨道交通车辆空调系统中常用制冷装置、通风装置、采暖装置、控制装置的基础知识和检修、维护技术；采用现代的知识认知型的行动体系模式，通过形象的"活动场景"，提出学习的"任务要求"，讲授翔实的技能知识，让学生在行动的过程中掌握知识，获得技能，培训能力。

本书由西安地下铁道有限公司现场技术人员编著，不足之处敬请广大读者批评指正。

编 者

2013 年 4 月

目录

项目 **1**
城市轨道交通车辆空调系统整体认知

【项目描述】

城市轨道交通车辆空调系统是城市轨道交通车辆的重要组成部分之一,它与我们日常生活中常见的家用、办公空调的功能一样,在城市轨道交通车辆中承担着调节客室内空气温度、增强客室内空气流动、提高城市轨道车辆乘坐舒适性的作用。本项目能够使学生对城轨车辆空调系统的概念、分类、组成、作用等相关知识有一个系统的了解。

【学习目标】

1. 掌握空调系统的基本概念;
2. 掌握城市轨道交通空调系统的组成和功能;
3. 掌握城市轨道交通空调系统的特点及发展方向;
4. 了解空调系统常用名词概念及相关国家标准。

【能力目标】

1. 能列出城市轨道交通空调系统各部分组成;
2. 能说出空调系统各部件名称、位置、功能。

任务 1.1　空调系统基本概念的认知

【活动场景】

使用多媒体进行空调系统常用名词、空调系统基本概念、空调系统分类等知识的教学。

【任务要求】

1.掌握空调系统的基本概念；

2.了解空调的分类。

【知识准备】

空调系统常用名词及概念

（1）**轨道车辆空调机组**（air-conditioning units for railbound vehicles）

轨道车辆空调机组是一种向机车、铁道车辆、轻轨车辆、地铁车辆的客室、工作间提供经过处理的空气的设备。它主要包括制冷系统以及加热系统的通风装置。

（2）**紧急通风**（emergency ventilation）

当车辆动力电断电时，由车辆的蓄电池经逆变器给空调机组的通风机供电，由通风机进行全新风通风的运行过程为紧急通风。

（3）**温度**

温度是表明物体冷热程度的物理量。由于规定和划分方法的不同，温度的标尺（简称温标）又分为摄氏温度、华氏温度、热力学温度。

1）摄氏温度

在标准大气压下，把水结冰的温度规定为零度，沸腾时的温度定为 100 ℃；在 0 ℃ 与 100 ℃ 之间平均分成 100 等份，每一份作为 1 ℃。按这种规定和划分方法定出的温度标准称为摄氏温度。摄氏温度的单位符号用"℃"表示，在温度数值前面加"－"表示零下多少度。

2）华氏温度

在标准大气压下，把水结冰时的温度定为 32 ℉，沸腾时的温度定为 212 ℉；在 32 ℉ 与 212 ℉ 之间，平均分成 180 等份，每一份作为 1 ℉。按这种规定和划分方法定出的温度标准称为华氏温度，单位用"℉"表示。华氏温度与摄氏温度的换算关系为

$$F = \frac{9}{5} \times t + 32$$

3）热力学温度

由于前两种温标存在许多缺点，于是要求建立一种与物体的任何物理性质无关的统一温标，这就是建立在热力学第二定律基础上的热力学温标。热力学温标是纯理论的，通常习惯称为绝对温度。现行的国际单位标准确定如下：

①以开尔文（K）表示热力学温度的单位，开尔文 1 度等于水三相点热力学温度的 1/273。

②摄氏温度定义为

$$t = T - 273 \text{ K}$$

式中 T——热力学温度，K；

  t——摄氏温度，℃。

③单位"摄氏度"（℃）与单位"开尔文"（K）相等。

④摄氏温度间隔或温差可以用"摄氏度"表示，也可以用"开尔文"表示。在制冷系统中，所显示的温度是指被测处此刻的制冷剂温度。

在空气调节中,所表示的温度是指被测的空间此处湿空气的温度,因为空气和水蒸气两者完全处于均匀混合状态,所以湿空气的温度就是干空气的温度,也就是水蒸气的温度。

(4)**压力**

压力(压强)就是单位面积上的作用力。在 1 m² 的面积上,均匀垂直作用 1 N 的力量定为 1 个压力单位,称为 1 Pa,即

$$\frac{1\text{N}}{1\text{m}^2} = 1 \text{ Pa(帕)}$$

当前,在工程技术上普遍采用的仍是工程制单位,即千克力每平方厘米(kgf/cm²)或千克力每平方毫米(kgf/mm²)。大部分压力表上都是这样的刻度。今后,这种压力单位要逐步废除,采用国际单位制"帕"(Pa)。它们换算关系为

$$1 \text{ kgf/cm}^2 = 9.81 \times 104 \text{ Pa}$$
$$= 0.0981 \text{ MPa}$$
$$1 \text{ MPa} = 10.2 \text{ kgf/cm}^2$$

同时,在工程技术中常用的压力单位如汞柱(水银柱)、水柱和工程大气压等,也属废除范围。

所谓汞柱和水柱,均是采用液柱的高度为压力单位。如图 1.1 表示液柱作用在面积 F 上的力:底部总压力 = 液柱所受重力,即

$$P = pF = hF\gamma$$
$$p = h\gamma$$
$$h = \gamma/p$$

式中　F——液柱底面积;

　　　P——压力;

　　　h——液柱高度;

　　　γ——液柱密度。

从上式可以看出,如果选用的液体一定,即密度 γ 一定,那么一定的压力就有相应的液柱高度,所以压力单位可用液体柱高度 h 表示。常采用的液柱为汞柱(水银柱)与水柱,单位为毫米水柱(mmH₂O)、毫米汞柱(mmHg)。

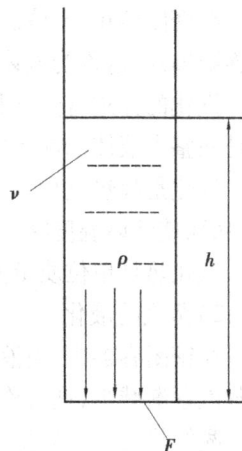

图 1.1　液柱压力图

在标准重力加速度 $g = 9.80665$ m/s 的情况下,水银密度为 13.5951 g/cm³,水银柱高为 760 mm 时的压力称为标准大气压力。它的大小随不同地点、高度和气候条件而变化。物理学上规定在纬度 45°的海平面上常年平均大气压为 1 标准大气压(atm)或称物理大气压,其值为 760 mmHg。即 1 标准大气压(atm) = 760 mmHg。

工程上为了使用和换算方便,将 1 kgf/cm² 作为一个大气压称为工程大气压,简称气压(at)。即 1 工程大气压(at) = 1 kgf/cm² = 735.6 mmHg。

空气调节的对象是湿空气,湿空气的总压力等于干空气分压力和水蒸气分压力之和。湿空气中水蒸气的分压力在饱和空气和未饱和空气中是不同的。同时,温度越高,水蒸气的饱和分压力就越大。

所谓绝对压力,是指设备内部或某处真实压力,它等于表压力与当地大气压力之和,即

$$P_{绝} = P_{表} + B$$

所谓真空度,是指设备内部或某处绝对压力小于当地大气压力的数值,即

$$P_{真} = B - P_{绝}$$

（5）热量和比热

热量是能量的一种形式，是表示物体吸热或放热多少的物理量。常用的热量单位 cal 已废除。在国际单位制中，热量的单位用焦（J）表示，1 J = 0.239 8 cal。

比热容是使单位质量物体的温度升高 1 ℃时所需的热量。工程中常用的单位是 kcal/kg·℃。在现推行国际单位制中，比热容的单位采用 J/(kg·℃)或 J/(kg·K)。

（6）焓

焓是一个复合的状态参数，是表征系统中所有的总能量，是内能与压力位能之和。当工质在一定状态（压力 p、容积 V、温度 T）时，焓具有一定的数值，说明工质所具有的总能量。

（7）**蒸汽液体两相的转变过程中几个概念**

在空调系统的制冷过程中，经常利用工质（氨、氟利昂）的气液两相的转变来实现人工制冷的目的。

1）液体的汽化

在密闭容积中，液态转化气态的速率大于气态转变为液态的速率时，液体就逐渐减少而蒸汽逐渐增加，这称为液体的汽化。

汽化的方式有蒸发和沸腾两种：蒸发是在任何温度下都会发生于液体表面的汽化过程；沸腾是在整个液体的内部发生的剧烈汽化过程。

汽化是吸热过程，如果外界没有供给热量，汽化的结果会从液体内部分子的平均动能获取，从而使液体温度降低。

汽化热是单位质量液体汽化为同温度的蒸汽时所需的热量。

2）蒸汽的液化

在密闭容器中，当液态转变为气态的速度小于气态转变为液态的速度时，液体就逐渐增多而蒸汽逐渐减少，这就称为蒸汽的液化过程。

凝结热是单位质量蒸汽凝结为液体时所放出的热量。它的数值与相同条件下的汽化热相等。汽化和液化是气液相变化的两种相反过程。

3）饱和状态

密闭容器中的液体在一定的温度下，蒸汽压力会自动保持在一定数值上，这时液气两相转变就达到了动平衡，此时空间气态分子的浓度不变。这个状态称为液体的饱和状态。

相当于饱和状态的蒸汽和液体分别称为饱和蒸汽和饱和液体。饱和状态时，蒸汽压力称为饱和压力。饱和液体的温度称为饱和温度。

4）蒸汽的产生

制冷工程中所用氨、氟里昂等制冷剂从液态转变为气态时，均经历了未饱和液体（过冷液体）、饱和液体、湿蒸汽、干饱和蒸汽及过热蒸汽五种状态。

以水为例，将 1 kg 0 ℃的水放在汽缸中，并在压力 P 下等压加热，如图 1.2 中位置 1 所示。如果对应于 0 ℃的饱和压力 $P_s(0℃)$低于 P 的话，则刚加热时水没有气泡产生，水尚未沸腾，这种状态的水称为过冷水，它的温度为 t_0。随着加热而水温逐渐升高，水的比容略有增大。当水温升高到相应压力 p 的饱和温度 t_s 时，水开始沸腾，这种状态的水称为饱和水，如图 1.2 中位置 2 所示。比容增加到 V'（称为液体比容）。当继续加热时，水逐渐汽化，成为饱和蒸汽（或称湿蒸汽），如图 1.2 中位置 3 所示。在沸腾的过程中，汽缸中的水不断减少而蒸汽不断增加，直到汽化完毕,温度始终保持 t_s 不变,比容增加为 V''(称为蒸汽比容)。完成汽化的水蒸气叫干饱和蒸汽(或称干蒸汽),如图 1.2 中位置 4 所示。在汽化过程中,由于饱和蒸汽量不断增加,比容增加很快。

在湿蒸汽中,干蒸汽的质量百分数叫做干度,用 X 表示,而 $(1-X)$ 则为温蒸汽中水分的质量百分数,叫做蒸汽的湿度,用 Y 表示。

饱和水:$X=0,Y=1$;

干蒸汽:$X=1,Y=0$;

湿蒸汽:$0<X<1,1>Y>0$。

随着干度的增大,湿蒸汽的比容增大,三者的关系为 $V'<V_0<V''$。

如果在等压下再给干蒸汽加热,它就成为过热蒸汽,如图 1.2 中位置 5 所示。此时以 t 表示过热蒸汽温度,以 V 表示它的比容。凡蒸汽的温度高于产生蒸汽的温度 t_s 时,该蒸汽叫过热蒸汽,而两者的差数叫过热度,即

$$\Delta t_{过热} = t - t_s$$
$$\Delta t_{过冷} = t - t_0$$

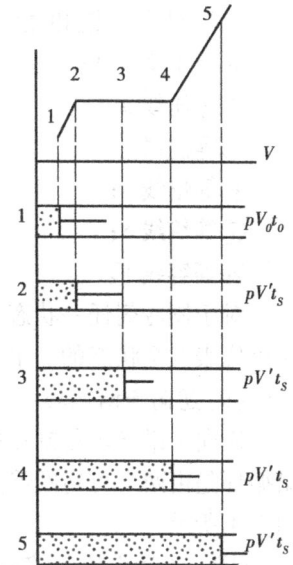

图 1.2 水的等压汽化过程

(8)制冷剂的压-焓图($\lg p\text{-}h$ 图)

在进行制冷循环的热力计算时,经常要涉及各个过程的焓值变化。$\lg p\text{-}h$ 图是直接用 h 焓值作为横坐标,压力 p 作为纵坐标绘制成的。为了缩小图的尺寸,并使低压区内的线条交点清楚,所以纵坐标是用压力的对数值 $\lg p$ 来绘制,如图 1.3 所示。

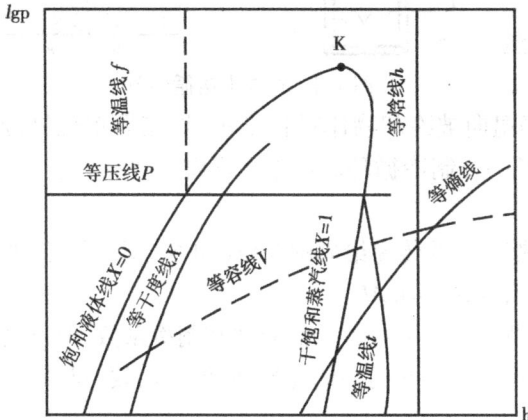

图 1.3 制冷剂 $\lg p\text{-}h$ 图

在 $\lg p\text{-}h$ 图中有两条比较粗的曲线,左边一条叫饱和液体线,右边一条叫干饱和蒸汽线,这两条曲线若向上延长将交于一点 K,称为临界点。因为一般制冷循环都在远离临界点以下进行,故在一些制冷剂的 $\lg p\text{-}h$ 图中,临界点都未表示出来。

饱和液体线与干饱和蒸汽线将图划分为三个区域:

①过冷蒸汽区:指饱和液体线左边的区域。

②过热蒸汽区:干饱和蒸汽右边的区域。

③湿饱和蒸汽区域:饱和液体线与干饱和蒸汽线包容的区域。这个区域中,气态和液态的制冷剂共同存在。在湿饱和蒸汽中,制冷剂蒸汽所占的质量比例称为干度,用符号 X 来表示。制冷剂饱和液体的干度 $X=0$,当干度 $X=1$ 的饱和蒸汽称为干饱和蒸汽。湿饱和蒸汽的干度:$0<X<1$。在饱和液体线与干饱和蒸汽线之间绘有等干度线。

在 $\lg p\text{-}h$ 图的纵坐标上,还列出与压力相对应的饱和温度 t。等温线在湿饱和蒸汽区内与等压线相重合;到了过热蒸汽区时,等温线则与等压线分开,形成向右下方倾斜的一组曲线。

图中还有等熵线以及虚线表示的等容线。

综上所述,制冷剂的 lg p-h 图中共有 8 条线:

①$X=0$ 的饱和液体线;

②$X=1$ 的干饱和蒸汽线;

③等干度线 X;

④等压线 p;

⑤等温线 t;

⑥等焓线 h;

⑦等熵线 S;

⑧等容线 V。

对于制冷剂任一状态的有关参数,一般只要知道上述参数中任何两个,即可在 lg p-h 图中找出代表这个状态的一个点,在这个点上就可以读出其他有关参数的数值。

(9)逆向卡诺循环

逆向卡诺循环是制冷的理想循环,它与热机的理想循环——卡诺循环是相反的。逆向卡诺循环是由两个可逆的绝热过程和两个可逆的等温过程所组成,现将它表示在 T—S 图上,如图 1.4 所示。

①1—2 为绝热压缩过程,制冷剂由状态 1 经过绝热压缩(等熵过程)到状态 2,消耗机械功,制冷剂的温度由 T_0 升高到 T_K。

②2—3 为等温放热过程,制冷剂由状态 2 向周围介质等温放出热量,然后被冷却到状态 3。

③3—4 为绝热膨胀过程,制冷剂由状态 3 绝热膨胀(等熵膨胀)到状态 4,作膨胀功,制冷剂温度由 T_K 降到 T_0。

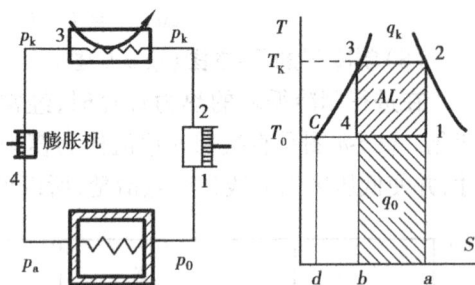

图 1.4　逆向卡诺循环图

④4—1 为等温吸热过程,制冷剂由状态 4 等温向被冷却物体吸收热 q_0(即制取单位制冷量 q_0)。这时制冷剂又回复到初始状态 1,完成了一个制冷循环。如果循环继续进行,则要不断消耗循环功,才能不断进行制冷。

由此可见,在制冷循环中,低温物体吸收的热量 q_0 要传递给周围介质(如冷却水,空气)的过程进行,不是自发的,而是要消耗一定外界能量,即循环功 AL。

卡诺循环和逆向卡诺循环,虽然在一定温度范围内具有最大的热效率和制冷系数,但只是个理想循环,在实际中是无法实现的。它们只能作为改善热力与制冷循环,提高热效率与制冷系数的一个方向。

【任务实施】

(1)空调系统的概念

空调系统即人为的方法调节空气温度、湿度、含尘浓度和气流速度等参数,以满足使用者对室内环境要求的机组与设备。

(2)空调系统的分类(图1.5)

①全空气系统:这种系统是空调房间的冷热负荷全部由经过处理的空气来承担。集中式空调系统就是全空气系统。

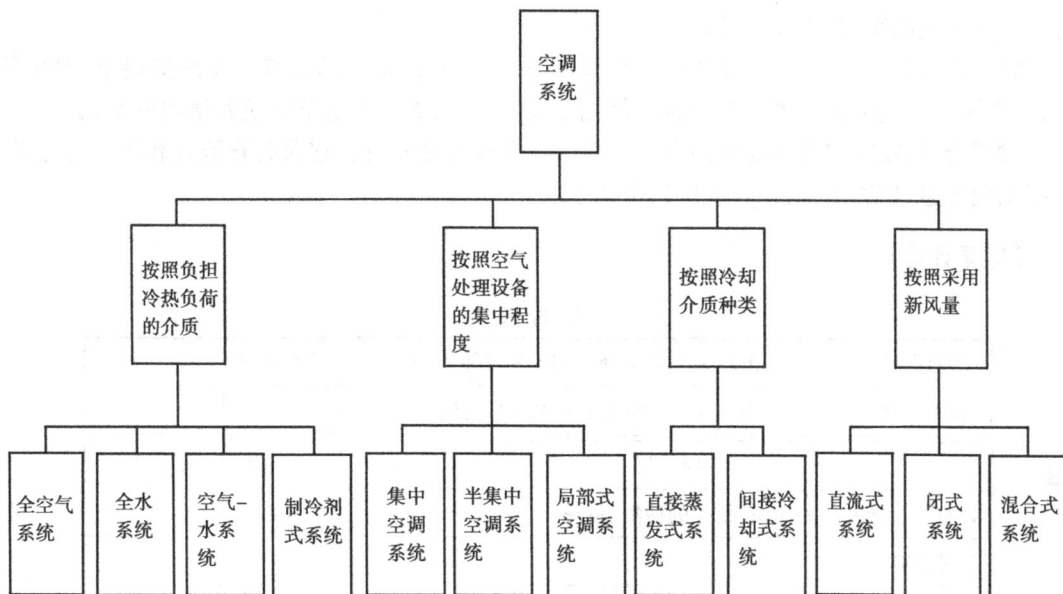

图1.5　空调系统分类图

②全水系统:这种系统是空调房间的冷热负荷全部靠水作为冷热介质来承担。它不能解决房间的通风问题,一般不单独采用。无新风的风机盘管属于这种全水系统。

③空气-水系统:这种系统是空调房间的冷热负荷既靠空气,又靠水来承担。风机盘管加新风系统就是这种系统。

④制冷剂式系统:这种系统空调房间的冷热负荷直接由制冷系统的制冷剂来承担,局部式空调系统就属此类。

⑤集中空调系统:所有空气处理设备(风机、过滤器、加热器、冷却器、加湿器、减湿器和制冷机组等)都集中在空调机房内,空气处理后由风管送到各空调房里。这种空调系统热源和冷源也是集中的。它处理空气量大,运行可靠,便于管理和维修,但机房占地面积大。

⑥半集中空调系统:集中在空调机房的空气处理设备,仅处理一部分空气,另外在分散的各空调房间内还有空气处理设备。它们或对室内空气进行就地处理,或对来自集中处理设备的空气进行补充再处理。

⑦局部式空调系统:此系统是将空气处理设备全部分散在空调房间内,因此局部式空调系统又称为分散式空调系统。通常使用的各种空调器就属此类。空调器将室内空气处理设备、室内风机等与冷热源和制冷剂输出系统分别集中在一个箱体内。分散式空调只向室内输送冷热载体,而风在房间内的风机盘管内进行处理。

⑧直接蒸发式系统:制冷剂直接在冷却盘管内蒸发,吸取盘管外空气热量。它适用于空调负荷不大、空调房间比较集中的场合。

⑨间接冷却式系统:制冷剂在专用的蒸发器内蒸发吸热、冷却冷冻水(又称冷媒水),冷冻水由水泵输送到专用的水冷式表面冷却器冷却空气。它适用于空调负荷较大、房间分散或者

自动控制要求较高的场合。

⑩直流式系统:又称全新风空调系统。这种空调器处理的空气为全新风,送到各房间进行热湿交换后全部排放到室外,没有回风管。这种系统卫生条件好,能耗大,经济性差,可用于有有害气体产生的车间、实验室等。

⑪闭式系统:空调系统处理的空气全部再循环,不补充新风的系统。系统能耗小,卫生条件差,需要对空气中氧气再生和备有二氧化碳吸收装置,如用于地下建筑及潜艇的空调等。

⑫混合式系统:空调器处理的空气由回风和新风混合而成。它兼有直流式和闭式的优点,应用比较普遍,如宾馆、剧场等场所的空调系统。

【效果评价】

评 价 表

项目名称	城市轨道交通车辆空调系统整体认知	学生姓名	
任务名称	任务1.1　空调系统基本概念的认知	分　数	
项　目		分　值	考核得分
1.空调系统的相关知识、图片的搜集、整理		10	
2.是否有小组计划		5	
3.空调系统常用名词及概念的认知情况		30	
4.空调系统概念及分类的认知情况		40	
5.编制学习汇报报告情况		10	
6.基本素养考核情况		5	
总体得分			
教师简要评语: 　　　　　　　　　　　　　　　　　　　　教师签名:			

任务1.2　城市轨道交通车辆空调系统概况的认知

【活动场景】

在城市轨道车辆生产车间或检修现场教学,或用多媒体展示城市轨道车辆空调的组成及工作原理。

【任务要求】

1.掌握城市轨道交通车辆空调系统的组成;
2.掌握各部分功能及简单的工作原理。

【知识准备】

城市轨道车辆空调系统主要由单元式空调机组、风道、送风格栅、司机室送风单元及控制装置等组成。一般来说,城市轨道交通车辆的空调系统均是在车顶两端设置2台单元式空调机组,通过车顶的风槽和风口向客室内送风。根据空调机组的出风方式,它一般可分为下出风和侧出风两种形式。

西安地铁2号线车辆空调系统为司机室和客室提供冷风和新鲜空气,以调节司机室和客室的温度、空气洁净度,提高乘车的舒适性。其空调系统主要由空调机组、司机室送风单元、风道、幅流风机、废排装置、空调控制装置等设备组成。具体分布情况如图1.6所示:

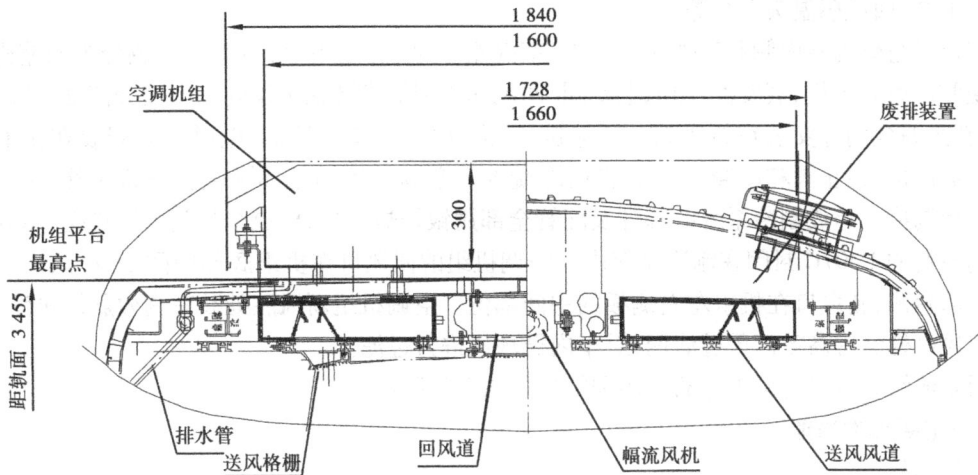

图1.6 空调系统主要部件断面图

1.2.1 空调机组

①空调机组采用顶置式安装,采用下送风下回风方式,单冷型,微机控制并具有自诊断功能。每节车辆安装制冷能力为29 kW的空调机组2台。当列车的一台辅助电源发生故障时,空调机组自动减半运行。全列车各空调机组在车辆运行时由司机集中控制,在维修时可由维修人员单独控制。

②空调装置设有4种工况:手动、自动、通风和停止,并可通过本车控制装置对空调进行控制,也可通过司机室内的显示器进行控制和温度设定。在手动工况时,空调机组根据各自的温度控制器所设定的温度进行客室内温度控制;在自动工况时,空调机组根据外界环境温度自动调节客室内温度。空调机组可与列车总线网络进行通信,并可通过列车总线网络对空调机组进行控制。

③空调机组的启动方式为同步指令控制、分时顺序启动。空调机组设有可以自动调节的新风口和回风口。

④新风调节机构及回风口的气流调节装置能保证从全开到全闭范围内调整风量,确保制冷和紧急通风功能的需要;并设置调节挡板,用于调节新风、回风的混合比例。空调机组采用带有挡水百叶窗的新风口并设过滤装置。西安地铁 2 号线空调机组新鲜空气的最小供给量为:制冷时司机室内人均新风量不少于 30 m³/h;客室内人均新风量不少于 10 m³/h(按额定载客人数计)。客室内仅有紧急通风时,人均供风量不少于 20 m³/h(按额定载客人数计)。

⑤空调机组回风口内设有调节挡板,可在紧急通风时将回风口关闭,使通过空调机组送入客室的风全部为新风。紧急通风时,由紧急通风逆变器对空调机组的风机供电,保证车辆的紧急供风。

⑥空调机组送回风口与车体钢结构之间设有防风防雨密封条,机组通过安装座与车体连接。车顶部的排水采用管道式,禁止直排,并保证空调机组与车顶部安装处无积水。

(1)空调机组结构及用途

空调机组各零部件组装在一个不锈钢板制成的箱体内,加盖板后形成一个整体。空调机组的主要部件包括全封闭制冷压缩机 2 台、冷凝器 2 台、毛细管 2 组、蒸发器 2 台、干燥过滤器 2 个、离心风机 2 台、轴流风机 2 台、气液分离器 2 个、回风电动阀 1 个、新风电动阀 2 个、新风感温头 1 个、回风感温头 1 个等。

空调机组分为室内侧和室外侧。其中,室内侧分为蒸发腔和新风腔,室外侧分为压缩机腔和冷凝腔。离心风机、蒸发器、回风电动阀、回风滤尘网等安装在蒸发腔。气液分离器、新风电动阀、新风滤尘网等安装在新风腔。压缩机、压力开关、干燥过滤器、电磁阀等安装在压缩机腔。轴流风机、逆止阀和冷凝器等安装在冷凝腔。空调机组的箱体和上盖全部采用 SUS304 不锈钢板制成。组成制冷系统的部件及配管全部用银钎焊连接,构成全封闭的制冷循环系统,作为制冷剂的 R407C 封闭在制冷系统内。空调机组的回风口在机组底部中间处,冷风出口在机组底部两侧,新风口在机组左右侧板的中间部位。空调机组新风腔处装有高效新风过滤网,车内回风口处装有高效回风过滤网,对车内循环风进行过滤。

西安地铁 2 号线空调机组的外形和结构如图 1.7 所示。

(2)主要部件功能

1)压缩机

制冷压缩机为全封闭卧式压缩机,是将电动机、压缩机构及供油系统组装在同一个密封的机壳内。制冷压缩机通过橡胶减震器安装在空调机组箱体内。制冷压缩机的作用是将来自蒸发器的低温低压的 R407C 气体压缩成高温高压的气体,并送往冷凝器。

2)离心风机

室内侧通风机为直联多叶片式离心风机。室内侧通风机可以强化冷媒在蒸发器中的蒸发过程,并将经蒸发器冷却降温的空气送入车内。

3)轴流风机

室外侧通风机为直联轴流式风机。风机的叶轮安装在立式电机上,并采取防水结构。室外侧通风机用于强化冷媒在冷凝器中的凝结放热过程。

4)蒸发器

蒸发器为铜管套铝肋片的直接蒸发式空气冷却器。低温低压的气液混合的冷媒在蒸发器内蒸发,当车内循环空气和新鲜空气混合后,通过蒸发器时进行热交换。这时,空气的热量被

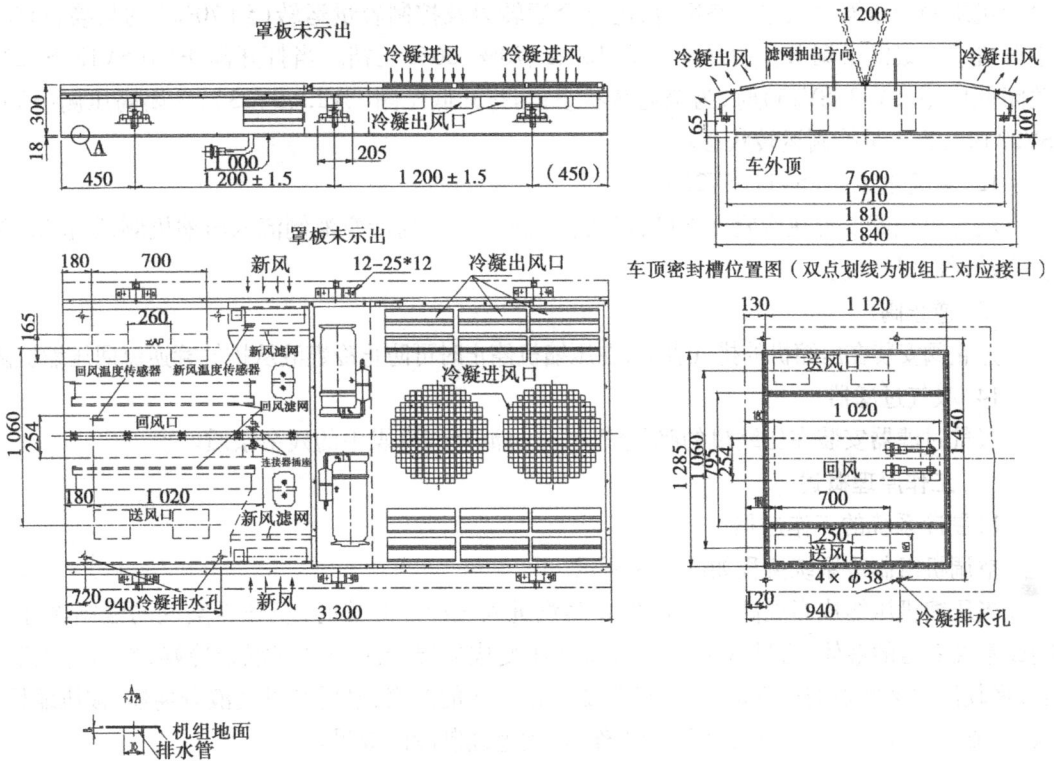

图 1.7　空调外形及结构图

蒸发器内的冷媒吸收,温度降低。

5) 冷凝器

其结构形式与蒸发器相同。高温高压的 R407C 气体通过冷凝器时,在外界空气的强制冷却下,变成常温(约 50 ℃)高压的冷媒液体。

6) 毛细管

毛细管为一组内径极小的细长铜管,当高压液体冷媒流经这组高阻力管时,起到节流降压的作用。

7) 干燥过滤器

滤网固定在容器内并封入干燥剂,可过滤冷媒中的残余杂质,吸取冷媒中的残留水分。

8) 高压压力开关

当制冷系统的压力异常高时,高压开关动作,压缩机的运转停止,以保护制冷系统。高压开关的复位方式为自动复位。

9) 低压压力开关

当制冷系统的压力异常低时,低压开关动作,压缩机的运转停止,以保护制冷系统。低压开关的复位方式为自动复位。

10) 旁通电磁阀(SV14、SV24)

为保证压缩机在长时间停止后以及温度较低情况下启动时的轴承润滑,需要在一定时间内(从压缩机启动开始 30 s)打开电磁阀。

11) 容量控制电磁阀

此电磁阀配合压缩机内能量调节机构可以控制压缩机的容量,通过 2 个电磁阀的开闭及每台机组两台压缩机工作状态组合,进行全运转以及控制容量运转(约70%)的切换,可实现空调机组多级能量调节。制冷能力有100%、70%、50%三挡。当打开高压侧(SV12、SV22),关闭低压侧(SV13、SV23)时,为全运转状态;当打开低压侧(SV13、SV23),关闭高压侧(SV12、SV22)时,为容量控制运转状态。

12)液管电磁阀(SV11、SV21)

液管电磁阀安置在冷凝器出口,可防止压缩机停止时冷媒液倒流入压缩机侧,防止造成再次启动时润滑不良。

13)逆止阀

逆止阀安装在压缩机的排气管上,在压缩机停止时可防止冷媒液从排气管逆流回压缩机侧。

14)吸气过滤器

吸气过滤器安装在压缩机的吸气管上,以过滤吸气冷媒中的残余杂质。

(3)**工作原理概述**

1)制冷系统的工作过程

空调机组制冷系统流程如图1.8所示.

当压缩机压缩成高温高压的R407C蒸汽进入风冷冷凝器时,经外界空气的强制冷却,冷凝成常温高压的液体,再进入毛细管节流降压变成低温低压的气液混合冷媒,然后进入蒸发器,吸收流过蒸发器的空气的热量,蒸发成低温低压的蒸汽,最后经过气液分离器,被压缩机吸入,完成一个制冷循环。压缩机不断工作,达到连续制冷的效果。

车内的空气通过蒸发器时,空气中的水分冷凝成水滴,被引到车外而起除湿作用。

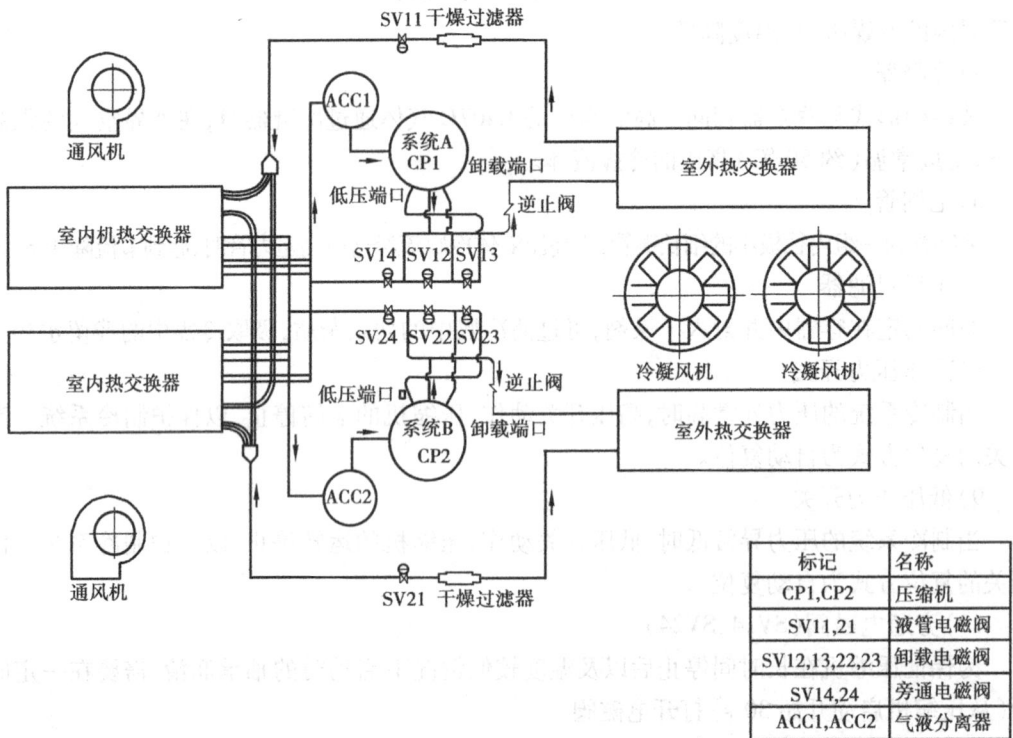

标记	名称
CP1,CP2	压缩机
SV11,21	液管电磁阀
SV12,13,22,23	卸载电磁阀
SV14,24	旁通电磁阀
ACC1,ACC2	气液分离器

图1.8　制冷系统原理图

2）降温

车内的循环空气是由新风口引入的新鲜空气,由机组的通风机吸入,在蒸发器前混合,通过蒸发器得到冷却,并由机组底部出风口送入车顶通风道各格栅,向车内吹出冷风。在制冷系统连续工作下,车内温度逐渐降低,并由温度调节器自动调节车内空气温度或可在一定范围内调节车内空气温度。

冷凝器的冷凝借助于轴流风机,从机组上方吸进外界环境空气,经过冷凝器后向两侧排出。

1.2.2　空调控制系统

西安地铁 2 号线车辆每节车设有一个空调控制柜。此控制柜与客室内的空调装置一起为司机提供空调控制。空调控制柜控制单元由 PLC 主机单元、温度扩展模块、信息显示操作屏组成。

（1）PLC（Programmable Logic Controller）功能

PLC 是可编程逻辑控制器的缩写,它对整个空调机组进行自动控制,可实时检测运行过程中的参数,通过显示操作屏实现人机对话,响应显示操作屏输入的命令、参数,将故障信息、运行状态通过显示操作屏进行显示等。

（2）显示操作屏

显示操作屏是一种微型可编程终端,采用全中文液晶显示操作屏（带背光）,具有字符类型和图像类型显示,由通信接口和 PLC 的外设接口进行通信。主要功能是空调机组运行工况的控制,显示运行工况参数,实时显示各功能的运行状态及故障现象。

（3）交、直流电源规格

1）主电路电源

主电路向空调机组的压缩机等交流负载供电。

额定工作电压:三相交流 380 V;

电压波动范围:三相交流 $380 \times (1 \pm 15\%)$ V;

额定工作频率:50 Hz ±1%。

2）交流控制电源

交流控制电源取主回路的 U 相作为制冷工况控制电源,向交流接触器等交流控制元件供电。

额定工作电压:单相交流 220 V;

电压波动范围:单相交流 $220 \times (1 \pm 15\%)$ V;

额定工作频率:50 Hz ±1%。

3）直流控制电源

外部提供直流 110 V 经电源模块转化成 24 V 直流,向 PLC、显示操作屏、新风阀、回风阀供电。

输入电压范围:直流 100 ～ 127 V;

额定输出电压:直流 24 V;

输出电压波动范围:20.4 ～ 26.4 V。

(4)新风阀、回风阀运作模式

新风阀、回风阀工作电压为 DC24 V,功率为 2 W。

新风阀、回风阀在关闭状态时,触点闭合,风阀在打开状态(完全打开及未完全打开)时,触点断开自动断电。

其他工况时,风阀对应状态见表 1.1。

表 1.1　各工况风阀状态

工况描述	新风阀	回风阀
通风、制冷	开	全开
应急通风	全开	全关

(5)运作模式

①室内温度低于 19 ℃或室外温度低于 10 ℃时禁止开启压缩机。

②以网络通信模式控制机组通风、制冷。如果网络未接入,可用触摸屏设定通风、弱冷、强冷、自动、停机等状态。

a. 通风状态:两个机组的送风机全部运行,而且新风阀、回风阀全部打开。

b. 弱冷状态:两个机组的送风机全部运行,冷凝风机也全部运行,每个机组的压缩机只有累计运行时间少的压缩机运行,即有一半数量的压缩机启动。

c. 强冷状态:两个机组的送风机全部运行,冷凝风机全部运行,每个机组压缩机全部运行,即所有的压缩机启动。

d. 自动状态:列控(网络)给定自动冷温度 T 值及指令。当室温 $t_0 \geq T + 3.5$ ℃,双机制冷过程:送风机运行→延时 5 s→冷凝风机运行→延时 30 s→累计运行时间少的压缩机运行→延时 5 s→另一台压缩机运行→降温至室温 $t_0 \leq T + 2$ ℃→运作时间多的压缩机先停机→当室温 $t_0 \leq T$ ℃时→延时 3 s→另一台压缩机停机→延时 30 s→冷凝风机停机→送风机继续运行→如果需要,停送风机延时 5 s→停送风机。

e. 停机状态:所有的通风机、冷凝风机、压缩机均停止运行。

以上几种运作模式可以通过单节车的显示操作屏来控制单节车机组的运行,也可以通过司机室的触摸显示屏选择运作模式。其指令通过列车的中央控制单元、终端控制单元、总线、空调网关传送给每节车空调控制柜内的 PLC 主机单元,从而实现对整列车的空调机组进行集中控制。

1.2.3　司机室送风单元

为保证司机室的风量和冷量,司机室设有司机室送风单元,主要包括司机室增压单元和可调式送风口。增压单元内设调速风机,客室空调机组处理后的空气经风道通过可调式送风口增压单元内调速风机的作用下送入司机室。调速风机的风速控制旋钮设在司机台上,便于司机手动调节风速。

1.2.4　幅流风机

(1)工作原理及用途

1)工作原理

叶轮在电机的驱动下高速旋转,产生流场。介质在叶道内流动,在叶片的作用下,获得能量,将机械能转化为动能,达到通风换气的目的。

2)用途

风机安装在列车天棚上与钢结构联接上。其目的是促进车厢内空气对流,为乘客提供舒适的服务。

(2)外部结构

外部结构图如图1.9所示。

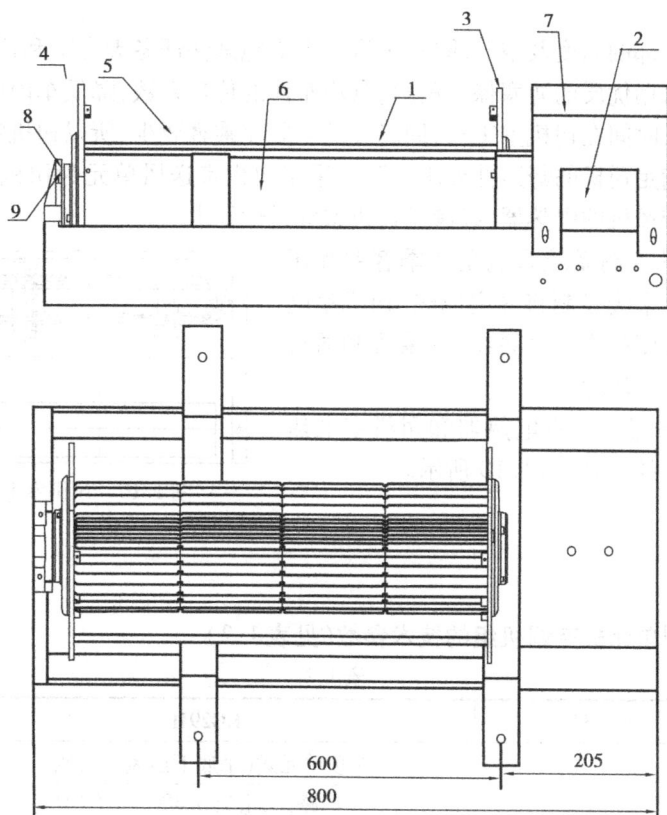

图1.9 单轴幅流风机外形图

1—叶轮组;2—电动机组;3—集风气(2件);4—支撑板(2件);5—风挡板;6—集风蜗型板;7—电机罩;8—轴承座;9—橡胶梅花套

1.2.5 风道、废排装置、电热器

(1)风道

为了实现整车送风均匀,西安地铁2号线车辆采用静压风道。其工作原理是空调机组下部送出的风进入车内主风道,并沿主风道在推进过程中进入静压箱,进行静压平衡调节,使得在主风道的不同截面上具有不同静压的空气在静压箱中得到平衡,并形成一定的静压值。空气通过在静压箱上的开口将静压转换成一定的动压喷射出去,从而达到均匀送风的目的。

相对于空调机组出风口,风道对称布置,最大限度保证送风均匀。回风口沿车体长度方向布置,保证回风滤网等设备的检修的同时最大限度地保证车内造型美观。送风格栅采用铝型材,送风格栅断面结构有利于送风均匀。

（2）**废排装置**

考虑客室内向客室外的换气功能,在车体适当位置设置排气口,并在车体侧墙考虑适当的风道,确保客室内向客室外排气功能的实现,以防客室内正压过高造成的新鲜空气输入量减少和对关门造成困难。

（3）**电热器**

为提高车辆内部的温度及空气质量,采取以下措施来保证冬天客室和司机室的舒适性:

①在车体中采用优质的防寒保温材料,减小车体的传热系数,降低车内向车外的热传递。

②由于司机长时间在司机室工作,同时穿的衣服比乘客要少,所以司机室的温度要比客室的温度稍高才能满足司机的舒适性要求。除了采用司机室送风单元为司机室送入热风外,还在司机室中设置带风机的电热器,以满足司机室舒适性要求。

③通过合理的控制系统来满足冬季客室和司机室舒适性要求。采暖控制将客室电热、司机室电热以及新风阀的开度视为一个系统,为乘客和司机提供一个良好的乘车环境。

城轨车辆电热器有客室电热器和司机室电热器,司机室电热装置结构如图1.10所示。

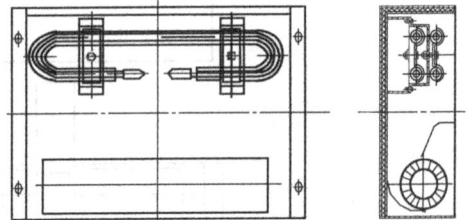

图1.10 司机室电热装置结构

【任务实施】

（1）**KG29H型单元式空调机组的技术参数**（见表1.2）

表1.2

型 号	KG29H
形 式	车顶单元式(平底下出风下回风)
电 源	主回路:三相交流380 V 50 Hz 控制回路:DC24 V 电磁阀 AC220 V,50 Hz
制冷量	29.1 kW
通风量	4 000 m³/h
新风量(可调)	最大为1 270 m³/h
应急通风量	2 000 m³/h
制冷剂	R407C
制冷剂充注量	3.7 kg×2
输入功率	约14 kW
质 量	约600 kg
外形尺寸 (长×宽×高)	3 300 mm×1 600 mm×300 mm (注:外形尺寸为不含安装座尺寸)
构架材质	SUS304

(2)空调机组部件及其技术参数(见表1.3)

表 1.3

1 压缩机	数量:2 台 形式:卧式全封闭涡旋压缩机 型号:ZEN100YZA-C(三菱) 输入功率:约6.0 kW 电流:约9.8 A 质量:55 kg(无油) 润滑油:Diamond Freeze MEL32　3.0 L 推荐保护值:14.4 A 	
2 离心风机	数量:2 台 额定风量:2 000 m³/h 额定转速:1 420 r/min 额定功率:0.55 kW 额定电流:约1.55 A 防护等级:IP54 推荐保护值:1.7 A 	
3 轴流风机	数量:2 台 额定转速:1 420 r/min 额定功率:0.55 kW 额定电流:约1.9 A 防护等级:IP55 推荐保护值:2.1 A 	
4 压力保护开关	高压保护开关	数量:2 个 型号:ACB-QB24　(自动复位) 动作:电路断开　$2.9^{+0.15}_{0}$ MPa 电路接通　(2.4 ±0.15)MPa
	低压保护开关	数量:2 个 型号:LCB-QA06　(自动复位) 动作:电路断开　(0.19 ±0.05)MPa 电路接通　(0.32 ±0.05)MPa
5 蒸发器	数量:2 个 形式:亲水膜铝肋片套内螺纹铜管式	
6 冷凝器	数量:2 个 形式:亲水膜铝肋片套内螺纹铜管式	
7 逆止阀	数量:2 个 型号:NRV-16S	

续表

	型　号	数量	说　明
8 电磁阀	NEV-202DXF	2	线圈 AC220 V,容量控制用(常闭,接低压侧)
	NEV-L202DXF	2	线圈 AC220 V,容量控制用(常开,接高压侧)
	NEV-603DXF	2	线圈 AC220 V,旁通用(常闭)
	NEV-603DXF	2	线圈 AC220 V,液管用(常闭)
9 干燥过滤器	数量:2 个 型号:DML-084S		
10 回风电动阀	数量:1 个 形式:电动式 操作电压:DC24 V 关闭时间:(90±5)s		
11 新风电动阀	数量:2 个 形式:电动式 操作电压:DC24 V 关闭时间:(90±5)s		
12 排气温度保护器	数量:2 个 型号:CS-74L 设定值:(135±5)℃　断开 ;(115±5)℃　接通 安装位置:固定在压缩机排气管处		
13 温度传感器	数量:2 个 型号:PT100 形式:电阻式 安装位置:回风口处 1 个,新风口处 1 个		
14 气液分离器	数量:2 个 安装位置:蒸发器与压缩机回气口之间		
15 新风过滤网	数量:1 套共 4 个 形式:无纺布滤料 滤料厚度:8 mm		
16 回风过滤网	数量:1 套共 2 个 形式:尼龙编织网 安装位置:蒸发器前		
17 吸气过滤器	数量:2 个 安装位置:压缩机回气管处		
18 电气连接器插头	型　号	说　明	
	P48K26TY-G	主回路 3 相 AC380 V 50 Hz;电磁阀 AC220 V 50 Hz	
	TY48K31TY-G	控制回路 DC24 V	

【效果评价】

评 价 表

项目名称	城市轨道交通车辆空调系统整体认知	学生姓名	
任务名称	任务1.2 城市轨道交通车辆空调系统概况的认知	分 数	
项 目		分 值	考核得分
1.城轨车辆空调系统的相关知识、图片的搜集、整理		10	
2.是否有小组计划		5	
3.城轨车辆空调系统结构组成的认知情况		30	
4.城轨车辆空调系统工作原理的认知情况		40	
5.编制学习汇报报告情况		10	
6.基本素养考核情况		5	
总体得分			
教师简要评语： 教师签名：			

任务1.3 城市轨道交通车辆空调系统特点及发展的认知

【活动场景】

在城轨车辆生产车间或检修现场教学,或用多媒体展示城轨交通车辆空调系统的特点、要求及发展方向。

【任务要求】

1.掌握城市轨道交通车辆空调系统的特点及要求;

2.掌握城市轨道交通车辆空调系统的发展方向。

【知识准备】

1.3.1 城市轨道交通车辆的特点及要求

城市轨道交通具有运送乘客量大、站点密集、乘客上下车较为频繁、乘车舒适性要求高、规

定时间段运行等特点。考虑到各城市具体运营环境的差异和日益增长的乘车需求,城市轨道交通车辆空调系统要具备以下特点及要求:

(1)小型轻量化

小型轻量化是城轨车辆空调系统的显著特点。由于城轨车辆一般比铁路车辆体积小,高度低,乘客运载量大,而空调机通常置于车顶部,故城市轨道交通车辆空调机的体积和质量会受到一定的限制。所以小型、轻量化是空调机要考虑的一个现实问题。近年来,石家庄国祥制冷设备有限公司连续采用一系列新技术来缩小空调机体积。如采用卧式蜗旋式压缩机;换热器采用内螺纹管,增强换热效果,减少换热器体积;采用带亲水膜轻质铝翅片,降低换热器质量;引进高效进口风机等,在保证流量、噪音等要求下降低了空调机组体积及质量。北京地铁的第一台拥有我国自主知识产权的国产化地铁空调机组充分采用了以上新技术。

(2)可靠性高

①车辆空调机的耐振性能要好。车辆在运用过程中会产生较大振动,因此车辆空调系统要具备耐振性能。我国铁路标准 TB/T 2432—93 对车辆空调设备做了抗振要求及试验标准。这个标准对运行条件优于铁路车辆的城轨车辆空调系统来说,应该是完全适用的。

②耐腐蚀性好。现在城市的污染程度较大,尤其是沿海城市的盐雾影响,对暴露在大气当中的空调机的电机、换热器壳体的耐腐蚀要求较高,因此空调机在设计、制造当中要充分考虑到这点。如采用防护等级较高的电机,并在电机外部配合处增加电机防护技术措施,在换热器上采用耐酸、碱、盐雾腐蚀的覆膜铝翅片,并采用不锈钢板材制造空调机壳体,可有效防止腐蚀发生,延长空调机使用寿命。

③根据车辆运行特点,空调机组制冷系统尽量采用多系统,避免使用单系统的空调机组。因为如采用单系统,当制冷系统出现问题时,整个空调机组就不能为车辆提供冷量。而多系统的空调机,当某一个系统出现故障时,另外的系统还可以工作,为车辆提供一定的冷量。以下是采用多系统的优点:

a.制冷系统故障对双系统或多系统的影响小;

b.双系统或多系统的空调机能使车内达到较稳定的温度;

c.由于双系统或多系统的空调机压缩机交替运行,压缩机耐磨、寿命长;

d.由于双系统或多系统的空调机压缩机分步启动,启动电流冲击小。

(3)免维护程度高、可维修性好

安装于城市轨道车辆上的空调机并不能像地面制冷机组那样,可以给检修、维护人员一个易于监视的环境和空间。根据干线铁路车辆空调的使用经验,在条件允许的情况下空调制冷系统尽量使用单元式、全封闭式制冷循环系统,并提高免维护的元件使用率,尽可能不采用分体式空调机。以下是全封闭制冷循环系统的优特性:

①出厂前所有制冷系统部件均焊接,系统密封性好;

②出厂前充入定量制冷剂,因在性能试验后发货,无泄漏,所以性能与质量稳定,可靠性高;

③由于可省掉储液器、管路接头,以免充入过多的制冷剂,故质量轻;

④因为系统无泄漏,故制冷系统的维修周期长;

⑤因为管路元件少,系统不泄漏,故制冷系统维护工作量少,适合城市轨道车辆。

（4）制冷能力强

现代城轨车辆客室基本采用全密封结构,而且为保证大流量旅客上下车的时间和效率(每站停 30 s),每侧设置 3～5 个客室车门。由于城市轨道交通站间距短(一般为 800～2 000 m),客室车门开启频繁。因此,客室内部制冷损耗大,制冷效率低。要达到和保持使人体感觉舒适的微气候条件,必须加大空调系统的制冷能力(一般应为计算制冷量的 110%～120%)。如果没有足够的制冷能力,不断的制冷损耗会使空调系统长时间的工作也达不到规定的微气候条件,也就失去了空调装置的作用和意义。

（5）对新风量的要求高

城轨车辆载客量大,人员众多。在客室内,由于人的呼吸,车内氧气减少,二氧化碳(CO_2)含量增加,车内过多的二氧化碳(CO_2)会使旅客感到气闷、疲劳,当增加到一定浓度后就会影响人的健康。此外,车内还可能产生其他有害气体,使车内空气变得污浊。因此,必须不断更换车内的空气,使车内空气保持一定的新鲜程度。因此,按照卫生标准和要求,每人必须有 20～25 m^3/h 的新鲜空气量即新风量。空调机组应设有可自动调节的新风口和回风口。新风调节机构可保证从全开到全闭范围内调整新风量,回风口的气流调节装置可确保制冷和紧急通风功能的需要。调节机构设置调节挡板,用于调节新风、回风的混合比例。新风阀与排气阀同步,根据车辆载客量的不同,可调节不同的开度,改变新风量。

（6）对微风速及送风均匀性的要求

城轨客车车内的空气流速同样影响人体的散热。车内空气流速的增大可以加速人体表面的对流散热,促进人体表面汗液的蒸发,从而增加散热效果。通过试验,夏季人体对空气流速有感觉的极限值近似为 0.15～0.25 m/s 的范围。城轨车辆送风均匀性是靠通风系统来保证。经空调机组处理过的空气只有通过通风系统送往车内,才能保证车内温度均匀性,同时保证送风均匀。因此,通风系统是车辆空气调节的重要组成部分,该系统的好坏直接影响着车内的温度均匀性及送风均匀性,它可制约空调机组在车辆中的性能发挥。目前,我国城轨车辆普遍采用静压风道。这种静压风道能够降低噪声,送风均匀。

（7）对气流组织及废排量的要求

城轨车辆通常车内乘客较多,车辆内部要求做到全面送风。即使是空调机回风口区域,也要设送风口,否则气流受拥挤人群扰动、阻塞,回风往往越过空调机回风口区乘客头顶回到空调机内,此处乘客感觉不到气流;而且在超员的情况下,回风温度也较高,不能带给乘客相应的凉爽感觉。城轨车辆的空调装置通风系统送入车内的空气中通常含有部分再循环空气和新鲜空气,其通风量为新鲜空气量和再循环空气量之和。一定数量的新风量进入,可以保证客室内的正压,可有效防止外界未经处理的空气及灰尘的渗入。但是,由于城轨车辆载客量大,客室内所需新风量大,使空调系统的通风量增大,从而也使客室的正压值增大。为保证客室内的一定正压,同时又要平衡所需要的新风量带来的正压过大,需将客室内多余的空气排出车外。因此,城轨车辆一般需设置废排口或废排装置。对于采用塞拉门系统的城轨车辆来说,客室内正压过大,会使最后关闭的塞拉门关门阻力剧增,从而不能保证车辆的正常运行。因此,客室正压值一般以 9.81～29.4 Pa 为宜。因此,城轨车辆废排口或废排装置的废排量应略小于或等于新风量,一般为新风量的 90%～95%。

（8）对供电特性的要求

现代城市轨道交通车辆全部采用 VVVT 逆变器控制的交流传动系统,辅助供电系统采用静止逆变器(SIV)。一般情况下,每列车设置有两组静止逆变器(SIV)及两组蓄电池组。静止逆变器(SIV)将接受到的直流1 500 V或750 V高压电变换成三相380 V、50 Hz交流电,110 V直流电及24 V直流电,作为客室照明、空调系统及各系统控制设备电源,同时可向蓄电池组充电,并满足不同负载的供电需求。城轨车辆的空调装置其压缩机、冷凝器风机、蒸发器风机一般采用SIV提供的三相380 V、50 Hz交流电工作,控制系统采用110 V直流电。

(9) 空调系统故障状态下的运行及紧急通风的要求

根据城轨车辆运行特点和可靠性要求,一般每节车辆采用两套空调机组,并且由每列车的两套辅助逆变器(SIV)分别供电。这样做可保证两种故障状态时的车辆正常运行:

一是当每节车辆中一台空调机组故障时或制冷系统出现问题时,另外一台机组还可正常工作或为车辆提供一定的制冷量,保证车辆的正常运行。

二是当一台辅助逆变器(SIV)故障时,另外一台辅助逆变器(SIV)可保证每节车辆的空调机组的制冷能力可自动减半或保证一台空调机组正常工作。

另外,当两台辅助逆变器(SIV)同时故障或外部供电系统故障,接触网或送电轨停电时,空调系统应自动转入紧急通风状态。此时由蓄电池提供DC110V电源,制冷压缩机和冷凝风机全部停止运转,仅通过专用逆变器给蒸发器风机提供交流电源使其工作,保证客室正常通风。同时,回风调节挡板将回风关闭,新风阀全部打开,输送空气全部为新鲜空气,以维持客室内的氧气含量及空气流动。在紧急通风状态下,蓄电池应保证通风系统45 min应急通风。

(10) 自动化程度高

城轨车辆与铁路车辆运行情况及车辆配置人员不同。通常在城轨车辆运行当中不配有车辆设备巡检员。这就要求城轨车辆空调系统有较高的自动运行能力,能够在出现问题时自动处理,对非故障问题有自我保护及自我恢复能力;同时,对故障能够自我诊断及存储,以便车辆进站后,能够及时修复。

现代城轨车辆空调系统等都采用了微处理器控制。该控制系统能够对偶发性非故障现象进行自我判断,对于实际故障能够诊断记录,可通过手提电脑进行手动调试。该控制器还可以进行通信,实现上位机的集中控制功能。控制系统的主要任务是以温度信号为判据,控制制冷或采暖系统的运行及停止。温度过高时,开启压缩机制冷;温度过低时,开启加热器采暖;温度适中时,仅开通风使车内空气循环,保持一定量的新风。这样使车厢保持适宜的温度和湿度,为乘客和乘务人员创造良好舒适的环境。

(11) 满足噪声要求

随着人们生活水平的提高,对环境污染的要求和控制水平也越来越高。轨道交通也是属于噪声污染源之一,尤其是对沿线居民、办公人员的影响更大,因此噪声限值越来越严。一般来说,现代城轨车辆对空调装置的噪声要求是:列车处于静止状态和自由声场内,所有辅助设备正常运行时,客室内部沿车辆中心线、距离地板面1.5 m高处至少测量3个点,测得的噪声级不超过69 dB(A),在空调回风口下方测得的噪声级不超过72 dB(A)。对空调机组本身要求在名义工况下,距空调机组中心线1.5 m处,空调机组整机噪声级不大于70 dB(A)。

(12) 满足电磁兼容性要求

车辆的自动化程度越高,车辆设备及信号控制系统电磁环境越复杂,电子部件信号系统要适应此电磁环境。因此,空调系统控制装置要在预期的电磁环境中能正常工作,且无性能降低或故障。

1.3.2   城市轨道交通车辆空调系统的发展方向

（1）现有城市轨道车辆空调设备现状

目前，我国采用的轨道车辆空调类型有传统的单冷型，它只作为制冷机。有些空调机组安装有电加热器，功率很小（9~12 kW），仅仅作为预热；有些是分离式，有独立的空调机组和控制柜；还有些是定速型，电源采用辅助逆变器直供型。

单冷型设计使空调机组的利用率降低，空调机组的效能和功能没有全部利用起来，造成浪费；分离的控制柜占用车辆内部空间，而且与空调机组间的线路连接复杂、繁多，不便于空调机组的安装、维护、检修等；定速压缩机启动时电流冲击大，要求辅助逆变电源容量大，车厢冷热负荷变化大，制冷能力不能迅速调节，使客室内温度不均匀。

（2）城市轨道车辆空调系统发展的方向

变频技术历经近30年的发展，已经日趋成熟，工业变频器已经成为各行各业的必备产品。变频技术飞速发展带来的契机，使变频空调以其固有的节能、高效、舒适、提升低温供热能力、可靠等特点成为城轨车辆空调机发展的方向。

变频空调机的主要特点如下：

1）节约能源

变频空调机的主要特点是高频降温，低频连续运转维持恒温，同时温度波动小。变频空调机的节电正是由于低速连续小功率运转时具有高能效比，且减少了多次开关造成的开关损耗，从而达到节能降耗目的。

空调机压缩式制冷循环的原理在几十年来未发生变化的情况下，空调机的节能方式分为3类。第1类是节能元件的选用，例如采用高效压缩机，采用高效的直流风机电机。直流风机电机效率提高了近1倍。第2类是提高换热效率，例如采用浸水膜的铝箔，由于水不易形成水珠堵塞风道而提高效率，还有采用带内螺纹铜管提高效率等。第3类是运行节能控制，即变频节能。实践证明，变频空调机可实现运行节能30%以上。

2）具有低温供暖能力

变频空调机可利用其高速旋转的特点，额外补充一部分电功率而使供风温度提高，实现供暖。变频空调机可使使用环境温度扩展到 –10 ℃。

3）舒适度良好

变频空调机实现了低频运转维持温度，比普通空调机的开关维持温度的温度波动大大减小，同时又利用了变频空调机的高速运转提升能力，实现迅速降温升温，提高了舒适度。

4）可实现更宽的工作电压

变频空调机实现了低频启动，启动电流很小，电源电压波动小。变频空调机可实现更宽的工作电压，自动修正加到压缩机上去的电压，使压缩机的工作更稳定，效率更高。

根据变频空调的特点，未来城轨车辆空调的发展目标如下：

①冷暖一体化：热泵型冷暖两用车用空调，弥补目前定速车用空调不能供热的不足，提高空调机的利用率，取消电暖气。

②机电一体化：变频控制器与变频空调机实现一体化组装，使城轨车辆设备布置简单，安装简易、安全。

③安装简单：产品采用先进的集成技术，使得该产品体积更小、质量更轻。

④配电简单:与外在的电气连接只是两个航空插头,节约了布线成本和车辆空间。

⑤全变频设计:变频涡旋式压缩机加上变频风扇电机加上 4 套变频器。

⑥舒适度:动态恒温空调系统,做到冷暖无级调节。

【效果评价】

评 价 表

项目名称	城市轨道交通车辆空调系统整体认知		学生姓名	
任务名称	任务 1.3 城市轨道交通车辆空调系统特点及发展的认知		分 数	
项 目			分 值	考核得分
1.城轨车辆空调系统的相关知识、图片的搜集、整理			10	
2.是否有小组计划			5	
3.城轨车辆空调系统特点的认知情况			40	
4.城轨车辆空调系统发展方向的认知情况			30	
5.编制学习汇报报告情况			10	
6.基本素养考核情况			5	
总体得分				
教师简要评语:				
			教师签名:	

*【知识扩展】

轨道车辆空调系统机组国家标准(部分)

目前我国还未制订城市轨道交通车辆的空调标准。下面介绍的是轨道车辆空调系统机组国家标准,此标准适用于轨道车辆运行速度小于或等于 200 km/h 的空调机组。

(1)轨道车辆空调系统机组形式和基本参数

1)形式

按功能分为:

①冷风型;

②电热冷热风型;

③热泵冷热风型;

④热泵辅助电热型。

按结构分为:

①整体式;

②分体式。

按使用气候环境温度分为:

①T1:45 ℃;

②T2:50 ℃;

③T3:55 ℃。

2)基本参数

①能效比(性能系数)。名义工况下的能效比(性能参数)见表1.4。

表 1.4　空调机组能效比

类　　型		制冷剂	名义制冷(热)量/W	EER(COP)/(W/W)
机组高度 > 330 mm	T_1、T_2	R22 R407C	>4 500 ~ 9 000	2.0
			>9 000 ~ 27 000	2.1
			>27 000 ~ 45 000	2.2
	T_3		>4 500 ~ 42 000	1.9
机组高度 ≤ 330 mm	T_1、T_2		≥9 000 ~ 27 000	1.7
			>27 000 ~ 35 000	1.8

②制冷剂为R134a的空调机组,EER(COP)值为表1.4值的90%。

③空调机组的电源为:主电路额定电压为三相交流380 V、50 Hz,三相交流220 V、35 Hz或其他电源,控制电路额定电压为单相交流220 V、50 Hz或直流110 V、直流24 V。

(2)轨道车辆空调机组型号编制方法

1)空调机组的型号编制

由大写汉语拼音字母和阿拉伯数字组成,具体表示方法如图1.11所示。

2)型号示例

名义制冷量为40 kW,环境温度55 ℃的电热冷热风型铁道客车空调机组:KLD40T3;

名义制冷量为35 kW,环境温度45 ℃的热泵冷热风型铁道客车空调机组:KR35;

名义制冷量为42 kW,环境温度50 ℃的冷风型铁道客车空调机组:KL42T2;

名义制冷量为35 kW,环境温度55 ℃的电热冷热风型分体式铁道客车空调机组的室外机组:KLDFW35T3。

(3)技术要求

1)一般要求

空调机组应符合本标准的规定,并按规定程序批准的图纸及技术文件制造。

2)环境及使用条件

①海拔高度不大于2 000 m;

②空调机组应能在表1.5规定的环境温度下正常运行;

③空调机组在风沙、雨淋、日晒、大气腐蚀等自然条件及车辆运行时,应能正常工作;

④空调机组应能在车辆运行时的频繁启动、振动、冲击等条件下正常工作;

⑤空调机组应能适应地面电源供电或发电机供电或逆变器供电等电源,在主电路电源为三相交流380 × (1 ± 10%) V、50 × (1 ± 2%) Hz 或三相交流220 × (1 ± 10%) V、35 × (1 ± 2%) Hz;控制电路电源为单相交流220 × (1 ± 10) V、50 × (1 ± 2%) 或直流110 V,具有+25% ~ 30%的相对误差;直流24 V,具有 +25% ~ 30%的相对误差条件下正常工作。

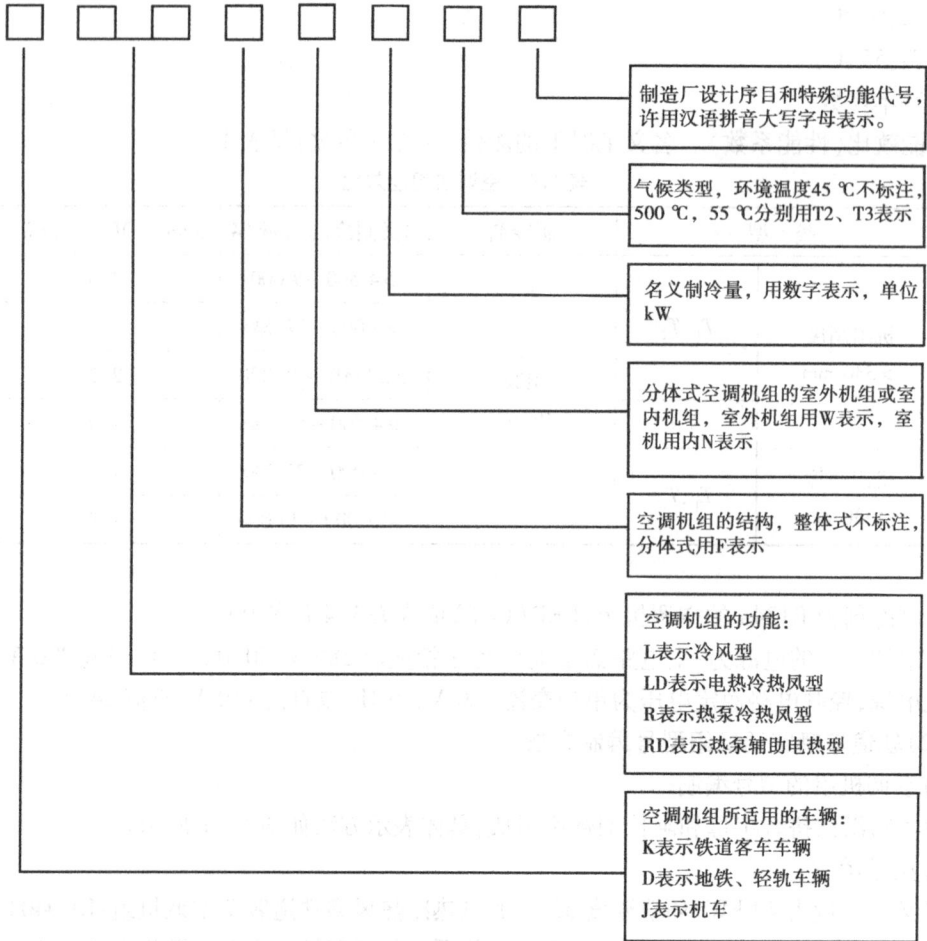

图 1.11　空调机组的型号编制

表 1.5　空调机组正常运行的环境温度　　　　　　　单位：℃

空调机组形式	气候类型		
	T_1	T_2	T_3
冷风型	18~45	18~50	18~55
热泵型	-7~45	-7~50	-7~55
电热冷热风型	-40~45	-40~50	-40~55

3）零、部件及材料要求

①空调机组所有零、部件和材料应分别符合各有关标准的规定，满足使用性能要求并保证安全。

②空调机组的隔热层应有良好的保温性和不吸水性，并无毒、无异味，且燃烧性能为 GB 8624—1997 中 B1 级。隔热层应黏贴牢固、平整。在正常工作时空调机组外表面不应有凝露现象。

③空调机组的电气系统一般应具有电机短路、过载、缺相保护，必要时还应包括高压、低

压、逆相保护等必要的保护功能或器件。

④空调机组的电器元件选择及安装应符合 GB 4706.32 和 GB 5226.1 的要求。

⑤空调机组用电线电缆的外敷绝缘层应采用阻燃、低烟、无卤型材料,并应符合 TB/T 1484.1—2001的规定。电线电缆的载流量应满足使用要求。

⑥布线及线号标记应符合 TB/T 1759—2003 的规定。

⑦空调机组所用的非金属材料应符合 TB/T 2702—1996 的规定。

⑧涂装件表面不应有明显的气泡、流痕、漏涂、底漆外露、皱纹和损伤。

4)结构要求

①空调机组的排水结构应可靠,在运行中凝结水和雨水不应渗漏到车厢内,空调机组出风口不应喷雾带水。

②空调机组的新风口开度大小应满足新风量的要求。新风口应具备气、水分离的功能,以防止车辆运行时雨雪进入车箱内,其过滤网应拆装方便。

③回风口和新风口设有风量调节阀的空调机组,风量调节阀动作要灵敏、可靠。

④设置紧急通风功能的空调机组应配备回风和新风风量调节阀,在紧急通风运行时,回风口完全关闭,新风口完全打开。

⑤在寒冷地区使用的空调机组应配备防雪板。

5)装配要求

①空调机组的制冷系统各部件在装配前应保持清洁、干燥。

②空调机组内各管路、部件应采取必要的定位措施,确保在运行中不发生摩擦、撞击。

③各部件的连接应牢固。

④电气线路、电器设备以及自控器件的安装布置应安全、牢固、整齐。电气线路要采取防护措施,防止摩擦和鼠咬。

6)性能要求

①制冷系统密封性能试验时,制冷系统中制冷剂的泄漏量不大于 14 g/a。

②运转试验时,所有测检项目应符合设计要求。

③淋雨试验时,与车体接口部位各处焊缝及接缝不应漏水。

④气密性:运行速度为 200 km/h 并安装有新风、废排关闭阀的车辆用的空调机组进行气密性试验时,空调机组空气处理腔内部的气体压力从 4 000 Pa 降至 1 000 Pa 时所需要的时间应不小于 50 s。

⑤制冷 f:制冷量试验时,空调机组实测制冷量不应小于名义制冷量的95%。

⑥制冷消耗功率:制冷消耗功率试验时,空调机组实测制冷消耗功率不应大于名义制冷消耗功率的110%。

⑦热泵制热:热泵制热量试验时,热泵的实测制热量不应小于热泵名义制热量的95%。热泵型空调机组的名义制热量不应低于其名义制冷量。

⑧热泵制热消耗功率:热泵制热消耗功率试验时,热泵的实测消耗功率不应大于热泵名义功率的110%。

⑨电加热制热消耗功率:电加热制热消耗功率试验时,采用管状电加热器的实测制热消耗功率要求为名义值的 90% ~105%,采用 PTC 电加热器的实测制热消耗功率为名义值的 100% ~110%。

⑩最大负荷的制冷运行：

a. 最大负荷的制冷试验时,空调机组各部件不应损坏,并能正常运行。

b. 空调机组在第 1 h 连续运行期间,应能正常运行。

c. 当空调机组停机 3 min 后,再启动连续运转 1 h,但在启动运行的最初 5 min 内允许过载保护器跳开,其后不允许动作;在运行的最初 5 min 内过载保护器不复位时,在停机不超过 30 min 内复位的,应连续运行 1 h。

⑪凝露工况运行:凝露工况试验时,凝结水不应从空调机组中随风吹出,而应顺利地从排水孔(管)排除。

⑫低温工况运行:低温工况试验时,空调机组应能正常运行,且蒸发器风道不应被冰霜堵塞,空调机组出风口不应有冰屑或水滴吹出。

⑬热泵最大负荷制热运行：

a. 热泵最大负荷试验时,空调机组各部件不应损坏,并能正常运行。

b. 空调机组在第 1 h 连续运行期间,应能正常运行。

c. 当空调机停机 3 min 后,再启动连续运转 1 h,但在启动运行的最初 5 min 内允许过载保护器跳开,其后不允许动作。在运行的最初 5 min 内过载保护器不复位时,在停机不超过 30 min 内复位的,应连续运行 1 h。

⑭自动除霜:自动除霜试验时,除霜所需总时间不应超过试验总时间 20%。在除霜周期内,室内侧的送风温度低于 18 ℃ 的持续时间不超过 1 min。

⑮噪声:测量空调机组的噪声(声压级)时,噪声测量值为:室外侧应不超过 69 dB(A),室内侧应不超过 65 dB(A)。

⑯机外静压:机外静压试验时,机外静压测量值应符合买卖双方签订的技术协议的规定值。

⑰能效比(EER):实测制冷量与实测功率之比不应小于表 1.5 规定值的 90%。

⑱性能系致(COP):实测热泵制热量与实测消耗功率之比不应小于表 1.5 规定值的 90%。

项目小结

本项目主要介绍了空调的基本概念和分类,阐述了城市轨道交通车辆空调系统的结构、工作原理、特点以及未来的发展方向,同时对空调系统中常用名词的概念、空调系统的国家标准进行了整理和归类。通过本项目的学习,城轨车辆空调系统的初学者可对城轨车辆空调系统有一个整体的认识,为后续学习城轨车辆空调系统的工作原理、维修方法等提供前提和基础。

思考练习

1. 什么是空调?

2. 什么是紧急通风? 什么叫温度? 什么叫压力? 什么叫焓?

3. 城市轨道交通车辆空调系统的基本组成是什么? 各部件的功能是什么?

4. 城市轨道交通车辆空调系统具有哪些特点? 未来的发展方向是什么?

项目 2
典型城轨交通车辆空调设备

【项目描述】

城轨交通车辆空调设备多种多样,本项目介绍了我国主要城轨交通车辆空调设备生产厂商及其主要产品,主要产品的应用,新型空调设备,以及城轨交通车辆空调设备选型中应考虑的因素,使学习者从众多城市轨道交通车辆所采用的车辆空调设备中,了解不同地域、不同城市轨道交通车辆空调系统特点,掌握车辆空调设备选型方法。

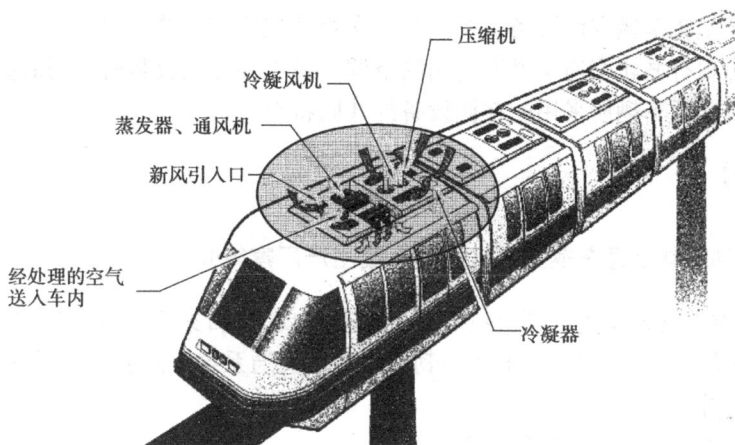

【学习目标】

1. 了解我国城轨交通车辆空调系统主要生产厂家。

2. 了解我国城轨交通车辆空调系统主要形式。

3. 了解我国现有城轨交通车辆所选用的空调系统主要型号。

4. 学习城轨交通车辆空调系统节能设计方案和变频原理,了解新型城轨车辆空调系统。

【能力目标】

1. 能够掌握我国现有城轨交通车辆所选用的空调系统主要形式,能参与制订车辆空调方案。

29

2.能够根据城轨车辆特点及要求,编制轨道车辆空调装置技术说明书。

3.能够掌握我国城轨交通车辆空调系统主要型号及其技术参数,参与车辆空调系统选型设计。

任务2.1　城轨交通车辆空调设备主要生产厂家及常用空调机组的认知

【活动场景】

城轨交通车辆空调设备多种多样,目前,我国城轨交通车辆空调设备主要来源于国内几个大型的车辆设备生产厂家,有的还是铁路机车、车辆空调的定点生产厂家。城轨交通车辆空调已完全实现国产化,且产品质量过硬,并已随车出口到其他国家。本任务在查找整理我国城轨车辆空调主要厂家和空调机组产品资料的基础上,进行课堂教学,或者在车辆空调机组生产厂家现场教学。

【任务要求】

1.了解我国城轨车辆空调设备主要生产厂家及其主要产品的应用;

2.学习我国现有城轨交通车辆所选用的空调设备主要形式及其所应用的城市线路;

3.掌握城轨交通车辆所采用的空调设备的共同特点。

【知识准备】

2.1.1　我国城轨交通车辆空调机组的主要生产厂家简介

目前,我国城轨交通车辆空调机组的生产厂家主要有:石家庄国祥运输设备有限公司、上海法维莱交通车辆设备有限公司、浙江利勃海尔中车交通系统有限公司、广州中车轨道交通装备股份有限公司等。

(1)石家庄国祥运输设备有限公司

石家庄国祥运输设备有限公司(前身是石家庄国祥制冷设备有限公司)是由南车石家庄车辆有限公司、台湾国祥冷冻机械股份有限公司共同投资组建的合资企业,是国内铁路车辆空调设备专业定点生产厂之一,也是ALSTOM全球空调机组"A"级供货商。

国祥公司在国内火车空调之开发技术上具有领先的地位。近年来,中国境内所有新型火车空调,例如160 kM/H准高速列车、200~300 kM/H高速动车组、机车空调及热泵空调、除湿空调等全部由国祥公司开发并首先供应。公司主要产品有铁路火车空调机组、城市轨道交通车辆空调机组、地铁车辆空调机组、铁路运输冷藏机组、公路运输冷藏机组、地面冷库等,产品使用"王牌冷气"商标。该公司是河北省人民政府确认的生产性外商投资先进技术企业,河北省优秀企业机械类第一强,石家庄外资财务管理先进单位等。

该公司主要车辆空调设备已成功应用于北京地铁5、10号线,上海地铁1、2号线,广州地铁2、8号线,深圳地铁4、5号线,南京地铁2号线,西安地铁2号线等以及圣保罗1、3号线,土耳其伊兹密尔轻轨等。

(2)上海法维莱交通车辆设备有限公司

上海法维莱交通车辆设备有限公司成立于1994年6月,是由法维莱集团下属的德国哈格诺克车辆空调设备有限公司(现更名为德国法维莱空调设备有限公司)与上海电气集团的子公司上海冷气机厂共同投资组建的中外合资企业。上海法维莱在生产供铁路干线、城市轨道交通使用的加热设备、通风设备、空调设备和车门系统等产品方面处于国内领先地位。另外,它还提供电源设备、电气部件和软件控制系统。

法维莱总部设于法国。法维莱公司成立于1919年,主要生产供轨道交通使用的各种机电设备如控制、监控、供电、空调、车门和站台屏蔽门等。其中,空调、车门和屏蔽门更占全球领先地位。它在轨道交通方面已经有整整86年的历史,是欧洲以及世界范围内轨道交通产品的先驱。作为本行业的翘楚,法维莱运输以其在部门及产品上的革新能力而著称。

目前,法维莱运输经营的业务主要集中在以下领域,并且很多方面处于领先地位:安全门/半高安全门、轨道空调设备、车门系统、导电弓、功率变换器、影像监控系统和其他电子系统。

这几年,法维莱已经为铁路干线、城市轨道交通提供了大约18 000套列车空调机组和2 500套门系统,另外向菲律宾、伊朗、伊拉克和马来西亚出口了大约400套空调机组。法维莱正在同国内和国外的客户开展多种类型的项目合作,包括为高速列车、大连轻轨、上海莘闵线、深圳地铁和上海明珠二期提供空调机组,也为广州地铁二号线、大连轻轨、大连电车、北京地铁和深圳地铁提供车门系统。

(3)浙江利勃海尔中车交通系统有限公司

浙江利勃海尔中车交通系统有限公司是一家中外合资企业,成立于2006年,位于浙江省诸暨市城西工业区。

中方母公司是广州中车轨道交通装备股份有限公司,简称"中车股份",生产轨道车辆和机车用采暖通风空调系统。其产品用于中国轨道交通的所有车型,并出口亚非国家。中车股份已凭借其先进的轨道交通空调系统解决方案成为在中国市场居领导地位的公司之一,并被中国铁道部指定为轨道交通空调系统的定点生产厂商。

外方母公司为位于奥地利维也纳的利勃海尔交通系统有限公司。它为各种不同类型的轨道车辆生产企业提供空调系统和液压控制系统。利勃海尔是欧洲第一家把微处理机用于空调控制系统的企业,它把航空领域先进和环保的空气制冷式空调系统应用到ICE3高速列车上,此外还开发了面向未来的以二氧化碳为冷媒的新型环保空调系统。利勃海尔的主动或半主动液压控制系统(包括特种减震器、轮对控制系统、气液二级悬挂系统、摆式列车控制系统等产品)为铁路用户提供了先进的技术平台。凭借其先进的轨道交通空调系统和液压系统技术,利勃海尔交通系统有限公司已成为庞巴迪、西门子、阿尔斯通等国际轨道车辆生产企业的主要空调系统供应商。在世界范围内,利勃海尔这一名词代表着先进的技术、高性能的产品和优质的服务。

该合资公司引进利勃海尔先进的管理模式,旨在为中国轨道车辆行业及其用户提供技术先进、质量可靠的产品和服务。其主要空调系统产品应用于北京地铁13号线车辆、北京地铁15号线车辆、深圳地铁3号线车辆、天津地铁3号线车辆、孟买地铁1号线车辆、伊朗马沙德轻轨车辆等。

（4）上海加冷松芝汽车空调股份有限公司

上海加冷松芝汽车空调股份有限公司是由香港陈福成先生于 2002 年 6 月投资 1 550 万美元兴建的专业研发、制造、销售商用车和乘用车空调系统的独资企业。

公司总部位于上海市莘庄工业区华宁路 4999 号，占地面积 110 亩，拥有员工近千人，中高级职称人员有 200 余人。该公司控股厦门松芝、安徽松芝、重庆松芝，并通过了 ISO 9001：2000 质量管理体系和汽车产品合格双认证，2006 年 1 月又通过了 ISO/TS 16949：2002 质量管理体系认证，2007 年被评为高新技术企业和外商投资先进技术企业。2008 年 3 月，上海加冷松芝汽车空调有限公司改制为上海加冷松芝汽车空调股份有限公司。

2005 年 6 月，上海松芝二期厂房竣工，公司乔迁新址。12 月，获得建设部科技委城市车辆专家委员会授予的"中国客车空调旗舰企业"的称号，继续保持领先地位；出口实现重大突破，客户范围覆盖到东南亚、东欧、非洲和南美洲，小型商用车的配套扩展到轻型客车，轻型卡车。

该公司主要产品：超薄型地铁车辆节能空调机组、地铁 A 型车空调机组，应用于上海地铁、广州地铁。

（5）广州中车轨道交通装备股份有限公司

广州中车轨道交通装备股份有限公司是铁路机车、车辆空调的三个定点生产厂家之一。该公司成立于 1956 年，占地面积 5 万 m^2，现有 2 家全资子公司及 1 家参股公司，资产总值超过 4.5 亿元。

中车股份主要从事铁路机车车辆、地铁车辆和轻轨车辆空调系统的开发、生产、销售、维修及售后服务等业务。目前具有列车空调、通风系统、控制系统方面的综合设计能力，率先实现了从单一的空调机组设计到列车空调系统集成设计的转变。

该公司拥有产品技术研发中心、空调机组测试中心、铁路和城轨空调制造基地。公司的技术研发和制造能力处于国内先进水平。主要产品向着"先进、成熟、可靠"的技术目标不断迈进，不仅服务于中国轨道交通运输的需要，而且实现批量出口。

2.1.2 我国城轨车辆常用空调机组

空调机组是由各种空气处理功能段组装而成的一种空气处理设备。车辆空调机组产品按其功能可分为：单冷空调、冷暖空调、热泵空调、变频空调。

单冷空调，顾名思义是仅能制冷的空调；冷暖空调能够制冷和制热，制热时采用电加热方式；热泵空调同样能够制冷和制热，制热采用热泵方式；变频空调有单冷和冷暖两种形式，应用了变频技术，压缩机及风机分别采用变频器控制，实现根据客室实际热负荷来无级调节制冷量（制热量）。

（1）单冷空调

1）广州地铁二号线车辆空调 DL40

该空调是顶置单元式空调机组，如图 2.1 所示。它采用了两端送风结构，设置电动型新风及回风风量调节阀，每车配置 2 台机组。

空调机组参数：

①制冷量：40 kW；

②制冷送风量：5 000 m^3/h；

③输入功率：20 kW；

④制冷剂：环保制冷剂 R407C；

⑤出风方式:前出侧回;

⑥外形尺寸:3 700 mm×1 600 mm×460 mm。

2)广佛线车辆空调 DL37

该空调是顶置单元式空调机组,如图 2.2 所示。它设置电动型新风及回风风量调节阀新风量调节阀以根据乘客负荷调节;每车配置 2 台机组,全部顶盖为铰链式结构,方便维护检修,可在 50 ℃高温环境下正常运行。

图 2.1

图 2.2

空调机组参数:

①制冷量:37 kW;

②制冷送风量:4 250 m³/h;

③输入功率:19.5 kW;

④制冷剂:环保制冷剂 R407C。

3)西安地铁二号线车辆空调 KG29H、北京地铁房山线车辆空调 DLD29J

该空调是顶置单元式空调机组,如图 2.3 所示。它设置电动型新风及回风风量调节阀,每车配置 2 台机组。司机室设置多挡调速送风单元,采用变压器调速,控制系统采用 PLC 作为核心元件。

空调机组参数:

①制冷量:29 kW

②制冷送风量:4 000 m³/h;

③输入功率:14 kW;

④制冷剂:环保制冷剂 R407C;

⑤出风方式:下出下回;

⑥外形尺寸:3 300 mm×1 600 mm×300 mm。

4)北京地铁八通线车辆空调 DL29A

该空调是顶置单元式空调机组,如图 2.4 所示。它采用超薄型设计,设置电动型新风及回风风量调节阀,每车配置 2 台机组;控制系统采用 PLC 作为核心元件。

图 2.3

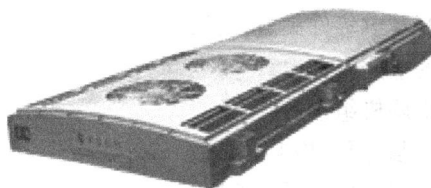

图 2.4

空调机组参数:

①制冷量:29 kW;

②制冷送风量:4 000 m³/h;

③输入功率:14 kW;

④制冷剂:环保制冷剂 R407C;

⑤出风方式:前出下回;

⑥外形尺寸:3 800 mm×1 400 mm×280 mm。

5)北京地铁四号线车辆空调 DL29E、北京地铁大兴线车辆空调 DL29H

该空调是顶置单元式空调机组,如图 2.5 所示。它采用超薄型设计,每车配置 2 台;控制系统采用国产化专用微处理器 CRPC 作为核心元件,采用 MVB 总线进行通信;分别设置司机室送风和回风单元,按照世界上最严格的防火标准 BS6853 设计制造车辆空调系统。

空调机组参数:

①制冷量:29 kW;

②制热送风量:4 000 m³/h;

③输入功率:14 kW;

图 2.5

④制冷剂:环保制冷剂 R407C;

⑤出风方式:前出下回。

(2)冷暖空调

1)成都地铁二号线车辆空调 DLD29K、北京地铁昌平线车辆空调 DLD29J

该空调是顶置单元式空调机组,如图 2.6 所示。它设置电动型新风及回风风量调节阀,每车配置 2 台机组。空调机组的底板为双层夹板结构,夹层内部采用消声阻尼材料,有效地降低了空调机组噪声对车辆客室的影响,是结构创新和应用创新的结合。

空调机组参数:

①制冷量:29 kW;

②制冷送风量:4 000 m³/h;

③制热量:6 kW;

④输入功率:14 kW;

图 2.6

⑤制冷剂:环保制冷剂 R407C。

2)长春轻轨三期车辆空调 KLR30YTH

该空调是专门适应中国北方气候环境而设计的低温热泵空调机组,如图 2.7 所示。它在 −25 ℃时还可以正常制热而非用电加热,起到节能舒适作用。它采用机电一体化设计,所有的控制及电气件集成在机组内,车辆只要给电源及控制信号即可,既方便操作又节省车辆内控制柜的空间。

空调机组参数:

①制冷量:30 kW;

②制冷送风量:3 500 m³/h;

③制热量:32 kW;

图 2.7

④输入功率:13 kW;

⑤制冷剂:环保制冷剂 R407C。

3)北京地铁 9 & 10 号线车辆空调 DLD29G

该空调是顶置单元式空调机组,如图 2.8 所示。它采用薄型设计,设置电动型回风及新风风量调节阀,每车配置 2 台机组。

空调机组参数:

①制冷量:29 kW;

②制冷送风量:4 000 m³/h;

③制热量:6 kW;

④输入功率:14 kW;

⑤制冷剂:环保制冷剂 R407C;

⑥出风方式:下出下回;

⑦外形尺寸:3 300 mm×1 600 mm×300 mm。

图 2.8

4)天津滨海线车辆空调 KGD35F

该空调是顶置单元式空调机组,如图 2.9 所示。它采用薄型设计,设置电动型回风及新风风量调节阀,每车配置 2 台机组。

空调机组参数:

①制冷量:35 kW;

②制热量:9 kW;

③制热送风量:4 000 m³/h;

④输入功率:17 kW;

⑤制冷剂:环保制冷剂 R407C;

⑥出风方式:下出下回;

⑦外形尺寸:3 500 mm×1 600 mm×330 mm。

图 2.9

(3)热泵空调

重庆三号线车辆空调 DLR22

它采用机电一体化变频设计,所有的控制及电气件集成在机组内,只要给电源及控制信号即可,既方便操作又节省车辆内控制柜的空间。其控制核心采用 PLC,可根据环境温度的变化对空调机组实现变频控制;采用接触器和热继电器组成的驱动保护单元,对电机负载进行驱动并具有过载等保护;通过 RS485 与监控系统通信,把空调机组的运行状态和故障信息上传。

空调机组参数:

①制冷量:22.1 kW;

②制冷送风量:3 000 m³/h;

③制热量:18 kW;

④输入功率:10.5 kW;

⑤制冷剂:环保制冷剂 R407C。

图 2.10

(4)变频空调

1)广州地铁车辆变频空调 DL35

该空调是顶置单元式空调机组,如图 2.11 所示,每车配置 2 台机组。它采用防腐设计,机组外表作喷漆防腐处理;应用变频技术,压缩机及风机分别采用变频器控制,制冷量为无级调节,可实现软启动,减少启动对车辆电源的冲击。

空调机组参数:

①制冷量:35 kW;

②制冷送风量:4 250 m³/h;

③输入功率:17 kW;

④制冷剂:环保制冷剂 R407C。

2)重庆单轨二号线车辆空调 DL22

图 2.11

该空调是顶置单元式空调机组,如图 2.12 所示。它采用超薄型轻量化设计,整机仅400 kg,每车配置 2 台机组。它采用防腐设计,换热器采用耐腐蚀的铜片制造,机组外表作喷漆防腐处理;应用变频技术,压缩机及风机分别采用变频器控制,可实现软启动,减少启动对车辆电源的冲击。

图 2.12

空调机组参数:

①制冷量:22.1 kW;

②制冷送风量:3 000 m³/h;

③输入功率:10.4 kW;

④制冷剂:环保制冷剂 R407C。

【活动实施】

(1)总结城轨车辆空调机组主要特点

通过认知上述车辆空调机组,可知我国城轨车辆空调机组具有以下主要特点:

①采用顶置单元式空调机组,每车配置 2 台机组,每台机组设有 2 套制冷系统;

②箱体材料为不锈钢;箱体设计采用三维建模,具体结构设计以方便维护,缩短维护时间为目标;通过有限元分析,在满足箱体强度、刚度要求前提下,实施轻量化设计;

③制冷系统管路采用钎焊工艺,全密封系统设计,选用环保型制冷剂 R407C;

④风机设计达到动平衡和噪音等指标,并设有回风及新风风量调节阀和便于更换的滤尘网,出风方式多种多样;

⑤机组设置送风、回风、新风温度传感器,控制核心采用 PLC 或其他空调控制器,实现对客室空调机组运行模式控制,保证客室保持舒适性温度。

(2)阐述空调机组输入功率与制冷量的关系

(3)阐述单冷空调和冷暖(热泵)空调所使用的地域

【知识链接】

"十二五"期间,城市轨道交通建设有望成为继铁路大规模投资之后新的投资热点,成为"十二五"基础建设投资的新增长点。预计未来十年,我国城市轨道交通建设投资有望超过 3 万亿元。截至 2010 年,中国内地城市轨道交通已有 44 条运营线路、总里程 1 063 km;另有 73条、1 700 余 km 的线路处于建设阶段;全部规划线路达到 317 条、12 440 km。

伴随着全国各大城市轨道交通的大规模兴建,我国城市轨道交通的城轨车辆部件行业也得到了飞速的发展,暖通空调也将迎来了行业兴盛的一个重要爆发点。

城轨交通车辆空调作为提高乘坐舒适性的一种重要部件,空调装置率基本达到100%。随之而来的是,国内车辆空调生产企业的产销量也在快速增长。在车辆用空调方面,我国已有一批颇具规模的企业,国产化生产已成为该行业的发展趋势。他们通过中外合资,引进新技术、开发新产品、拓展新领域,研制开发了多种技术含量高、结构合理、性能优良的车辆用空调机组产品。目前,国内多个轨道车辆空调生产企业的主要产品已被城轨车辆制造企业及广大消费者所认可,并在国外城轨有了一席之地。

【效果评价】

评 价 表

项目名称	典型城轨交通车辆空调设备		学生姓名	
任务名称	任务2.1 城轨交通车辆空调设备主要生产厂家及常用空调机组的认知		分 数	
项 目			分 值	考核得分
1.城轨车辆空调厂家的认知情况			20	
2.城轨车辆常用空调机组的分类认知情况			20	
3.城轨车辆常用空调机组的使用地域认知情况			20	
4.城轨车辆常用空调机组主要特点的认知情况			20	
5.编制学习总结情况			10	
6.基本素养考核情况			10	
教师简要评语: 教师签名:				

任务2.2 城轨交通车辆空调系统设计选型

【活动场景】

空调系统的设计选型需要考虑多方面因素,最终要使车辆空调系统的工作能力满足车厢内乘客对客室内的空气温度、湿度和空气流速的要求,从而使乘客感到乘坐舒适。本任务在查找整理我国现有典型轨道车辆空调机组资料和车辆客室设计参数相关国家标准的基础上,进行课堂教学。

【任务要求】

1.了解空调系统设计和设备选型时须考虑的因素;

2. 掌握城轨交通车辆客室内的空调参数设定的原则；

3. 掌握城轨交通车辆空调系统方案的共同特点。

【知识准备】

空调系统是交通车辆的重要组成部分,承担着为车辆提供良好车内温湿环境的任务,是满足车内乘客舒适性要求的主要设备。

空调系统的设计选型主要需要解决好以下几个方面的问题：

①制冷量、制热量、通风量的确定；

②机组制热模式的选择；

③机组形式(单元式还是分体式)；

④机组在车辆上的安装位置；

⑤司机室空气的净化等。其中,关键要解决的是第一个问题,即制冷量、制热量、通风量的确定。

确定车辆空调系统的制冷量、制热量、通风量时,要考虑三方面的问题。

一是城轨交通具有公共交通的一般特点:安全、快捷、舒适、站点密集、上下车乘客交换频繁,这要求车辆部件要具备较高可靠性。

二是城轨交通车辆客流量大,部分时段、区段客流密集。城轨交通一般多在大中型城市,人口众多,日常上、下班时间甚至更多时段是乘座高峰期;再者,城轨交通线路一般会穿越城市中心及商业繁华地带,这些区段客流密集。这要求车辆部件能够应对超大客流。

三是不同城市的城轨车辆其运营环境也不同。我国幅员辽阔,目前已经开通或在建城轨的各城市之间差别也很大,南到深圳,北到长春,东到上海、青岛,西到西安,所在城市的气候条件必须予以具体考虑、具体设计,有所侧重。

因此,应在对车辆所在线路进行科学的客流预测、确定车辆选型的基础上,进行空调系统的设计和设备选型。选用的空调机组应符合《轨道车辆空调机组》国家标准(GB/T 19842—2005)中相关的制冷系统密封性能、运转性能、安全性能、绝缘性能、防雨性能和噪声标准等。

在对城轨车辆所在线路进行科学的客流预测的基础上,确定了车辆空调系统的制冷量、制热量和通风量时,还需满足城轨车辆的舒适性的要求。

城轨交通车辆的运输任务是单一的运送短途乘客,这就要求客室内要有卫生清洁而且是舒适的环境条件。根据人们的生活实践和人体生理卫生上的要求以及车内的特点,可分析出影响车内人体卫生和舒适性的主要因素是：

①客室内的空气温度和空气湿度。

②人体周围空气的流动速度。

③客室内空气的洁净度。

乘客在车厢内的舒适感受,一般来说,只要能够使人体内所产生的热量和向外界发散出去的热量保持平衡,人就感到舒适。反之,当人所处的空气环境不能使人体保持热量平衡,则就会使人感到不舒服。在一般的情况下,人体产生的热量主要靠皮肤和呼吸器官散发到周围的空气中去,这种散发热量的方式有辐射、蒸发、对流和传导。

客室内的空气温度直接影响着人体的热量散发和热量平衡,这也是车辆空调系统功能的主要目标标准。通常情况下,在夏季,在 24～28 ℃的温度环境中,人们感到凉爽;冬季,在

18 ~ 20℃的温度环境中,人会感到温暖。客室内空气的相对湿度也是影响人体舒适的重要因素,当人体周围的相对湿度较大时,将要影响人体的蒸发散热,而使人们感到闷热。卫生学的观点也认为:当人体周围空气温度在 26.7 ℃ 以下时,湿度对人体影响不明显,但当温度在 28 ℃ 以上时,空气的相对湿度对人体的影响就较为明显了。相对湿度对人体影响使人感觉不舒适的极限值约为 70%。

客室内空气的流速同样影响人体的散热。车内空气流速的增大可以加速人体表面的对流散热,尤其是夏季的车厢内,当人体周围空气的温度和相对湿度都较高的情况下,增大空气流速会促进人体表面汗液的蒸发,从而增加散热效果,给乘客一个舒适的感觉。

在客室内,由于人的呼吸,二氧化碳含量将增加,当增加到一定浓度后就会影响人的健康。另外,车内乘客携带的物品中产生的有害气体等,使车内空气变得污浊,这时就需要外界的新鲜空气对车内的空气进行一定的更换。

综上所述,客室内的温度、相对湿度、流速、洁净度等参数是影响乘客舒适性的重要因素,《公共交通工具卫生标准》(GB9673—1996)中规定旅客运输车辆车厢卫生标准值为:冬季温度为 18 ~ 20 ℃,夏季温度为 24 ~ 28 ℃,相对湿度 40% ~ 70%,垂直温差 ≤3 ℃,微风速 ≤0.5 m/s。由此根据当地地区的地理位置和气候条件,确定城轨交通车辆客室内的空调参数。

【任务实施】

(1)确定车辆客室空调参数

要确定车辆客室空调参数,首先须根据线路的客流预测确定车辆选型。以西安地铁 2 号线为例,车辆客室空调参数如下。

①制冷能力:在环境温度为 35 ℃ 时,能保证客室内温度不高于(28 ±1)℃,相对湿度 65%。客室内同一水平面和同一铅垂面的最大温差均不超过 3 ℃。空调机组在环境温度为 45 ℃ 时能正常工作。

②客室内空气流速:乘客停留区的风速距地板面高 1.7 m 处(站立区)不超过 0.7 m/s。距地板面高 1.2 m 处(座位区)不小于 0.35 m/s。

③新鲜空气的最小供给量:制冷时司机室人均新风量不少于 30 m³/h;客室内人均新风量不少于 10 m³/h(按额定载客人数计);客室内仅有紧急通风时,人均供风量不少于 20 m³/h(按额定载客人数计)。

(2)整理城轨车辆空调的资料,总结空调机组特点及结构

在上一任务中,我们已了解到国内城轨车辆所采用空调机组的共同特点,即:集中单元式、顶置安装、每车 2 台机组、每台机组 2 套制冷系统等。空调机组的主要部件包括:全封闭的压缩机 2 台、冷凝器 2 台、节流装置 2 组、蒸发器 2 台、轴流风机 2 台、离心风机 2 台等。所有零部件装在一个不锈钢板制成的箱内,加盖板后形成一个集中单元式的箱体。集中式空调机组的优点是体积小、质量轻、结构紧凑,机组互换性好和检修方便,同时,因空调机组安装在车顶,可避免车底安装设备过多而影响机组热交换和车下环境对热交换器的腐蚀,延长机组的使用寿命。每车 2 台机组的设计,可实现当某些故障使一台机组必须停止运行时,而另一台机组仍然能够工作,该车的空调单元的制冷过程不会全部停止。每台机组 2 套制冷系统、两台制冷压缩机,可实现输气量至少有 100%、50%、0 的三挡调节。集中式空调机组一体化以后,制冷设备管路大为缩短,不但可以节省大量的有色金属,还可以减少管路接头、减少泄漏。

(3)查找资料,阐述城轨车辆空调与房屋建筑空调在设计中的共同点和不同点

【效果评价】

评 价 表

项目名称	典型城轨交通车辆空调设备		学生姓名	
任务名称	任务2.2 城轨交通车辆空调系统设计选型		分　数	
项　目			分　值	考核得分
1.空调系统设计和设备选型时须考虑因素的认知情况			20	
2.城轨车辆空调机组的特点及结构的认知情况			20	
3.影响人体卫生和舒适性主要因素的认知情况			20	
4.城轨车辆空调与房屋建筑空调在设计中的共同点和不同点的阐述情况			20	
5.编制学习总结情况			10	
6.基本素养考核情况			10	
教师简要评语:				
			教师签名:	

任务2.3　我国城轨交通车辆空调系统方案的比较

【活动场景】

城轨车辆空调系统的方案虽然有许多共同点,如车顶单元式机组、双机组形式等,但细节上却多种多样。不同的系统方案,系统的性能也相差很大。城轨交通车辆空调机组作为空调机组的主要设备,须充分考虑列车的构造与乘客的需求,采用结构紧凑、功能强劲、性能可靠、节约能源的产品。本任务在查找整理我国现有典型轨道车辆空调机组技术参数等资料的基础上,进行课堂教学。

【任务要求】

1.学习我国城轨交通车辆空调系统不同方案的区别;

2.了解城轨交通车辆空调系统不同方案的特点。

【知识准备】

在我国,铁路车辆从20世纪80年代初开始加装空调,地铁车辆到20世纪90年代采用空调机组,车辆空调技术逐步成熟。进入 21 世纪,随着我国城市化进程加快和大中城市轨道交通的陆续开通。车辆空调技术也进入快速发展阶段。从采用车内风扇到加装空调机组,从单冷机组到变频空调,城轨车辆空调系统在近 30 年间得到快速发展。空调系统的发展不仅反映了科学技术的更新,而且反映出"以人为本"的乘客运输环境的改观。

轨道交通的诸多特点、难点,为轨道交通的空调设计带来了值得探讨的课题和研究的方向。轨道车辆空调机组是一种特殊的空调产品,它主要包括制冷(热)系统和通风装置。轨道车辆空调产品要满足风吹、雨淋、震动、冲击、载客量大及空间狭窄等特殊要求。纵观国内外车辆空调技术的发展方向,主要包括三方面。

2.3.1　机组轻量化

空调机组通常置于车顶部,受上部界限的限制,其体积总重受到一定限制。所以小型、轻量化是空调机组必须满足的条件。近年来,空调生产厂商采用一系列新技术来缩小空调机体积。如采用卧式蜗旋式压缩机;换热器采用内螺纹管,增强换热效果;采用带亲水膜轻质铝翅片换热,减少换热器体积、降低换热器质量;引进高效进口风机等,在保证流量、噪声等要求下降低了体积及总重。产品采用先进的集成技术,使得其产品体积更小、质量更轻。

分体式空调机组也是减少车顶设备、避免上界限制的有效措施,高速动车组通常采用一种方式,城轨交通中很少采用。该空调机组采用分体式布置方式,分为制冷系统和通风系统两部分。制冷系统有两套,每一套系统均由压缩-冷凝单元和蒸发单元组成。压缩-冷凝单元布置在车底部,采用空气强制冷却冷凝器;蒸发单元布置在两端车门处,通过蒸发风机将回风和新风混合并处理后送入顶部均匀风道,再由风道送入车厢内。

2.3.2　控制智能化

通常,在城轨车辆运行当中不配有车辆设备巡检员。这就要求城轨车辆空调系统有较高的自动运行能力和自动控制能力。一方面,要求能够以温度信号为判据,控制制冷或采暖系统的运行及停止。温度过高时,开启压缩机制冷;温度过低时,开启加热器采暖;温度适中时,仅开通风使车内空气循环,保持一定量的新风。这样使车厢保持适宜的温度和湿度,为乘客创造良好舒适的环境。另一方面,要求车辆能够在出现问题时自动处理,对非故障问题有自我保护及自我恢复能力;同时,对故障能够自我诊断及存储,以便车辆回库后,能够通过手提电脑进行下载故障记录,及时修复。目前,城轨车辆空调系统等多采用了微处理器控制。该控制系统通过主线进行通信,完成空调运行参数和诊断数据的交换,实现司机的集中控制功能和模拟自动控制功能。而采用 UIC 的智能化控制方式是空调控制的发展方向,该控制系统通过 UIC 曲线和微机自动智能调节,可以获得最舒适的客室温度值,提高乘坐舒适度。

2.3.3　运行节能化

车辆空调技术在发展初期往往强调制冷能力和高可靠性。典型轨道车辆空调机组通常采用的单元式空调机组,虽然具有制冷量大、通风量大、送风距离远的优点,但制冷量的调节范围小且只能通过压缩机的启停来实现,存在车厢内温度波动大、能耗较多的问题。因此,研制节能型的空调机组也是空调的主要发展方向。

一是节能元件的选用,例如采用高效压缩机,采用高效的直流风机电机;

二是提高换热效率,例如采用浸水膜的铝箔,由于水不易形成水珠堵塞风道而提高效率,采用带内螺纹铜管,当空调系统处于通风状态时,系统仅有蒸发器、通风机工作,提高效率;

三是运行节能控制,即变频节能。变频空调机的节电品质等方面发挥着十分重要的作用。

实践证明,变频空调机可实现运行节能3%以上。变频空调机实现了更宽的工作电压、低频启动,高速运转,实现迅速降温,客室温度波动大大减少。变频空调机工作性能更为稳定,效率更高。

【任务实施】

(1)比较城轨车辆空调系统的方案

空调作为轨道交通配套产品之一,在调节列车及车站内部温湿度、保障空气通透性等方面发挥极其重要作用。下面对城轨车辆空调系统的一些方案进行分析比较,供有关人员参考。

1)空调机组厚度的选择

目前,城轨车辆空调机组按高度划分主要有薄型(含超薄型)和普通型两种。薄型空调厚度大约为300 mm,而普通空调一般为380~450 mm。

薄型空调机组与普通型空调机组相比较:

薄型空调机组主要优点是可降低车体限界高度,降低隧道工程量,势必会降低工程施工的费用。国内采用薄型空调的车辆高度为3 510 mm,而采用普通空调的车辆高度都按国标控制在3 800 mm。如果3 800 mm高车采用薄型空调,下部可以设置风道。

薄型空调机组的主要缺点是要求采用卧式压缩机,而卧式压缩机比立式压缩机要贵1万元左右,增加了车辆采购的费用。此外,薄型空调机组由于箱体内部空间限制,风机尺寸和风量受限制,需要增大风速来满足通风要求,会增大噪声,维修也不方便。卧式压缩机在车辆过弯道时容易引起油泵吸不上油而造成的瞬间断油,进而会烧毁压缩机。如加高油面,又会造成油与制冷剂混合。目前,国内普通空调机组技术比较成熟,在薄型空调技术和应用方面还有所欠缺。

考虑以上这些因素,目前国内没有要求采用薄型空调。普通空调是国内铁路和城轨常用空调机组,也是欧美轨道交通常用空调机组。薄型空调在国外以日本应用较多。在国内,北京、天津地铁由于受隧道限制,采用薄型空调。

2)压缩机的选择

城轨车辆空调压缩机根据其结构可分为三种,即活塞式、螺杆式和涡旋式。普通厚度空调可采用涡旋式压缩机或活塞式压缩机。薄型空调可采用全封闭涡旋式或螺杆式压缩机。

活塞式压缩机是目前空调机组常用的压缩机,具有效率高、适应性强、达到的压力范围广的优点,价格比较便宜。同时,它也有外形尺寸和质量相对较大,输出的气流不连续,最大输气量较小的不足。

全封闭涡旋式压缩机是当前最先进的制冷压缩机,在抗震动、抗液击以及频繁起停等方面具有优异的性能,特别适合于冲击和震动大的运输工具上。与其他形式的压缩机相比,它具有噪声低、振动小、效率高(制冷量不大于100 kW时)、寿命长的特点。其中,压缩机寿命能够大于50 000小时。

城轨车辆空调压缩机从其工作原理上分,主要有两种:定频压缩机和变频压缩机。采用变频压缩机的即为变频空调机组。变频技术和变频空调将在下一任务中学习。

3）空调系统的控制

车内温度不是越低越好，要随环境温度变化而变化，这就要求空调系统的控制功能完备，能够随环境温度的变化而及时控制机组的启动和停止。空调系统的控制主要有两种控制思路：一是电脑智能化控制，二是基于 PLC 或其他空调控制无件的微处理器控制。

欧洲采用电脑智能化的控制方式，采用 UIC 的标准，通过软件进行计算来获得最舒适的温度值，由微机控制自动调节。其好处是司机不需要设定温度，但价格贵。

国内目前还没有这方面的标准和计算方法，所以一般不采用这种方式，而采用的是 PLC 或空调控制器为核心元件的控制方式。它可由司机事先设定好客室内的目标温度，机组在以此目标温度为基准的一定范围内自动启动和停止，从而保持车辆运行当中客室温度基本恒定。

（2）根据项目一中西安地铁车辆空调机组的技术参数，总结其空调系统方案的特点

（3）通过查找整理我国现有典型城轨车辆空调机组资料，对比不同地域轨道交通线路空调系统方案的特点

【效果评价】

评 价 表

项目名称	典型城轨交通车辆空调设备		学生姓名	
任务名称	任务 2.3　我国城轨交通车辆空调系统方案的比较		分　数	
项　目			分　值	考核得分
1.城轨车辆空调系统技术发展方向的认知情况			20	
2.城轨车辆空调技术的发展方向能否适应轨道交通车辆的特点要求的认知情况			20	
3.西安地铁二号线空调系统方案特点的总结情况			20	
4.不同地域轨道交通线路空调系统方案特点的对比情况			20	
5.编制学习总结情况			10	
6.基本素养考核情况			10	
教师简要评语： 教师签名：				

任务 2.4　城市轨道交通车辆空调系统节能设计

【活动场景】

节能设计对空调系统提高能效比、节省运行费用有着现实意义。我国的城轨车辆自 1970

年投入使用,经过40多年的发展,技术不断进步,设备日益完善,取得了很大的进展。但随着经济的发展和旅游业的繁荣,城轨车辆空调作为一种舒适性空调的要求越来越高。社会的可持续发展也把空调能耗问题摆上议事日程。本任务从空调舒适性和节能的角度提出在城轨车辆空调中应用变频技术的思考。本任务进行课堂教学,或在采用变频空调的轨道线路检修基地(如重庆轻轨二号线检修基地)进行现场教学。

【任务要求】

1.了解城轨交通车辆空调系统在设计中可采用节能措施;

2.学习城轨交通车辆空调系统节能设计方案;

3.学习变频空调技术原理;

4.学习变频空调的工作特性和特点。

【知识准备】

2.4.1 空调系统节能设计

由于缺乏相关节能量化指标和强制性标准,我国现有铁路、城轨车用空调机组基本上是单冷定速空调,运行耗电严重,空调节能的空间很大。因此,应从设计、运行方面考虑节能,提高空调系统的节能总体水平,在节省能源、保护环境的前提下,要采取各种节能措施,降低空调系统的运行能耗和费用。

城轨交通车辆空调系统的节能设计必须根据工程具体情况,对空调运行季节进行全方位、全过程的分析,找出一个合适的方案,使空调系统在不同的室外气候参数或室内状况下都可以经济、合理、正常地运行。

(1)采用合理的冷热源

合理配置空调系统的冷热源对节能和能源合理利用关系重要。空调系统常用的冷热源配置方式有单冷空调机组和冷暖空调机组。单冷空调机组适用于我国南方城市和运行环境冬夏季变化不大的城轨车辆,一般多用于地铁车辆;冷暖空调机组适用于我国北方城市和运行环境冬夏季变化较大的城轨车辆,特别是地上交通车辆。

单冷型设计使空调机组的利用率降低,空调机组的效能和功能没有全部利用起来,造成浪费。冷暖一体化和热泵型冷暖两用车辆空调,可弥补单冷机的不足,提高利用率,如果冷暖空调机组能够达到车辆设计所需的采暖要求,则可取消客室电暖器。

(2)采用变频技术

非变频空调系统的能耗浪费源于两方面原因,这也是采取变频技术的主要原因。

①空调设备选型时,通常会预留一定的富裕量。事实上,设备很少会在全负荷下运行,甚至不可能出现全负荷运行的情况。通常,非变频空调系统制冷工况仅设有半冷和全冷两级控制,而且在每一级控制下,空调设备都是按半冷或全冷额定功率的全负荷运行的。而客室实际的热负荷往往低于额定功率的全负荷。这就必然造成能量的浪费。

②车辆空调实际负荷会随着车内客流密度的变化、环境温度的变化而产生波动。正常情况下,非变频空调设备只能按设备的额定功率运行。当客流密度减少、热负荷降低时,设备仍以额定功率全负荷输出运行。这也必然造成能量的浪费。

如果使用变频技术,不仅能有效地改进非变频空调系统的某些不足,使空调设备的输出功率随着负荷的增减而变化,起到明显的节能效果,较大地降低能耗、节省运行费用。同时,也提高了乘客的舒适感受。避免出现在客流低峰时段,乘客感到有些冷;而在客流高峰时段,乘客感到比较热。变频技术在现在空调系统的使用中成为一种必然。

变频可调技术同样也应用于客室广播系统。即客室广播可根据客室内噪声高低的变化而自动调节广播声音的大小,以便于乘客能够听清楚车辆广播,不会因为乘客较多而听不清广播报站,也不会因为乘客较少而感到广播刺耳。

(3)应用再生能源

可再生能源具有资源丰富、无污染、清洁安全、资源可再生的优势,因此在能源日益短缺的今天,尽量利用再生能源是很有必要的。再生能源包括太阳能、自然风、地下水、土壤能、风能和海洋能。在城轨交通车辆中,冷凝器中制冷剂的冷却采用风冷方式,这在暖通空调设备中已被广泛应用。

2.4.2　变频空调技术的发展

变频器是 20 世纪 80 年代问世的一种高新技术,它通过对电流的转换来实现电动机运转频率的自动调节,把 220 V、50 Hz 交流电的固定电压频率改为 30 ~ 130 Hz 的变化频率。同时,还使电动机电源电压范围达到 142 ~ 270 V,彻底解决了由于电压的不稳定而造成用电器不能正常工作的难题。

变频空调技术是通过变频技术调节压缩机的转速,依靠压缩机转速的快慢变化来无级控制输出功率(即制冷制热量)的大小,从而达到及时控制室内温度的目的。"变频空调"采用了这种比较先进的技术,启动电压小,压缩机的无级变速可适应更大面积和更为舒适的制冷制热需求。

虽然变频空调技术在中国自 20 世纪 90 年代才起步,还没有发展成熟,但据权威数据调查,目前在日本和欧美等国,变频空调已经成为空调行业的技术平台,98% 左右的空调均为变频空调。

以目前的国家宏观调控以及空调产品等方面来看,今后中国的变频空调必然成为一种趋势。

2.4.3　变频空调技术原理

(1)三相异步电动机的作用和特性

由于变频器与三相异步电动机有着密切的联系,所以,要熟悉了解变频原理,就必须掌握三相异步电动机的特性。

1)三相异步电动机

三相异步电动机是以三相电源为动力源,实际转速与同步转速不一致的电动机。三相异步电动机的作用是通过三相异步电动机运转(正转或反转)来带动其他设备做各种各样的机械运动。

2)三相异步电动机的特性

①运转方式:靠旋转磁场来带动电动机转子,额定电流约等于其功率的 2 倍。

②接线方式:有星形(Ｙ形)和三角形(△形)两种。Ｙ形接线时,电动机的电流小,但力矩

也小。三角形(△形)接线时电动机的电流大,但力矩大。

③转速:

$$n = \frac{60f(1-K)}{p}$$

式中　n——电动机转速;

　　　　60——常数;

　　　　p——极对数;

　　　　f——电源频率;

　　　　K——滑差系数。

公式说明:只要改变电源频率或极对数,就可以改变电动机转速。传统的电动机其电源频率既定,极对数既定,因此转速不变。

(2)**变频压缩机**

空调压缩机是空调机组的核心元件。压缩机是由与其紧密相连的三相异步电动机提供动能,压缩机的转速也就由其电动机决定,因此转速不变。而在三相异步电动机加装变频器后,就可以实现调速功能,即任意地改变电动机的转速,从而实现调节压缩机转速的目的。

(3)**变频空调**

所谓的"变频空调",是与传统的"定频空调"相比较而产生的概念。众所周知,我国的电网电压为 220 V、50 Hz,在这种条件下工作的空调称为"定频空调"。由于压缩机供电频率不能改变,传统的定频空调的压缩机转速基本不变,只能依靠压缩机的启停来调整室内温度,其一开一停之间容易造成室温忽冷忽热,并消耗较多电能。

变频空调的核心是它的变频器,是通过变频器改变压缩机供电频率,调节压缩机转速,使压缩机制冷(制热)量与热负荷的变化达到最佳匹配。当供电频率高,压缩机转速快,空调器制冷(热)量就大;而当供电频率较低时,空调器制冷(热)量就小。这就是所谓"变频"的原理。

(4)**变频空调技术的分类**

变频空调技术分为交流变频和直流变频。

①交流变频:采用交流变频压缩机,2 次调节电压转换,从而达到省电的目的。

②直流变频:采用直流数字变转速压缩机,只经过一次电压转换,相对于交流变频节省18% ~40%的电能,从而体现出直流变频技术的优越性。

(5)**变频技术的优点**

①制冷或制热速度快。

②具有较好的舒适性。

③启动时对电路没有大的电流冲击。

2.4.4　变频空调的工作特性

变频空调是在普通空调的基础上选用了变频压缩机,增加了变频控制系统,实现了快速、节能和舒适控温效果。它的基本结构、制冷原理和普通空调完全相同。其工作特性是:

①变频空调每次启机使用时,以最大功率、最大风量进行制热或制冷,迅速接近所设定的温度。

②达到所设定的温度后,空调主机则以能够准确保持这一温度的恒定速度运转,实现"不

停机运转",避免压缩机频繁地启停。

③变频空调的主机是自动进行无级变速的,可根据所需的冷(热)量调整压缩机的运转频率。

④运用变频控制技术,可根据环境温度自动选择制热、制冷和除湿运转方式。

【任务实施】

(1)认知变频空调和普通空调的区别

与普通空调相比,变频空调的最大优点在于节能。空调耗电量最大的部位是压缩机。变频空调比普通空调增加了一个可用于调节压缩机速度的变频器。变频空调与普通空调在开机启动时,由于室内温度并未达到设定的目标温度,所以都是以最大的功率运行,这个时候,变频空调由于电路比普通空调复杂,因此这段时间并不省电,有可能还更耗电。当室内温度达到设定的目标温度后,变频空调通过变频器将压缩机的运转速度降低,耗电量理所当然地就急剧下降了。而普通空调在室内温度达到设定温度后,并不能调节压缩机的速度,因此它必须关闭压缩机。关闭压缩机的这段时间内,它的耗电量比变频空调还要低。当室内温度高于设定温度时,它又必须开启压缩机。因此,室内温度总是在设定的目标温度上下进行波动。由于压缩机在启动/停止时,会产生瞬间大于压缩机正常运行时 3~7 倍的电流,频繁地开停对压缩机的寿命有一定的损害。

变频空调的优点有:

1)节能

变频空调可根据室内冷(热)负荷的变化自动调整压缩机的运转频率。达到设定温度后,变频空调以较低的频率运转,避免了室温剧烈变化所引起的不适感。当负荷小时,运转频率低,此时压缩机消耗的功率小,同时避免了频繁开停,从而更加省电。同时,这对噪音的减小和延长空调使用寿命有相当明显的作用。

2)噪声低

由于变频空调运转平衡,震动减小,噪声也随之降低。

3)温控精度高

变频空调可以通过改变压缩机的转速来控制空调机的制冷(热)量。其制冷(热)量有一个变化幅度,因此室内温度控制可精确到目标温度 ±1 ℃,使人体感到很舒适。

4)调温速度快

当室温和调定温度相差较大时,变频空调一开机,即以最大的功率工作,使室温迅速上升或下降到目标温度,制冷(热)效果明显。

5)保持室温恒定

变频空调可随时调节空调机心脏——压缩机的运转速度,从而做到合理使用能源;由于它的压缩机不会频繁开启,会使压缩机保持稳定的工作状态,从而室温稳定,波动小。

6)电压要求低

变频空调对电压的适应性较强,有的变频空调甚至可在 150~240 V 电压下启动。

7)环境温度要求低

变频空调对环境温度的适应性较强,有的甚至可在 -15 ℃ 的环境温度下启动。

与普通空调相比,变频空调的最大缺点在于价格昂贵。变频空调为实现其功能在定频空调的原理的基础上,换装了变频压缩机,加装了变频控制器系统,并将毛细管换为电子膨胀阀,辅件还有除霜阀,双毛细管。由于其主要部件成本高,所以机组价格过高,同时也导致维修时成本居高不下。

（2）**城轨车辆变频空调系统的可行性分析**

城轨车辆变频空调采用变频调速系统（包括传感器、变频器和可编程控制器等）,改善了城轨车辆定频空调系统存在的运行工况不稳定,能耗大,不能满足旅客舒适性要求等不足（如图2.13）。

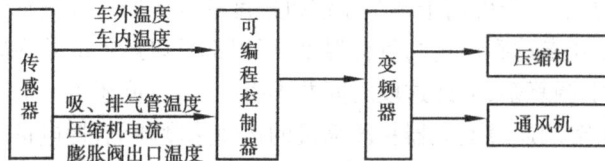

图2.13　城轨车辆空调系统变频控制原理图

目前,变频技术不仅用于民用空调,而且在铁路客车和城轨车辆上也占有越来越大的比重。城轨车辆空调变频技术可行性分析如下:

①城轨车辆空调应用变频技术将在很大程度上节约能耗,特别是在客流低峰时,空调系统长时间的低负荷运转将大大减少城轨交通运营部门的运行成本,提高经济效益。同时减轻了对大气的排放污染,符合环境保护的要求。

②变频式空调系统能自动调节通风量和制冷剂流量,使车内温度保持恒定,改善了车内的空气环境,提高舒适性,更能适应城市交通市场竞争的需求。

③采用变频技术后,城轨车辆空调的制冷系统、通风系统及控制系统的运行环境得到改善,保证了设备的安全运行,减轻了设备维修保养的费用,更能满足节约运营成本的要求。

④变频技术在城轨车辆空调系统中的应用潜力很大,但由于其价格偏高、技术复杂,在具体的应用中还会存在一定的困难。

（3）**论述城市轨道交通车辆变频空调的发展前景**

【效果评价】

评 价 表

项目名称	典型城轨交通车辆空调设备		学生姓名	
任务名称	任务2.4　城市轨道交通车辆空调系统节能设计		分　　数	
项　　目			分　值	考核得分
1.空调系统节能设计的认知情况			10	
2.变频空调技术发展的认知情况			10	
3.变频空调原理的认知情况			20	
4.变频空调和普通空调区别的认知情况			20	

续表

项目名称	典型城轨交通车辆空调设备	学生姓名	
任务名称	任务2.4　城市轨道交通车辆空调系统节能设计	分　数	
项　目		分　值	考核得分
5.城轨车辆变频空调发展前景的认知情况		20	
6.编制学习总结情况		10	
7.基本素养考核情况		10	
教师简要评语： 　　　　　　　　　　　　　　　　　　　　教师签名：			

项目小结

空调机组是完成夏季制冷、冬季加热(预热)的空气处理设备,是空调系统的重要组成部分。它对进入车内的空气进行冷却或对车内的空气进行加热,保证了车辆内的温度保持在一个舒适范围内。

本项目旨在使学员了解目前我国主要城轨交通车辆所采用的空调机组的型号、形式,掌握空调机组方案的特点、区别以及空调机组的发展方向。

思考练习

1.简述空调机组的常见形式,其功能有何不同。

2.简述目前我国城轨交通车辆所采用的空调设备的共同特点。

3.简述变频空调的工作原理和节能原理。

4.变频空调与传统空调相比有何优点?

5.从本项目中,总结我国新型城轨交通车辆空调设备的设计发展方向。

项目 **3**

城市轨道交通车辆空调制冷系统

【项目描述】

城市轨道交通车辆制冷系统是车辆空调的重要组成部分，担负着调节客室内温度的重要任务。本项目详细介绍了空调制冷系统的原理、组成和部件，对制冷系统的维护、故障处理结合实践进行了拓展。

【学习目标】

本项目使学生在掌握城轨车辆制冷系统原理、组成、部件结构的基础上，使其具备对空调制冷系统设备进行检查维护作业的能力，具备对该设备的常见故障进行判断的能力。

1. 了解城轨车辆制冷系统的原理；

2. 了解城轨车辆制冷系统的基本组成及各个部件的功能；

3. 掌握压缩机、换热器和膨胀阀的结构及功能；

4. 掌握城轨车辆制冷系统的维护方法；

5. 了解城轨车辆制冷系统常见故障原因。

【技能目标】

1. 能在现场对城轨车辆空调制冷系统各个部件进行辨识；

2. 能在作业现场对城轨车辆空调制冷系统进行维护；

3. 在现场能认识制冷系统检漏及制冷剂充注所用的常用设备；

4. 能够对制冷系统故障现象进行分析并提出处理方法和检查步骤。

任务 3.1　制冷循环基本原理的认知

【活动场景】

制冷是空调系统的主要功能。本节主要介绍制冷循环的基本原理以及制冷循环中物质热量的变化过程。

【任务要求】

1. 掌握制冷系统的基本概念；
2. 掌握蒸汽压缩式制冷原理的组成；
3. 了解熵和焓的基本概念。

【知识准备】

3.1.1　制冷的基本概念

冷却就是取出物体的热量,使物体的温度降低。冷却的过程伴随着物体本身热能的减少。自身热冷却的程度受周围介质的影响,冷却的极限温度不可能低于周围介质的温度。要想把某一物体的温度降到低于周围介质的温度,只能借助于人工冷却的方法,即人工制冷。具体点说,就是通过消耗一定的外功,利用不同的制冷方式,使被冷却的物体温度下降到低于周围介质温度的某一预定温度。人工制冷按照制取温度范围可以分为普冷和深冷两种。

利用人工制冷所取的温度不低于 120 K(- 153.15 ℃)时,称为普冷技术。利用人工制冷制取的温度范围在 120 K 至绝对温度零度(- 273.15 ℃)的制冷技术称为深冷技术。轨道车辆空调制冷系统是对客室内环境温度进行调节的装置,其制取的温度通常高于 17 ℃,属于普冷技术。在制冷状况下,通过蒸发器的空气在蒸发器外被冷却,空气中的水分冷凝成水珠,通过机组上设的排水孔排到车顶上,最终通过设在车顶两侧的排水管排到车下。

(1)**制冷常用名词及概念**

温度是表明物体冷热程度的物理量,常用的温标是摄氏温度。其含义是在标准大气压下,把水结冰的温度规定为 0 ℃,沸腾时的温度定为 100 ℃,在 0 ℃ 和 100 ℃ 之间平均分成 100 等份,每一份是 1 ℃。按照这种规定和划分方法定出的温度标准称为摄氏温度。

热力学温度通常称为绝对温度,规定如下:以开[尔文](K)表示热力学温度的单位,单位摄氏度与单位开尔文相等。换算关系为:$t = T - 273$ K,T 表示热力学温度,t 表示摄氏温度。

压强就是单位面积上的作用力,在 1 m² 的面积上均匀垂直作用 1 N 的力定义为 1 个压力单位,称为 1 Pa。

热量是能量的一种形式,是表示物体吸热或者放热多少的物理量,单位是焦[耳](J)。

(2)**液、气两相转变**

制冷系统的功能是通过外界对系统提供能量,利用制冷工质将热量从低温物体(如冷库、客室等)移向高温物体(如大气环境)的循环过程,从而将物体冷却到低于环境温度,并维持此低温。

在制冷过程中,主要是利用制冷剂的液气两相转变来实现人工制冷的目的。在密闭容积中,液态转化为气态的速率大于气态转变为液态的速率时,液体就会逐渐减少而气体逐渐增加,这个过程称为液体的汽化。汽化的方式有蒸发和沸腾两种,沸腾是在整个液体的内部发生的剧烈汽化过程;汽化是吸热过程,如果外界没有供给热量,汽化的结果是液体内部分子的平均动能减少,从而使得液体温度降低。

在密闭容积中,液态转化为气态的速率小于气态转变为液态的速率时,液体就会逐渐减少而气体逐渐减小,这个过程称为蒸汽的液化。液化是放热过程。汽化和液化是液气相变的两种相反过程。

车辆制冷系统是利用制冷剂将热量从客室内的空气转移到客室外的大气环境,并维持客室内的温度保持在一个乘客舒适的数值。

（3）饱和状态

密闭容器中的液体,在一定温度下,蒸汽压力会自动保持在一定数值上,这时液气两相转变就达到了动平衡,此时空间气态分子浓度不变,这个状态称为液体的饱和状态。处于饱和状态的蒸汽和液体称为饱和蒸汽和饱和液体。饱和状态下的蒸汽压力称为饱和压力,饱和液体的温度称为饱和温度。

3.1.2 蒸汽压缩式制冷过程

（1）蒸汽压缩式制冷的基本原理

制冷循环由压缩过程、冷凝过程、膨胀过程、蒸发过程组成。它就是利用有限的制冷剂在封闭的制冷系统中,反复地将制冷剂压缩、冷凝、膨胀、蒸发,不断地在蒸发器处吸热汽化,进行制冷降温。根据实现压缩过程、冷凝过程、膨胀过程、蒸发过程的方式不同,制冷循环系统可分为不同种类,包括压缩式制冷循环、吸收式制冷循环、蒸汽喷射式制冷、声能制冷、热管式制冷、磁制冷、吸附式制冷、空气压缩制冷、地温制冷等,一般车辆空调制冷装置均采用蒸汽压缩式制冷,利用制冷剂的液气两相的转变来实现人工制冷。

在各种制冷方法中,最常用的是压缩式制冷,大约占90%。压缩式制冷的原理是利用制冷剂(一种物质)在低温下沸腾吸热,由于制冷剂的沸点低于被冷却空气的温度,所以制冷剂将吸热汽化,由于沸腾吸热时的温度低于制冷对象的温度,制冷对象的热量就传递给了制冷剂,制冷对象的温度就降低,这个降温过程一直到制冷剂全部汽化为止。

为了将汽化的制冷剂回收利用,需要通过压缩机再次冷却为液体。通过压缩机做功,使吸热后的制冷剂温度和压力升高(高于环境温度)。这时需要环境介质来冷凝制冷剂,使从压缩机出来的高压制冷剂重新冷凝为液体,制冷剂就可以把热量传递给环境。然后,通过节流降压,制冷剂重新在低温下沸腾吸热。如此不断循环制冷,达到制冷效果。大体工作原理如上所述,在实际应用中,压缩式制冷机有一套完善的设备保证制冷工作的正常进行。在制冷方法中,液体汽化制冷应用最为广泛。车辆空调机组采用的是蒸汽压缩式制冷,它属于液体汽化制冷。制冷剂在一个封闭的空间中,只需要消耗压缩机的功就可以反复将制冷剂由蒸汽变为液体的相态变化,这种相态变化将低处的热量转移到高温处。

（2）蒸汽压缩式制冷系统的理论循环和实际循环

制冷剂在制冷回路中循环流动,并且不断地与外界发生能量交换,即不断地从被冷却对象中吸取热量,向环境介质排放热量。为了实现制冷循环,必须消耗一定的能量。

1)理论循环

逆向卡诺循环是制冷的理想循环,表示在 TS 图上,如图 3.1 所示:1—2 是压缩过程,制冷剂经过压缩,温度由 T_1 升高到 T_2,同时消耗机械能;2—3 为定压放热过程,制冷剂向周围介质放出热量,冷却到状态 3;3—4 是绝热膨胀过程,制冷剂做膨胀功,温度由 T_3 下降到 T_4;4—1 是定压吸热过程,制冷剂向被冷却物体吸收热量,同时制冷剂恢复到初始状态 1 完成一个制冷循环。如果需要循环继续进行,则要不断消耗循环功,才能不断进行制冷。

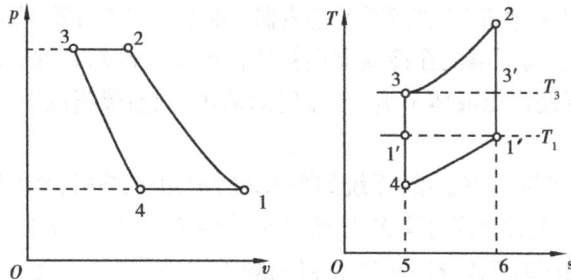

图 3.1　空气压缩制冷循环

由此可见,在制冷循环中,能使低温物体中吸收的热量传递给周围的介质(冷却水,空气)的过程不是自发的,而是要消耗一定的外界能量。理想的制冷循环包括四大部件:压缩机、冷凝器、蒸发器和膨胀机。理论循环是在忽略制冷剂在循环过程中的摩擦以及热损失的情况下建立起来的,实际循环效率要低一些。

2)实际循环

实际上采用的蒸汽压缩式的制冷实际循环(如图 3.2)与理论循环相比,有以下几个特点:用膨胀阀代替膨胀机,蒸汽的压缩采用干压缩代替湿压缩,两个传递过程均为定压过程,并且具有传热温差。

在理想制冷循环中,膨胀机将冷凝后的制冷剂从高压变为低压,并且无能量损失。事实上,这是无法做到的,采用膨胀阀以后,制冷剂的膨胀过程变为节流过程,既有热损失又有摩擦损失。

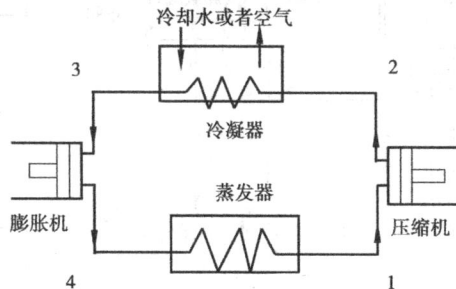

图 3.2　制冷循环

理想制冷循环采用的是湿压缩。湿压缩存在缺点,压缩机吸入湿蒸汽,低温蒸汽与高温汽缸壁在缸内发生剧烈热交换,迅速蒸发而占据汽缸的有效空间,减少了制冷剂被压缩机的吸入量,降低了制冷量;过多的液体进入压缩机汽缸后,不能立即全部汽化,不仅破坏润滑,而且会造成液击,损坏压缩机。因此蒸汽压缩制冷装置在实际运行中严禁发生湿压缩现象。

在实际制冷循环中,因为气体在循环过程中的摩擦损失、节流损失等原因,绝热过程和等压过程并不存在,效率要低一些。

（3）蒸汽压缩式制冷系统的组成

空调用蒸汽压缩式制冷系统主要由压缩机、冷凝器、膨胀阀、蒸发器等部件组成，并用管道将其各部件连成一个封闭的系统。

工作过程如下：

①液态制冷剂通过制冷系统回路的不断循环产生，并在蒸发器内蒸发，与被冷却空气发生热量交换，吸收被冷却空气的热量并汽化成低温、低压的蒸汽；

②压缩机消耗电能不断地将产生的蒸汽从蒸发器中抽走，并压缩制冷剂，使其在高压下被排出；

③经压缩后的高温、高压蒸汽在冷凝器内被周围的空气冷却，凝结成高压液体；

④利用热力膨胀阀使高压液体节流，节流后的低压、低温湿蒸汽进入蒸发器，再次汽化，吸收被冷却空气的热量。

城市轨道交通车辆空调机组的制冷系统如图 3.3 所示，由压缩机、室内外热交换器、干燥器、毛细管、车厢内热交换器、冷凝器及配管构成，里面注入了 R407C。过程为：制冷剂 R407C 蒸气在压缩机内被压缩成为高温、高压的气体，被分成两路经两侧风冷冷凝器的冷凝、冷却后，通过冷凝风机吸入外界空气来强迫对流，增强换热效率，使经过冷凝器后的制冷剂成为常温（约为 50 ℃）、高压的液体；液体制冷剂进入干燥过滤器后，再次被分成两路，每一路都先通过液体管路电磁阀到达毛细管进行节流，制冷剂在毛细管中被节流降压，变成低温、低压的气液混合状态，液体制冷剂在蒸发器管内吸收车厢内空气的热量，并由液态蒸发变成气液态后进入气液分离器；气态的制冷剂被再次吸入到压缩机，重新被压缩，压缩机的不断工作和系统的往复循环，达到连续制冷的效果。

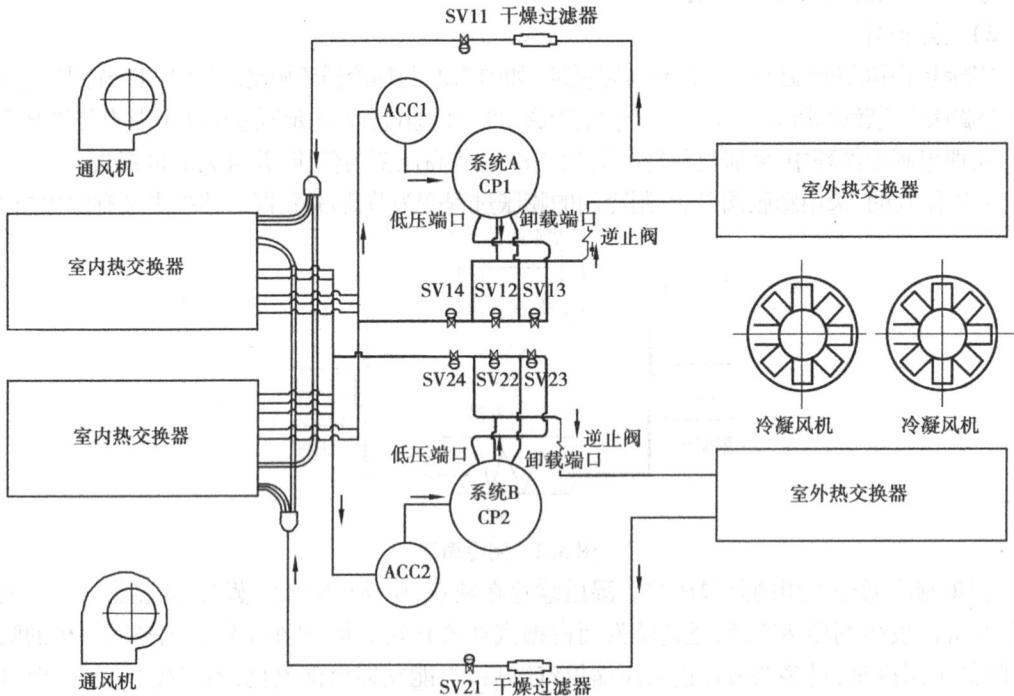

图 3.3　车辆制冷循环图

CP1、CP2—压缩机，SV11、SV21—液管电磁阀；

SV12,SV13,SV22,SV23—卸载电磁阀；SV14,SV24—旁通电磁阀；ACC1,ACC2—气液分离器

3.1.3　熵与焓

(1)熵的概念

熵在科学技术上泛指某些物质系统状态的一种量度,是混乱和无序的度量,表示某些物质系统状态可能出现的程度。对于热工学而言,只有当所使用的那个特定系统中的能量密度参差不齐的时候,能量才能够转化为功。这时,能量倾向于从密度较高的地方流向密度较低的地方,直到一切都达到均匀为止。正是依靠能量的这种流动,才能从能量得到功。由于这个原因,江河发源地的水位比较高,水就沿着江河向下流入海洋。总势能这时保持不变。正是在水往下流的时候,可以使水轮转动起来,因此水就能够做功。处在同一个水平面上的水是无法做功的,即使这些水是处在很高的高原上,虽然具有异常高的势能,同样做不了功。在这里起决定性作用的是能量密度的差异和朝着均匀化方向的流动。

"熵"(entropy)是德国物理学家克劳修斯(1822—1888)在 1850 年创造的一个术语,他用它来表示任何一种能量在空间中分布的均匀程度。能量分布得越均匀,熵就越大。如果对于我们所考虑的那个系统来说,能量完全均匀地分布,那么,这个系统的熵就达到最大值。在克劳修斯看来,在一个系统中,如果听任它自然发展,那么,能量差总是倾向于消除差异的。让一个热物体同一个冷物体相接触,热就会以下面所说的方式流动:热物体将冷却,冷物体将变热,直到两个物体达到相同的温度为止。如果把两个水库连接起来,并且其中一个水库的水平面高于另一个水库,那么,万有引力就会使一个水库的水面降低,而使另一个水面升高,直到两个水库的水面均等,而势能也取平为止。因此,克劳修斯说,自然界中的一个普遍规律是:能量密度的差异倾向于变成均等。换句话说,"熵将随着时间而增大"。

熵是热力系内微观粒子无序度的一个量度,熵的变化可以判断热力过程是否为可逆过程。热力学能与动能、势能一样,是物体的一个状态量。熵是用热量除温度所得的商,标志着热量转化为功的程度。它是热力学中表征物质状态的参量之一,通常用符号 S 表示。在经典热力学中,可用增量定义为 $dS = dQ/T$。式中,T 为物质的热力学温度;dQ 为熵增过程中加入物质的热量。"可逆"表示加热过程所引起的变化过程是可逆的。若过程是不可逆的,$dS > (dQ/T)$ 不可逆,则单位质量物质的熵称为比熵,记为 s。

熵最初是根据热力学第二定律引出的一个反映自发过程不可逆性的物质状态参量。热力学第二定律是根据大量观察结果总结出来的规律,有下述表述方式:

①热量总是从高温物体传到低温物体,不可能作相反的传递而不引起其他的变化;

②功可以全部转化为热,但任何热机不能全部地、连续不断地把所接受的热量转变为功;

③在孤立系统中,实际发生的过程总使整个系统的熵值增大,此即熵增原理。

人们早已断定,能量既不能创造,也不能消灭。这是一条最基本的定律,所以人们把它称为"热力学第一定律"。

摩擦使一部分机械能不可逆地转变为热,使熵增加。热量 dQ 由高温(T_1)物体传至低温(T_2)物体,高温物体的熵减少 $dS_1 = dQ/T_1$,低温物体的熵增加 $dS_2 = dQ/T_2$。把两个物体合起来当成一个系统来看,熵的变化是 $dS = dS_2 - dS_1 > 0$,即熵是增加的。

熵的大小反映系统所处状态的稳定情况,熵的变化指明热力学过程进行的方向,熵为热力学第二定律提供了定量表述。为了定量表述热力学第二定律,应该寻找一个在可逆过程中保持不变。在不可逆过程中单调变化的态函数。克劳修斯在研究卡诺热机时,根据卡诺定理得出了对任意循环过程都适用的一个公式,式中 Q 是系统从温度为 T 的热源吸收的微小热量,等号和不等号分别对应可逆和不可逆过程。对于绝热过程 $Q=0$,故 $S \geqslant 0$,即系统的熵在可逆绝热过程中不变,在不可逆绝热过程中单调增大。这就是熵增加原理。由于孤立系统内部的一切变化与外界无关,必然是绝热过程,所以熵增加原理也可表为:一个孤立系统的熵永远不会减少。它表明随着孤立系统由非平衡态趋于平衡态,其熵单调增大;当系统达到平衡态时,熵达到最大值。熵的变化和最大值确定了孤立系统过程进行的方向和限度,熵增加原理就是热力学第二定律。能量是物质运动的一种量度,形式多样,可以相互转换。某种形式的能量(如内能)越多表明可供转换的潜力越大。熵原文的字意是转变,描述内能与其他形式能量自发转换的方向和转换完成的程度。随着转换的进行,系统趋于平衡态,熵值越来越大,这表明虽然在此过程中能量总值不变,但可供利用或转换的能量却越来越少了。内能、熵和热力学第一、第二定律使人们对与热运动相联系的能量转换过程的基本特征有了全面完整的认识。从微观上说,熵是组成系统的大量微观粒子无序度的量度。系统越无序、越混乱,熵就越大。热力学过程不可逆性的微观本质和统计意义就是系统从有序趋于无序,从概率较小的状态趋于概率较大的状态。产生这种现象的原因也很简单,既自然界通向无序的方法远多于通向有序的方法,比如让一群学生在操场上站好队需要一些手段,但要他们在操场上乱跑就很简单了。

1824 年,法国物理学家卡诺证明:为了做功,在一个系统中热能必须非均匀地分布,系统中某一部分热能的密集程度必须大于平均值,另一部分则小于平均值,所能获得的功的数量取决于这种密集程度之差。在做功的同时,这种差异也在减小。当能量均匀分布时,就不能再做功了,尽管此时所有的能量依然还存在着。德国物理学家克劳修斯重新审查了卡诺的工作,根据热传导总是从高温到低温而不能反过来这一事实,在 1850 年的论文中提出:不可能把热量从低温物体传到高温物体而不引起其他变化。这就是热力学第二定律,能量守恒则是热力学第一定律。1854 年,克劳修斯找出了热与温度之间的某一种确定关系,他证明当能量密集程度的差异减小时,这种关系在数值上总在增加。由于某种原因,他在 1856 年的论文中将这一关系式称作"熵",热力学第二定律宣布宇宙的熵永远在增加着。熵与温度、压力、焓等一样,也是反映物质内部状态的一个物理量。它不能直接用仪表测量,只能推算出来,所以比较抽象。在理论分析时,用熵的概念比较方便。在自然界发生的许多过程中,有的过程朝一个方向可以自发地进行,而反之则不行。

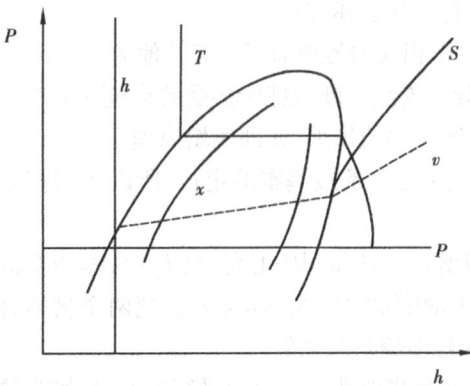

图 3.4 压焓图

图 3.4 中,等压线是水平线;等焓线是垂直线;等温线是液体区几乎是垂直线。两相区内,因制冷剂状态的变化是在等压、等温下进行,故等温线与等压线重合,是水平线。过热蒸汽区为向右下方弯曲的倾斜线;等熵线是向右上方倾斜的实线;等容线是向右上方倾斜的虚线,比等熵线平坦;等干度线是只存在于湿蒸汽区域内,其方向大致与饱和液体线或饱和蒸汽线相近,视干度大小而定。

图 3.5 中,等温线是水平线;等熵线是垂直线;等压线是两相区内是水平线,过热蒸汽区为向右上方弯曲的倾斜线;过冷区可用饱和线代

替。等焓线是过热区和两相区内为向右下方倾斜的实线;过冷液体区可近似用同温度下的饱和液体的焓值代替;等容线是向右上方倾斜的虚线;等干度线是只存在于湿蒸汽区域内,其方向大致与饱和液体线或饱和蒸汽线相近,视干度大小而定。

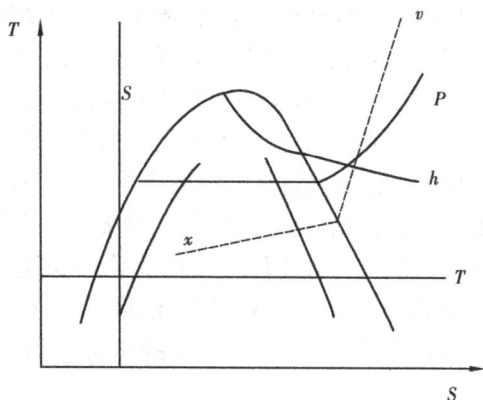

图 3.5　温熵图

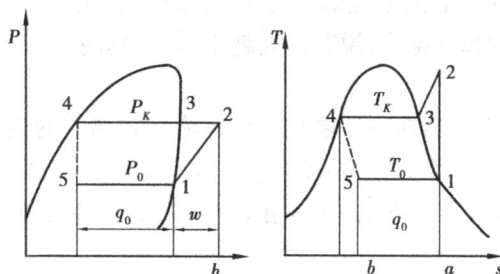

图 3.6　理论循环在 P—h 图和 T—S 图中的表示

卡诺循环在温熵图中是一个矩形,两水平线代表可逆等温过程(不可逆过程在图上无法画出),曲线下面积为两过程的吸热量(上方曲线围成的面积为正,代表吸热,下方曲线围成的面积为负,代表放热)。可逆过程的吸热量 $dQ = TdS$。对于可逆等温,T 为常量积分时可提出积分号,故 $Q = T(S_2 - S_1)$,可见就是线下面积。

两垂直线为可逆等熵过程,也就是可逆绝热过程。很明显,单独的一条线不能围成面积,故过程无热效应。

可逆绝热过程中,每一微小步骤都没有吸热或放热,因此在绝热线上的任意两点间的熵差都是零。故可逆绝热过程就是可逆等熵过程,但不可逆绝热过程熵要变化(总是增大,称为熵增原理)。

矩形的面积(为正),代表一个循环中总的吸热量。由于一个循环后系统恢复到起点,即状态不变,故内能不变,说明系统在一个循环中将净的吸热量(矩形面积)转化为对外做功,功的量也是该矩形面积。

例如,一个容器的两边装有温度、压力相同的两种气体,在将中间的隔板抽开后,两种气体会自发地均匀混合,但是,要将它们分离则必须消耗功。混合前后虽然温度、压力不变,但是两种状态是不同的,单用温度与压力不能说明它的状态。两个温度不同的物体相互接触时,高温物体会自发将热传给低温物体,最后两个物体温度达到相等。但是,相反的过程不会自发地发生。上述现象说明,自然界发生的一些过程是有一定的方向性的,这种过程叫不可逆过程。

过程前后的两个状态是不等价的。可用"熵"这个物理量来度量这种不等价性。有些过程在理想情况下有可能是可逆的,例如汽缸中气体膨胀时举起一个重物做了功,当重物下落时有可能将气体又压缩到原先的状态。根据熵的定义,熵在一个可逆绝热过程的前后是不变的。而对于不可逆的绝热过程,则过程朝熵增大的方向进行。或者说,熵这个物理量可以表示过程的方向性,自然界自发进行的过程总是朝着总熵增加的方向进行,理想的可逆过程总熵保持不变。对上述的两个不可逆过程,它们的终态的熵值必大于初态的熵值。

制氧机中常遇到的节流阀的节流膨胀过程和膨胀机的膨胀过程均可近似地看成是绝热过程。二者膨胀后压力均降低。但是,前者是不可逆的绝热膨胀,膨胀前后熵值肯定增大。后者在理想情况下膨胀对外做出的功可以等于压缩消耗的功,是可逆绝热膨胀过程,膨胀前后熵值不变,叫等熵膨胀。实际的膨胀机膨胀会有损失,也是不可逆过程,熵也增大。但是,它的不可逆程度比节流过程小,增加的熵值也小。因此,熵的增加值反映了这个绝热过程不可逆程度的大小。

在作理论分析计算时,引入熵这个状态参数很方便。熵的单位为 J/(mol·K) 或 kJ/(kmol·K)。但是,通常关心的不是熵的数值,而是熵的变化趋势。对实际的绝热膨胀过程,熵必然增加。熵增加的幅度越小,说明损失越小,效率越高。

(2)焓的概念

焓,符号为 H,是一个系统的热力学参数。焓是流动式物质的热力学能和流动功之和,也可认为是做功能力。定义在一个系统内:$H = U + pV$。式中,H 为焓,U 为系统内能,p 为其压强,V 则为体积。物理意义:焓 = 流动内能 + 推动功,焓表示流动物质所具有的能量中取决于热力状态的那部分能量。

之所以要定义焓这个函数,其原因是由于其变化量是可以测定的(等于等温等压过程不做其他功时的热效应),具有实际应用的价值。这样处理包含着热力学的一个重要思想方法:在一定条件下发生一个热力学过程显现的物理量,可以用某个状态函数的变化量来度量。

对于制冷系统而言,制冷剂的热力学性质是通过实验方法测定出来的,压焓图是一个直角坐标系,其横坐标是制冷剂焓与质量的比值,称为比焓;纵坐标是制冷剂压力。1 个温度值在图中是一条曲线分别对应不同的压力和比焓,很多条曲线就构成了曲线簇。不同的制冷剂有不同的压焓图。

3.1.4 制冷剂

制冷剂又称制冷工质,俗称雪种。它是在制冷系统中不断循环并通过其本身的状态变化以实现制冷的工作物质。制冷剂在蒸发器内吸收被冷却介质(水或空气等)的热量而汽化,在冷凝器中将热量传递给周围空气或水而冷凝。

制冷剂在低温下吸取被冷却物体的热量,然后在较高温度下转移给冷却水或空气。在蒸汽压缩式制冷机中,使用在常温或较低温度下能液化的工质为制冷剂,如氟利昂(饱和碳氢化合物的氟、氯、溴衍生物),共沸混合工质(由两种氟利昂按一定比例混合而成的共沸溶液)、碳氢化合物、氨等。

(1)早期制冷剂概况

1805 年埃文斯(O. Evans)原创地提出了在封闭循环中使用挥发性流体的思路,将水冷冻成冰。1834年帕金斯第一次开发了蒸汽压缩制冷循环,并且获得了专利,系统中使用乙醚作为制冷剂。二氧化碳(CO_2)和氨(NH_3)分别在1866年和1873年首次被用作制冷剂。

20世纪初,制冷系统开始作为大型建筑的空气调节手段。1926年,托马斯·米奇尼开发了首台CFC(氯氟碳)机器,使用R-12。CFC族(氯氟碳)不可燃、无毒(和二氧化硫相比时)并且能效较高。该机器于1931年开始商业生产并很快进入家用。20世纪30年代,一系列卤代烃制冷剂相继出现,杜邦公司将其命名为氟利昂(Freon)。这些物质性能优良、无毒、不燃,能适应不同的温度区域,显著地改善了制冷机的性能。几种制冷剂在空调中变得很普遍,包括CFC-11、CFC-12、CFC-113、CFC-114和HCFC-22。

20世纪50年代开始使用共沸制冷剂。60年代开始使用非共沸制冷剂。空调工业成长为几十亿美元的产业,使用的都是以上几种制冷剂。到1963年,这些制冷剂占到整个有机氟工业产量的98%。随后一系列CFCs和HCFCs陆续得到了开发,最终在美国杜邦公司得到了大量生产成为20世纪主要的制冷剂。

(2)制冷系统对制冷剂性质要求

主要要求是制冷剂具有优良的热力学和物理特性,以便能在给定的温度区域内运行时有较高的循环效率。制冷剂的选用是一个比较复杂的技术经济问题,需要考虑的因素很多,选择时应根据具体情况,进行全面的技术分析。具体要求为:

①在常温下能够液化,在蒸发器内及出口处压力要稍高于大气压,一方面可以防止空气及水分进入,方便制冷剂泄露的检查,同时也可以防止管路承受压力过大;需要在蒸发温度下蒸发时蒸发压力大于大气压力,可以防止泄漏时,空气不窜入管路内;在常温下具有较低的冷凝压力就能液化;凝固温度要低,否则容易发生凝固,影响在管系内的流动。

②标准沸点较低、流体比热容小、制冷剂绝热指数低、单位容积制热量较大等。考虑制冷温度的要求,根据制冷剂温度和冷却条件的不同,选用高温(低压)、中温(中压)、低温(高压)制冷剂。通常选择的制冷剂的标准蒸发温度要低于制冷温度10 ℃。选择制冷剂还应考虑制冷装置的冷却条件、使用环境等。运行中的冷凝压力不应超过压缩机安全使用条件的规定值。汽车空调只能用车外空气做冷却介质,对其产生影响的气温、风速、太阳辐射、热辐射等因素无不频繁发生变化,其运行条件决定它只能选用高温(低压)制冷剂,过去选用R12,目前大多选用R134a。

③具有优良的热物理性能,如较高的传热系数、较低的黏度及较小的密度,与润滑油有良好互溶性。考虑压缩机的类型,不同的制冷压缩机的工作原理有所不同。体积式压缩机是通过缩小制冷剂蒸汽的体积提高其压力的,一般选用单位体积制冷量大的制冷剂,如R134a,R22等。同时在压缩过程中不发生化学反应,受热受压时不分解成其他气体。传热性能好,可使得传热温差小,使制冷效率得到提高。同时黏度小,在管内流动时阻力小。

④安全性。工质应无毒、无刺激性、无燃烧性及爆炸性。

⑤经济性。要求工质低廉,易于获得。

⑥环保性。要求工质的臭氧消耗潜能值(ODP)与全球变暖潜能值(GWP)尽可能小,以减小对大气臭氧层的破坏及引起全球气候变暖。考虑环保的要求,必须选用符合国家环保法规的制冷剂。

【任务实施】

（1）制冷剂液体过冷的影响

饱和温度与过冷液体的温度差值称为过冷度。在理论循环中认为从冷凝器中流出和进入节流装置的制冷剂都是饱和液体状态，而在实际制冷装置中，制冷剂在冷凝器中冷凝成液体后还要继续向外放热而变成过冷液体即未饱和液体后才流出。特别是在车辆制冷装置中，冷凝器采用风冷，液体的冷凝温度总是高于环境气温，从冷凝器来的制冷剂液体在储液器中流动还要不断向外放热而继续过冷。因此，冷凝器流至节流装置前总是有一定的过冷度。过冷度越大，节流损失越小，单位质量制冷量就越大。

（2）吸气过热度的影响

在理论循环中，假定由蒸发器流出和被压缩机吸入的制冷剂都是饱和蒸汽，从蒸发器出口至压缩机入口之间的管路不存在热交换。实际上，制冷剂的蒸汽温度总是低于被冷却介质的温度，从蒸发器流出的饱和制冷剂在通过吸气管流进压缩机时，还将从冷却介质吸收部分热量而变成过热蒸汽。因此压缩机吸入的是过热蒸汽。若吸入蒸汽的热量全部来自被冷却的室内，则制冷剂的单位质量制冷量就应该由蒸汽制冷部分和过热阶段所吸收的热量两部分组成，这种过热循环对制冷循环是有益的。另外，压缩机吸气有一定的过热度可以减少吸入的液体，减少液击的发生。

【效果评价】

评价表

项目名称	城轨车辆制冷系统		学生姓名	
任务名称	任务3.1　制冷循环基本原理的认知		分　数	
项　目			分　值	考核得分
1.热工学相关知识概念比如温度、压力和热量等的整理和搜集			10	
2.用自然界的实例来说明汽、液两相转变			20	
3.用模型和流程图来描述蒸汽压缩式制冷原理			25	
4.举例说明熵的大小反应状态稳定情况			15	
5.了解制冷剂特性和制冷剂的压焓图			15	
6.编制学习汇报报告情况			10	
7.基本素养考核情况			5	
教师简要评语： 教师签名：				

任务 3.2　城市轨道交通车辆制冷系统组成的认知

【活动场景】

目前世界各国交通车辆使用的空调机组类型虽然很多,但在城轨交通中,单元式空调机组是最为普遍采用的空调形式。本节主要介绍城市轨道交通车辆空调制冷装置的组成及各部分功能,在城轨车辆检修车间静调库三层平台上加强对车辆制冷系统认知。

【任务要求】

1. 掌握城市轨道交通车辆制冷系统的组成和布局;
2. 掌握城轨车辆制冷系统的各个组成部件的功能。

【知识准备】

3.2.1　空调制冷机组的类型

目前世界各国铁路客车使用的空调机组类型较多,如西欧国家等采用开启或者半封闭压缩机空调机组,而日本多采用全封闭压缩机制冷机组。我国铁路客车在 1980 年前主要采用分装式空调制冷机组,其特点是将半封闭式压缩机、冷凝器、冷凝风机等集中在一个箱体内悬挂在车下,将蒸发器、通风机、膨胀阀等组成一个箱体安装在车顶,并用铜管将两部分连接组成循环的制冷系统。目前,这种分装式制冷机组用的较少。

单元式空气机组主要包括的部件有:蒸发器、冷凝风机、送风机、新风调节门、紧急逆变电源、制冷管路电磁阀、热力膨胀阀、温度传感器、干燥过滤器、充注阀、新风过滤器(金属材料)、混合空气过滤器(无纺布材料)等。机组分为室内侧和室外侧,其中室内侧分为蒸发腔和新风腔,室外侧分为压缩机腔和冷凝腔。离心风机、蒸发器、回风电动阀、回风滤尘网等安装在蒸发腔;气液分离器、新风电动阀、新风滤尘网等安装在新风腔;压缩机、压力开关、干燥过滤器、电磁阀等安装在压缩机腔;轴流风机、逆止阀和冷凝器等安装在冷凝腔。

3.2.2　压缩机室的组成

压缩机室主要包括的部件有:2 台涡旋式压缩机、4 个压力开关、2 个电磁阀、2 个干燥过滤器、2 个吸气过滤器等。

(1)制冷剂

空调机组采用的是 R407C 制冷剂,它是一种环保型的制冷剂,属于中温制冷剂,机组充注量是 $3.7\ kg \times 2$。

(2)涡旋式压缩机(2 台)

制冷压缩机如图 3.7 所示,其作用是将来自蒸发器的低温、低压气态制冷剂压缩成高温、高压的气体。空调机组的压缩机采用是全封闭涡旋式压缩机,制冷压缩机为全封闭卧式压缩机,是将电动机、压缩机构及供油系统组装在同一个密封的机壳内。制冷压缩机通过橡胶减震器安装在空调机组箱体内。制冷压缩机的作用是将来自蒸发器的低温低压的 R407C 气体压缩成高温高压的气体,并送往冷凝器。它主要由电动机、汽缸、偏心轮、转子、风隔叶片、排气阀、外壳等组成。涡旋式制冷压缩机与往复式制冷压缩机相比,涡旋式制冷压缩机振动小。因为它没有往复运动部分,可减少空间容积,使得整机结构紧凑、质量轻,机械损失小,降低了压缩功的损失,改善了压缩效果,提高了效率。它还具有压缩比大、对湿压缩不敏感、平衡性能好等特点。由于分隔叶片具有较好的刚性和强度,吸、排气口又无阀片,故一旦液体制冷剂通过时,不容易产生"液击"。

图 3.7　压缩机

①型式:卧式全封闭涡旋压缩机;

②型号:ZEN100YZA-C(三菱);

③输入功率:约 6.0 kW;

④电流:约 9.8 A;

⑤润滑油:Diamond Freeze MEL32 3.0 L。

(3)压力开关

4 个压力开关如图 3.8 所示,分别为 2 个压缩机出口高压保护开关和 2 个压缩机进口低压保护开关。

1)高压压力开关

当制冷系统的压力异常高时,高压开关动作,停止压缩机的运转,保护制冷系统。高压开关的复位方式为自动复位。

2)低压压力开关

当制冷系统的压力异常低时,低压开关动作,停止压缩机的运转,保护制冷系统。低压开关的复位方式为自动复位。

图 3.8　压力开关

在压缩机的出口压力超过额定的管路压力时,高压保护开关的动作,切断压缩机的工作电路,使压缩机停止工作,起到保护压缩机和管路的作用。

低压保护开关的作用是在压缩机的进口压力过低时,使压缩机的工作能力降低,起到监护空调制冷系统的制冷能力,当达不到制冷要求时,自动切断压缩机的工作电路。

表3.1

高压保护开关	数量:2个,型号:ACB-QB24　(自动复位)。 动作:电路断开$2.9_0^{+0.15}$ MPa，电路接通(2.4±0.15) MPa。
低压保护开关	数量:2个,型号:LCB-QA06　(自动复位)。 动作:电路断开(0.19±0.05) MPa,电路接通(0.32±0.05) MPa。

(4)干燥过滤器和吸气过滤器

1)过滤器

制冷系统的各部件虽然经过严格的清洗和一定干燥处理,但是在焊接管路时,管内部分焊渣和氧化皮会黏结在接口周围。另外,由于压缩机运转后,也会有部分金属粉末进入制冷剂,随着制冷剂的循环,污物进入膨胀阀会堵塞阀孔,进入压缩机会造成部件磨损。过滤器可分为气体过滤器和液体过滤器两种,如图3.9所示。气体过滤器装在压缩机的吸气管路上,防止杂质进入压缩机。液体过滤器一般装在膨胀阀前,防止污物堵塞阀件。

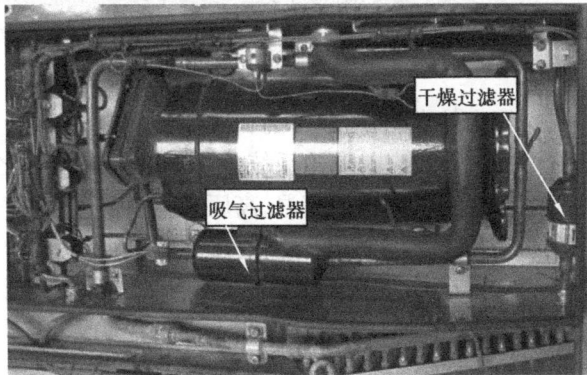

图3.9　过滤器

2)干燥器

制冷剂中不但有污物还有水分,主要是同时在充灌制冷剂前难以做到绝对干燥,含有少量的水气。水能够溶解在制冷剂中,当温度下降时,制冷剂中水的溶解度就小,当流至膨胀阀孔时,温度急剧下降,一旦蒸发温度低于0℃,水的溶解度就相应降低。于是,有一部分水被分离出来,停留在阀孔周围并立即结冰堵塞阀孔,影响系统的正常运行。如果采用氟利昂制冷剂,系统中含水量过多会引起制冷剂水解、腐蚀管路,一般采用硅胶作为干燥剂。

单元式空调机组中往往将过滤器和干燥剂组合在一起,称为干燥过滤器。干燥过滤器中的干燥剂用来吸收制冷循环系统中的水分,过滤器用来清除系统中的一些机械杂质,如金属屑和氧化皮等,避免系统中出现的"冰堵"和"脏堵"。

表3.2

干燥过滤器	数量:2个,型号:DML-084S。
吸气过滤器	数量:2个,安装位置:压缩机回气管处。

3.2.3　冷凝器室

冷凝器室主要部件有 2 台冷凝风机、2 个冷凝器、2 个逆止阀等。

(1)冷凝器

冷凝器根据冷却方式分成风冷式和水冷式,车载空调因条件所限,采用冷风。风冷冷凝器分为自然对流式和强迫对流式,铁路车辆空调安装了冷凝风机进行强迫对流,提高换热效率。

①数量:2 个;

②形式:亲水膜铝肋片套内螺纹铜管式。

图 3.10　冷凝器

风冷冷凝器均制作成蛇管式外套肋片,通常为长方形,几根蛇管并联在一起,如图 3.10 所示,具有结构紧凑、安装方便的优点。它是制冷系统中主要的换热装置之一,选用铜管铜翅偏材料。冷凝器的作用是将制冷压缩机排出的高温、高压的制冷剂过热蒸汽,通过其放热面将热量传递给低温物质(即空气),让制冷剂冷凝成液态,以使制冷剂在系统中循环使用。高温高压的 R407C 气体通过冷凝器时,在外界空气的强制冷却下,变成常温(约 50 ℃)高压的冷媒液体。

(2)轴流风机

室外侧通风机为直联轴流式风机,风机的叶轮安装在立式电机上,并采取防水结构。室外侧通风机用于强化冷媒在冷凝器中的凝结放热过程。两台轴流式风机通过取压缩机出口高压处的压力到空调控制器,由控制器根据压力变化情况来控制风机的启停。

轴流风机如图 3.11 所示,包括叶轮、电机和吊爪。吊爪用来将电机和叶片固定在盖板上。两个轴流风机从冷凝器两侧抽取环境空气流经冷凝器,然后将升温后的空气重新排放到外界环境中。

①数量:2 台;

②额定转速:1420 r/min;

③额定功率:0.55 kW;

④额定电流:约 1.9 A,推荐保护值为 2.1 A。

3.2.4　新风室的组成

新风室主要部件有气液分离器、新风电动阀、新风过滤网、新风温度传感器等。

(1)气液分离器(2 个)

气液分离器如图 3.12 所示,用来分离蒸发器出口的蒸汽中的液体,从而保证压缩机为干

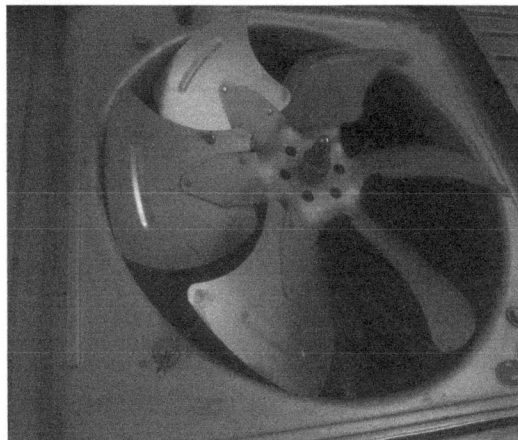

图 3.11 轴流风机

压缩。对于毛细管节流的制冷装置,由于制冷剂流量不能自动调节,当负荷减少时,蒸发器中制冷剂就有可能不能完全蒸发。如果压缩机吸入了带有液滴的制冷剂蒸汽,就有可能产生液击,使压缩机受损。

图 3.12 气液分离器

(2)新风过滤网

新风过滤网为金属网,如图 3.13 所示,主要作用是对进入蒸发器室的新风进行过滤。

表 3.3

新风过滤网	数量:1 套共 4 个,形式:无纺布滤料。 滤料厚度:8 mm。

(3)温度传感器

空调系统分别在客室、新风入口、送风管道处设有温度传感器,如图 3.14 所示,用于监测客室温度、环境温度和送风的温度,通过对温度采样值的判断来控制空调机组的运行模式。空调机组温度传感器采用的是 NTC 型,这种传感器的温度与电阻呈负曲线关系,即温度值越高电阻值越低。

图 3.13　新风过滤网

图 3.14　新风温度传感器及电动阀

表 3.4

排气温度保护器	数量:2 个,型号:CS - 74L。 设定值:(135 ± 5)℃断开;(115 ± 5)℃接通。 安装位置:固定在压缩机排气管处。
温度传感器	数量:2 个,型号:PT100。 形式:电阻式。 安装位置:回风口处 1 个,新风口处 1 个。

3.2.5　蒸发室的组成

蒸发室主要部件有离心风机、蒸发器、回风电动阀、回风滤网等。

（1）**蒸发器**

蒸发器如图3.15所示。

低温低压气液混合的冷媒在蒸发器内蒸发,当车内循环空气和新鲜空气混合后,通过蒸发器时进行热交换。这时,空气的热量被蒸发器内的冷媒吸收,温度降低。

蒸发器的形式很多,可以用来冷却空气或者各种液体。车辆空调制冷系统属于冷却空气的蒸发器,根据冷却方式可分为两种。一种是靠空气的自然对流冷却,传热系数小;另一种是靠风机强制对流。蒸发器装在通风系统中,传热系数要高,冷却速度快。

冷却器的肋片一般要保持立放,以便于凝结水顺肋片流下,并避免因凝结水积存在肋片上增加空气阻力和影响传热效果。

图3.15 蒸发器

（2）**离心风机**

室内侧通风机为直联多叶片式离心风机,如图3.16所示。室内侧通风机可以强化冷媒在蒸发器中的蒸发过程,并将经蒸发器冷却降温的空气或经电加热器加热升温的空气送入车内。

图3.16 离心风机

①数量:2台;

②额定风量:2 000 m³/h;

③额定转速:1 420 r/min;

④额定功率:0.55 kW;

⑤额定电流:约1.55 A,推荐保护值为1.7 A。

送风机为两台离心式风扇,兼有吸风和送风的双重功能。一方面通过新风格栅吸入新风,并使其与回风混合;另一方面将经过蒸发器冷却、除湿后的空气通过送风机输送到客室的送风管道中,并被送到客室内,以达到调节客室温度、湿度的目的。

（3）**毛细管**

毛细管为一组内径极小的细长铜管,当高压液体冷媒流经这组高阻力管时,可起到节流降压的作用。

(4)回风过滤网

混合空气过滤网采用的是无纺布材料,如图3.17所示,要求满足 DIN5510 防火标准,要求定期进行更换。其主要作用过滤混合空气,使进入客室的混合空气满足含尘标准。

表3.5

回风过滤网	数量:1套共2个,形式:尼龙编织网。 安装位置:蒸发器前。

图3.17　混合空气过滤网

3.2.6　阀件

空调机组用的阀件主要包括:压缩机高压出口和低压进口逆止阀,制冷管路上的电磁阀和电动阀。

表3.6

逆止阀	数量:2个 型号:NRV-16S		
电磁阀	型　号	数量	说　明
	NEV-202DXF	2	线圈 AC220V,容量控制用(常闭,接低压侧)
	NEV-L202DXF	2	线圈 AC220V,容量控制用(常开,接高压侧)
	NEV-603DXF	2	线圈 AC220V,旁通用(常闭)
	NEV-603DXF	2	线圈 AC220V,液管用(常闭)
干燥过滤器	数量:2个 型号:DML-084S		
回风电动阀	数量:1个,形式:电动式; 操作电压:DC24V,关闭时间:(90±5)s。		
新风电动阀	数量:2个,形式:电动式; 操作电压:DC24V,关闭时间:(90±5)s。		

压缩机高压出口和低压进口截断阀的作用是更换压缩机时,只需拧松压缩机进口和出口处的截断阀就能对压缩机进行更换,在制冷系统需要检修和分解时还起着接通和切断制冷剂通路的作用。

电磁阀用于自动接通和切断制冷回路,它是由 110 V 电源来控制电磁阀的启闭。电磁阀的开启是依靠线圈通电产生的电磁力并依靠弹簧和阀芯的自重来关闭。它装在膨胀阀之前的管路上,与压缩机联动:当压缩机启动时,电磁阀打开制冷管路;当压缩机停机时,切断制冷管路。

(1)旁通电磁阀 SV14、SV2(4)

为保证压缩机在长时间停止后以及温度较低情况下启动时的轴承润滑,需要在一定时间内(从压缩机启动开始 30 s)打开电磁阀。

(2)容量控制电磁阀

容量控制电磁阀(如图 3.18)配合压缩机内能量调节机构可以控制压缩机的容量,通过 2 个电磁阀的开闭及每台机组两台压缩机工作状态组合,进行全运转以及控制容量运转的切换,可实现空调机组多级能量调节,制冷能力实现 100%、70%、50% 共 3 挡。当打开高压侧 SV12、SV2(2),关闭低压侧时 SV13、SV2(3)时为全运转状态;当打开低压侧 SV13、SV2(3),关闭高压侧 SV12、SV2(2)时为容量控制运转状态。

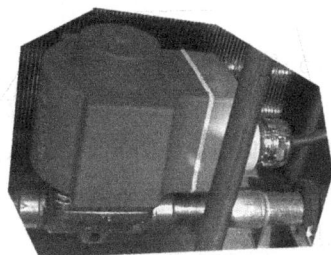

图 3.18　电磁阀

(3)液管电磁阀 SV11、SV2(1)

它们安置在冷凝器出口,防止压缩机停止时冷媒液倒流入压缩机侧,防止造成再次启动时润滑不良。

(4)逆止阀

它安装在压缩机的排气管上,在压缩机停止时防止冷媒液从排气管逆流回压缩机侧。

3.2.7　其他辅助部件

(1)分油器

活塞式压缩机制冷系统多采用分油器。压缩机排出的高压蒸汽会带有润滑油,润滑油将会随着制冷剂进入冷凝器和蒸发器。一般需要用油分离器将润滑油分离出来,并采用自动回油装置将其送回压缩机。

(2)储液器

储液器用来储存制冷系统的制冷剂液体,以适应工况变动时的制冷剂流量变化。在制冷系统长时间不工作时,制冷剂全部储存在储液器中,以免泄漏造成损失。储液器一般是钢制圆筒,筒体上设进、出液口,其安装位置低于冷凝器,容积应大于所需储存的制冷剂液体的容积。对于城市轨道交通车辆单元式制冷系统,由于制冷温度范围小,制冷剂的量是严格控制的,可以省去储液器。

(3)压力探测器

含水量的制冷剂时,其水化合物能显示不同的颜色,从而根据纸芯的颜色来判断含水的程度。纸芯的颜色变化可压力探测器如图 3.19 所示,安装在送风机的送风口处,以利于时时监

图 3.19 压力探测器

测送风机的工作状态。它将送风口的压力信号转换为电信号传输给空调控制器,来监测送风机的工作状态,以达到保护压缩机的目的。

(4)窥视镜(流量/湿度指示器)

窥视镜如图 3.20 所示,用来显示系统运行时制冷剂量和流动情况,而视镜中心部位的圆芯则用来指示制冷剂的含水量。当圆芯纸遇到不同显示出制冷剂的含水量情况:正常、警示、超标,当纸芯的颜色为紫色时表明正常,当纸芯颜色开始偏红时说明系统中制冷剂的含水量已到了需加强跟踪的警示位置,一旦纸芯颜色为粉红色时必须尽快更换干燥过滤器。

检修中,在制冷系统运行情况下,若流量指示器中有气泡出现,则说明制冷管路中有堵塞或制冷剂量不足问题,需及时查找漏点或堵塞位置,否则容易导致系统因低压故障而无法进行制冷。

(5)膨胀阀

膨胀阀如图 3.21 所示,它位于冷凝器之后,使从冷凝器来的高压制冷剂液体在流经节流机构、膨胀阀,压力被降低后进入蒸发器。它除了起节流作用外,还起调节进入蒸发器制冷剂流量的作用。通过膨胀阀的调节,可使制冷剂离开蒸发器时有一定的过热度,避免液体制冷剂进入压缩机。

图 3.20 窥视镜

图 3.21 膨胀阀

空调机组膨胀阀采用外平衡式膨胀阀较多,通过蒸发器出口处的制冷剂蒸汽过热度大小来调节阀口的开度。蒸发器负荷变化时,可以自动调节制冷剂液体的流量,以控制蒸发器出口处制冷剂的过热度,该膨胀阀过热度的设定值为(10 ± 3)K。

当实际过热度高于设定点时,热力膨胀阀会让更多的液体制冷剂流入蒸发器;反之,当实际过热度低于设定点时,热力膨胀阀会减小流入蒸发器的制冷剂流量。过热度调节弹簧的张力可进行人为调节,静态过热度可通过旋转螺母来调节。

(6)回热器

回热器又称气液换热器,是在一些氟利昂制冷系统中提高制冷量和经济性的措施之一。它是用来自蒸发器的低温制冷剂蒸汽与从储液器或者冷凝器出来的常温制冷剂液体进行热量交换,从而使节流前得制冷剂液体过冷,进入压缩机前得制冷剂蒸汽过热,提高了单位制冷量,又保证了压缩机的干压缩。

【任务实施】

在城轨车辆空调检修现场对制冷系统的各个组成部分进行辨识,同时说明该部件的结构特点和在系统中的作用。KG29H型单元式空调机组是将所有制冷部件组装在一个箱体内并安装在车顶上,用软风道与车内主风道连接。车辆的空调机组由压缩机/冷凝器室、空气处理室和蒸发室三部分组成,并被组合在一个不锈钢制的箱体内,通过8个安装座与减震垫一起被固定在车顶上,如图3.22所示。

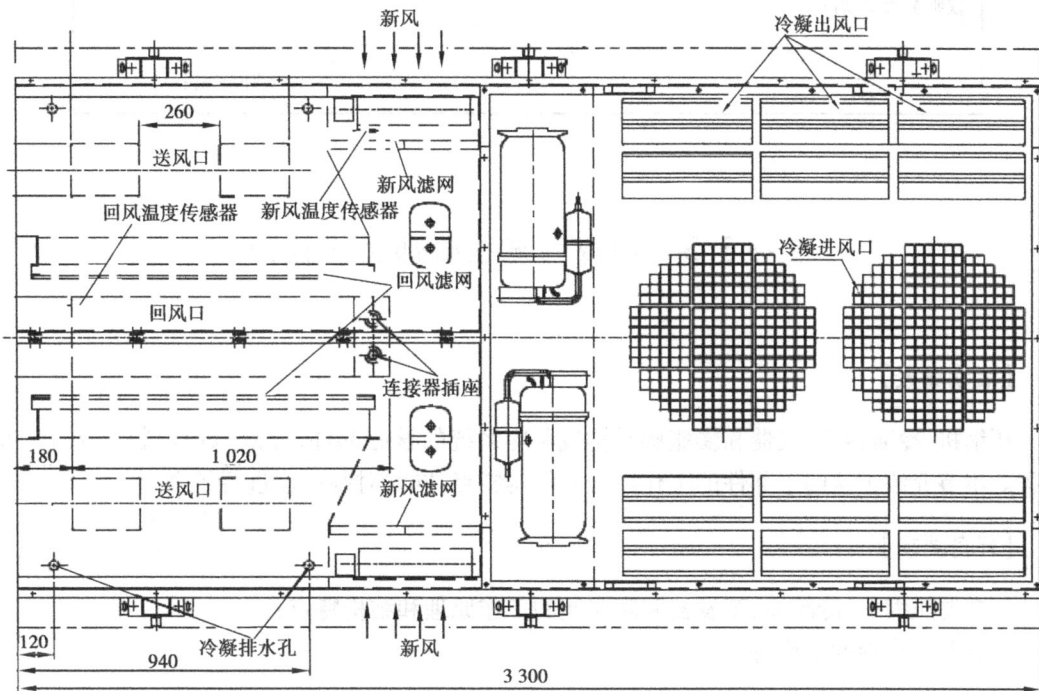

图3.22 KG29H空调机组外形图

【效果评价】

评价表

项目名称	城轨车辆制冷系统		学生姓名	
任务名称	任务3.2 城轨车辆制冷系统的组成		分 数	
项 目			分 值	考核得分
1.城轨车辆空调制冷系统各个组成部件图片的搜集、整理			15	
2.是否有小组计划			5	
3.城轨车辆制冷系统三大功能区域的认知情况			15	
4.城轨车辆空调制冷系统必备部件的认知情况			25	

续表

项目名称	城轨车辆制冷系统		学生姓名	
任务名称	任务 3.2　城轨车辆制冷系统的组成		分　数	
项　目			分　值	考核得分
5.城轨车辆空调制冷系统阀件和辅助部件的认知情况			25	
6.编制学习汇报报告情况			10	
7.基本素养考核情况			5	
教师简要评语： 教师签名：				

任务3.3　制冷系统核心部件的认知

【活动场景】

压缩机、冷凝器、蒸发器和膨胀阀是构成制冷系统的核心部件,分别承担着制冷循环四个过程。本节介绍了这四个部件的工作原理和结构特点,同时对制冷剂进行了介绍。

【任务要求】

1.掌握压缩机、冷凝器、蒸发器和膨胀阀的工作原理和结构特点;
2.掌握制冷剂的工作特性。

【知识准备】

3.3.1　压缩机

压缩机提供推动制冷剂在制冷系统中不断循环的动力,起着压缩和输送制冷蒸汽的作用,是循环系统的原动力。

(1)压缩机的分类

压缩机根据工作原理不同,可以分为容积式制冷压缩机和速度式制冷压缩机,如图3.23所示。容积式制冷压缩机是靠改变工作腔的容积,将吸入的定量气体周期性压缩。容积式压缩机主要分为活塞式、螺杆式和涡旋式,典型的是活塞式制冷压缩机。活塞式压缩机通过活塞在汽缸内往复运动来改变工作容积,螺杆式和涡旋式压缩机通过螺杆或者静盘在汽缸或者动盘内旋转运动来改变工作容积。

速度型压缩机是使气体在高速旋转的叶轮中提高速度,而后通过导向器使气体的动能转化为压力能,进而完成气体的压缩,主要分为离心式和轴流式。空调制冷系统使用的速度型压

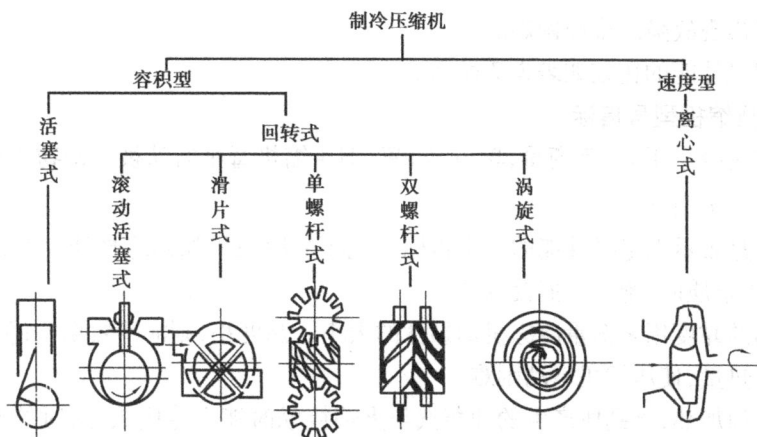

图 3.23　压缩机的分类

缩机都是离心式制冷压缩机。它是靠离心力作用,连续地将所吸入的气体压缩。车辆制冷系统属于中小型制冷系统,20 世纪 80 年代前大多采用活塞式制冷压缩机,现在轨道交通车辆多采用涡旋式压缩机。

（2）活塞式制冷压缩机的特点

根据气体在汽缸内的流动情况,活塞式制冷压缩机可以分为顺流式和逆流式。活塞式压缩机的曲轴箱、汽缸体和汽缸盖三部分组成了压缩机的机体。曲轴箱内装有连杆摆动,使活塞在汽缸内进行往复运动,压缩气体。

顺流式压缩机的活塞为空心圆柱体,其内腔与进气管相通,进气阀设置在活塞顶部。活塞向下移动时,低压气体从下方进入活塞顶部;活塞上移时,汽缸内气体被压缩,从上部排气阀排出汽缸。可以看出,汽缸内气体是由下向上顺着同一方向流动,因此称为顺流式。

逆流式活塞压缩机的排气阀和进气阀设置在汽缸的顶部。当活塞向下移动时,低压气体从汽缸顶部的一侧或者四周进入汽缸;当活塞向上移动时,汽缸内的气体被压缩,被压缩后的气体从汽缸顶部的排气阀排出。这样,气体进入汽缸的路线和排出汽缸的运动路线相反,故称为逆流式压缩机。逆流式活塞压缩的排气阀和进气阀都装在汽缸盖上,使活塞尺寸减少,质量减轻,有利于提高压缩机的转速,客车空调多采用该形式。

根据压缩机与电机连接方式的不同,活塞式制冷压缩机可以分为开启式、半封闭式和全封闭式。

开启式压缩机的压缩机和驱动电机为独立的两个设备,用联轴器、皮带轮和电动机轴连接。半封闭式将压缩机的机体和电动机的外壳连成一体,构成一个封闭外壳,两部分用螺丝紧固并可以拆卸。全封闭式压缩机将压缩机和电动机一起装在一个密闭的机体内,形成一个整体,从外表看只有压缩机的吸、排气管接头和电动机的导线接线板。这种压缩机和电动机在制造过程中装入机壳后焊接成一体,平时不能拆卸,因此制造精度高,使用可靠,客车空调采用的单元式空调机组所使用的压缩机就是全封闭压缩机。

客车空调普遍采用压缩机和电动机共同组装在一个焊接的密封壳体内,称为全封闭式压缩机。全封闭压缩机比半封闭式压缩机更为紧凑,体积小,质量轻,密封性好,噪音小。机壳内储存有润滑油和制冷剂,只有吸、排气管和电源接线盒在机壳表面。因此它结构紧凑、密封性能好,噪声小。并且在全封闭压缩机工作时,电动机完全处于低温制冷剂中,能够达到很好的冷却。缺点是出现故障时维修困难。

几种压缩机性能的比较如表3.7所示。

(3)制冷压缩机型号指标

压缩机的制冷量用 Q_0 来衡量,单位是 kW,即压缩机每小时从被冷却物体移出的热量,是压缩机的主要技术指标。

击穿电压是表示电绝缘性能的一个指标。纯净的冷冻机油绝缘性能良好,但是当油中包含水分、灰尘等杂质时,绝缘性能会降低。

冷冻机油的黏度用来衡量冷冻机油黏性的大小。黏度小,则润滑效果差;黏度过大则会增加阻力和摩擦热量,使压缩机启动困难。

将冷冻机油加热,直到所产生的油蒸汽与火焰接触时能发生闪火,这时的温度称为闪点。冷冻机油的闪点必须比排气温度高,避免引起烧结。

表 3.7　几种压缩机性能的比较

比较项目	涡旋式压缩机	滚动转子式压缩机	往复式压缩机
高压到低压泄漏量	少	有泄漏	有泄漏(最大)
吸气阀阻力	无	无	有
排气阀阻力	无	有	有
顶端余隙容积	无	较小	有
能效比	2.9	2.6	2.6 以下
噪声	90	105	100
振动	60	400	100
零部件数量	40	60	100
质量	85	75	100
工作精度	最高	高	一般

(4)涡旋式压缩机工作原理

涡旋式压缩机早在 1905 年由法国人发明,由于加工工艺的限制,该技术未能投入实际生产,直到 20 世纪 80 年代才开始商品化。涡旋式压缩机与活塞式相比,在相同的质量下具有更高的输出功率和能效比,并具有效率高、噪音低和寿命长的优点,缺点是加工精度较高。涡旋压缩机是一种新型、节能、省材和低噪的容积型压缩机,其工作原理是利用动、静涡旋盘的相对公转运动形成封闭容积的连续变化,实现压缩气体的目的,如图 3.24 所示。

1)涡旋式压缩机工作原理

如图 3.25 所示,将带有涡旋形叶片的固定涡盘(静盘)和具有相同形状的做公转的摆动涡盘(动盘)相啮合,以相位差 180°的两个涡旋形叶片组合成一个封闭空间,即一系列月牙形工作容积。静盘与机壳相固定,动盘由一个偏心距很小(4 mm 左右)的偏心轴带动,绕固定涡盘的涡旋中心以一定半径做公转运动。每转一个角度,月牙形容积被压缩,不断旋转,月牙形容积不断被压缩。旋转角是 0°时,月牙形面积最大;旋转角是 180°时,面积最小。介质压力在外圆处较低,越到中心处压力越高,这种压缩过程连续地,比较平稳地进行压缩并将两个相同

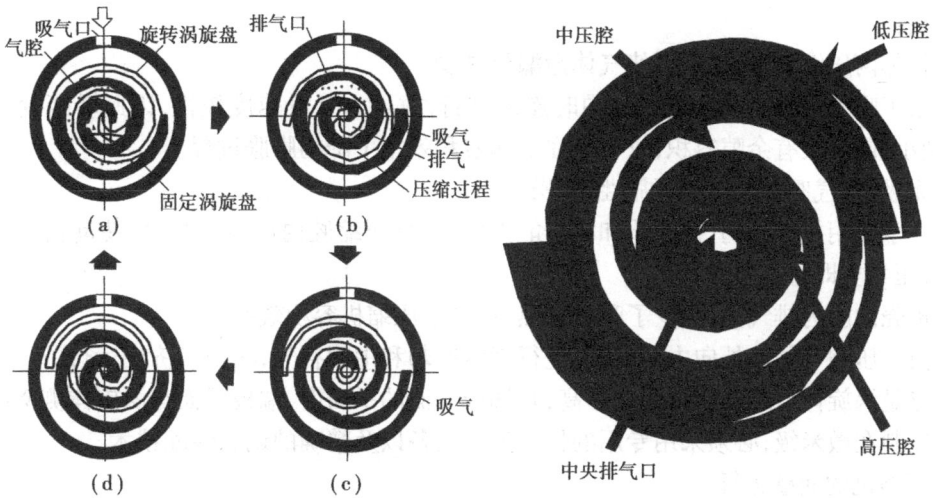

图 3.24　涡式压缩机工作原理

涡旋参数的涡旋体中的一个旋转 180°，再平移回转半径 $R = 0.5(P-2t) = r(\pi-2a)$ 的距离，使两涡旋体相互相切接触，可以形成若干对月牙形空间。此空间为涡旋式压缩机压缩室容积。

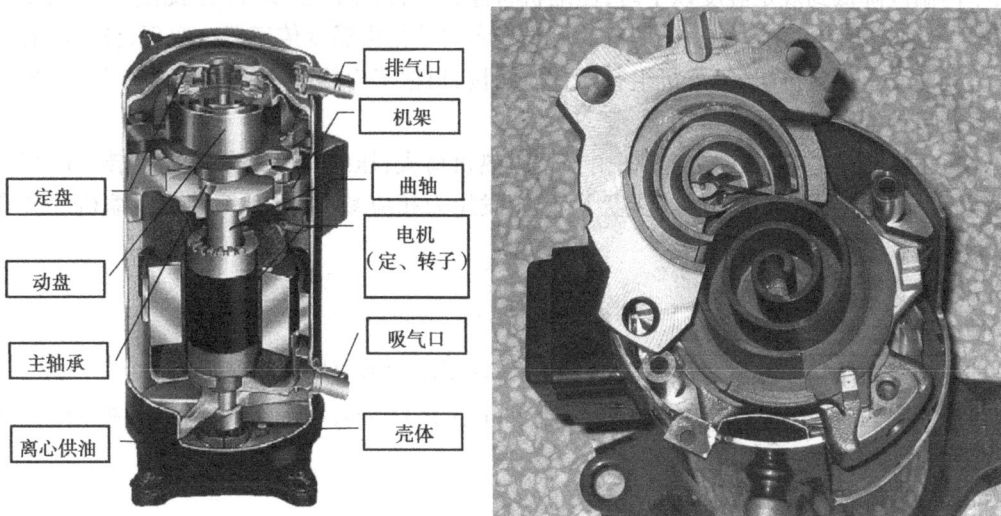

图 3.25　涡旋式压缩机内部结构

压缩室容积 = 月牙形面积 × 涡旋体高度

　　工作特点：涡旋压缩机在主轴旋转一周时间内，其吸气、压缩、排气三个工作过程是同时进行；外侧空间与吸气口相通，始终处于吸气过程；内侧空间与排气口相通，始终处于排气过程。

　　2）涡旋式压缩机的结构

　　如图 3.25 所示，涡旋式压缩机由涡旋式定盘、涡旋式动盘、波动块（防自转机构）、主轴、电机、机体等少量部件所组成。动盘和静盘的涡旋线呈渐开线形状，安装时两者中心线距离一个回转半径 r，相位差为 180°，两者啮合时与端板配合形成一系列月牙形柱体工作容积。定盘中心为排气口，边缘有吸气孔。波动块的作用是防止动盘受压缩介质的压力作用产生围绕动盘中心轴的自转运动。

75

优点：

①相邻两压缩室压差小，可使气体泄漏量减少。

②由于吸气、压缩、排气过程是同时连续进行，故压力上升速度较慢，因此转矩变化幅度小、振动小；同时没有余隙容积，故不存在引起容积效率下降的膨胀过程。

③无吸、排气阀，效率高，可靠性高，噪声低。

④由于采用柔性结构，抗杂质和液击能力强，一旦压缩腔内压力过高，可使动盘与静盘端面脱离，压力立即得到释放。

⑤机壳内腔为排气室，减少了吸气预热，提高了压缩机容积效率。

⑥由于压缩气体由外向内运动，可进行喷液冷却和中间补气，实现经济性运行。

缺点是涡旋体型线加工精度非常高，其端板平面的平面度、端板平面与涡旋体侧壁面的垂直度须控制在微米级，必须采用专用的精密加工设备以及精确的调心装配技术。

3）压缩机的间歇运行

压缩机的工作工况与目标温度以及环境温度密切相关。要保持车内温度的稳定，压缩机的制冷量必须随热负荷的变化而变化，这就需要对压缩机的制冷量进行调节。目前常采用压缩机间歇运行和卸载的方法进行能量调节。

当车内温度降低到规定温度以下时，压缩机将停止运行；车内温度升高到超过规定温度的上限值时，压缩机重新启动运转。压缩机的停止或者启动是由温度传感器来实现自动控制，因每节车装有两个单元式机组，每个机组有两台压缩机，根据车内热负荷的变化，采取停止、半开以及全部开启的办法来实现能量调节。

压缩机正常工作后，油压建立起来，由于这时热负荷大，压缩机全部带负荷运转。压缩机全负荷运转一段时间后，车内物体的温度下降，蒸发压力相应减小，可自动调节压缩机的制冷量，提高运行的经济性。

4）压缩机保护器

①排气温度保护：

a. 排气管温度保护器的设定值不高于 120 ℃，如果超过需要增加液旁通措施；

b. 排气管感温包的位置距压缩机排气管接口小于 15 cm，将感温包紧贴管壁，并保温绝热；

c. 排气管温度保护器动作后应为人工复位；

d. 如果是自动复位应对一段时间内的保护次数进行限定；

e. 排气管温度保护器动作后至少应有 30 min 的延时。

②高低压保护：

a. 高压保护时，需要压力设定值应小于 30 kg/cm²，推荐 28 ± 1 kg/cm²；

b. 低压保护动作压力设定值应不高于 0.2 kg/cm²，推荐 0.15 ± 0.05 kg/cm²。

③内置电机保护：

a. 单相时，对运行绕组和启动绕组均起保护。有故障时，保护器切断公共端；

b. 三相时，连在 Y 型电机中心，对三相均起保护。只要其中一相有故障，保护器同时切断三相，包括缺相情况。因希望另加过流保护器且在压缩机内置保护器之前动作，设定值为 1.2 ~ 1.4 Ie。

④气液分离器结构在低负荷时提供储液功能。

3.3.2　制冷换热器

凡是两物体之间存在温度差,彼此就会发生热量的传递。换热器设备主要是指蒸发器和冷凝器,大多采用面式换热器,热量从一种流体通过金属壁传给另外一种流体。制冷换热器是制冷系统不可缺少的换热设备,其换热效果直接影响到制冷装置的质量、性能和运行的经济性,其形式与制冷装置的用途、被冷却介质的种类等因素密切相关。目前采用得较广泛的有壳管式、蛇形排管式、肋片式和套管式。车辆制冷装置换热器多采用肋片蛇管式。

(1)换热器工作原理

换热器结构类型虽然很多,但是基本方式都是两种流体被金属壁面隔开而进行的相互传热。金属壁一侧是制冷剂,另一侧是空气,称为空冷换热器。为了提高传热效果,常见的方法是在空气侧设计成带有肋片的换热表面,用于增加换热面积,达到增强传热的目的。传热公式:

$$Q = FK(t_1 - t_2)$$

公式中,K 代表传热系数;Q 表示单位时间内通过面积 F 的传热量;t_1、t_2 分别表示热流体和冷流体的温度;传热系数 K 是当冷热流体温差为 1 ℃时,每小时通过单位面积上的传热量。从公式可以看出,传热量与传热面积、传热系数和传热温差密切相关。

增大传热系数主要是通过减少传热壁的厚度,减少传热壁上的水垢、油污或者锈层来实现。传热系数越大,则传热过程进行愈强烈。

车辆制冷系统换热器是空冷换热器,其空气侧是传热过程的薄弱环节,最常用的方法是在空气侧设计成带有肋片的换热表面,增加空气侧的换热面积,达到增强传热的目的。

(2)冷凝器

冷凝器是一个制冷剂向系统外放热的热交换器。从压缩机出来的过热制冷剂蒸汽进入冷凝器后,将热量传递给周围介质——水或者空气,而其自身因冷却而凝结为液体。

冷凝器按照冷却剂的不同种类可以分为三大类型:水冷式、空冷式和蒸发式。

1)水冷式冷凝器

水冷式冷凝器以水作为冷却介质,靠水的温升带走冷凝热量,冷却水一般循环使用。其优点是结构简单,便于制造,传热效果好,但系统中需设有冷却塔或凉水池。大型制冷设备多采用这种冷凝器。

2)空气冷却式冷凝器

空气冷却式冷凝器以空气作为冷却介质,靠空气的温升带走冷凝热量。这种冷凝器适用于极度缺水或无法供水的场合,常见于小型氟利昂制冷机组。根据空气流动方式不同,它可分为自然对流式和强迫对流式两种。

3)蒸发式冷凝器

蒸发式冷凝器的换热主要是靠冷却水在空气中蒸发吸收汽化潜热而进行的。它按空气流动方式可分为吸入式和压送式。蒸发式冷凝器由冷却管组、给水设备、通风机、挡水板和箱体等部分组成。冷却管组为无缝钢管弯制成的蛇形盘管组,装在薄钢板制成的长方形箱体内。箱体的两侧或顶部设有通风机,箱体底部兼作冷却水循环水池。

目前,城市轨道交通车辆制冷装置采用空冷式冷凝器,本节着重介绍空冷式冷凝器。空冷式换热器管子内外的放热系数相差悬殊,管子内侧传热较快,空气侧放热较慢,所以在蛇管外

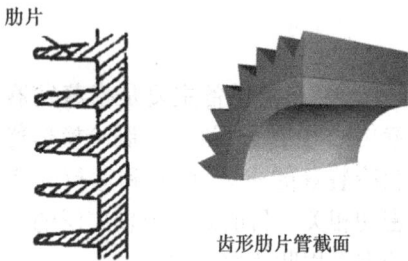

图 3.26　肋片管示意图

部设有肋片,用以强化传热。这种具有肋片的蛇管式换热器称为肋片管式换热器,是目前车辆制冷设备中广泛采用的结构形式,如图 3.26 所示。检修过程中需定期清扫和清洗冷凝器,其目的是增强换热器的传热系数,提高制冷剂和管壁间的换热能力,保证机组的正常运行和提高机组制冷能力。

肋管的形式很多,常见的有轧片管、绕片管、套片管等。

轧片管是在同一金属管外轧制出肋片,优点是无接触热阻,缺点是质量大。

L 形绕片管是用绕片机将紫铜片直接绕在铜管上,由于肋片根部不打折,空气的流通阻力较小。L 形肋片管加工工艺较复杂,应用较少。

套片式肋管是将预先冲好孔、厚度为 0.2 ~ 0.3 mm 的肋片(铜片或者铝片),用套片机套在管壁上,根部带有卷边,用以保证套管后肋片之间的距离,如图 3.27 所示。节距为 2 ~ 4 mm,肋高 $h = 7 ~ 12$ mm,厚度为 0.2 ~ 0.4 mm。肋片间距在保证空气流动阻力同时聚集灰尘和冷霜不大的情况下应尽可能小一些,这样可以使肋片面积增加。

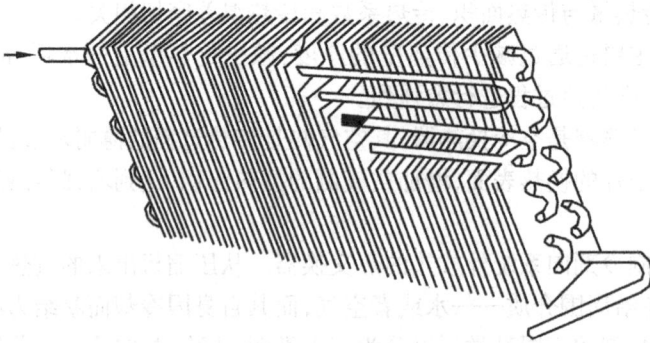

图 3.27　套片式冷凝器结构

肋管通常都采用铜管,较小的管径可以提高空气侧的放热系数,但是制冷剂在管内流动阻力增大,多采用 10 mm 和 12 mm 管径。为了增强换热时的空气流动循环,空调机组采用强迫通风的对流冷却,并通过两台轴流式风机来强化制冷剂在冷凝器中的凝结放热过程。

风冷冷凝器均制成蛇管式外套肋片,通常为长方形,几根蛇管并联在一起,具有结构紧凑、安装方便的优点。制冷剂蒸汽从上部的分配集管进入每根蛇管中,凝结的液体沿蛇管下流,汇集于积液管中然后流入储液器,这种上进下出的结构每根蛇管的后面部分被液体充满,使得传热效率降低。故车辆空调采用横进横出的结构,沿空气流动的方向,一般为 6 ~ 8 排。

(3)蒸发器

蒸发器是制冷装置中产生和输出冷量的设备,其转热过程包括:制冷剂的沸腾换热;载冷剂(空气)的对流换热以及通过金属壁的导热。制冷剂由液态变为气态,吸收了热量。制冷剂在蒸发器内吸热汽化,制冷剂在蒸发器管路中由液态变成气态,制冷剂的液气两态变化过程为汽化吸热过程。

在蒸发器中,来自膨胀阀出口处的制冷剂通过分配器从管子的一端进入蒸发器,吸热汽化,并在到达另一端时让制冷剂全部汽化,从而吸收管外被冷却空气的热量,达到冷却空气的目的。液体沸腾时,首先在传热面处发生汽化,形成气泡,然后气泡不断脱离,随着壁面上浮,形成气泡运动。制冷剂在蒸发器内流动过程中,随着沿途不断受热,液体不断向气体转化,管内的含气量不断增加故蒸发器内的制冷剂处于气、液共存状态。湿蒸汽进入蒸发器时,蒸汽的含量只有 10%,当接近蒸发器出口时,一般已经变为干蒸汽了。

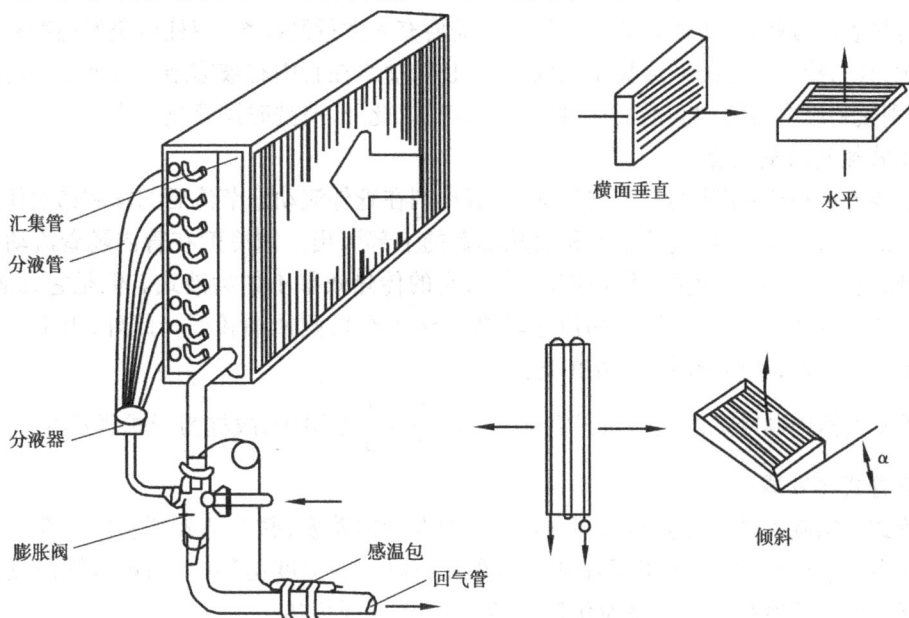

图 3.28 直接蒸发式蒸发器结构图

蒸发器根据供液方式的不同,可以分为以下两种:

①满液式蒸发器:内存大量液体制冷剂,这样可以使传热面尽量与液态制冷剂接触,因此放热系数较高。但是需要充入的制冷剂量大。满液式蒸发器与壳管式冷凝器形状及结构都很类似,所不同的是制冷剂的进出口相反,冷凝器为上进下出,而蒸发器为下进上出。

②非满液式蒸发器:液态制冷剂经膨胀阀进入蒸发管内,随着在管内流动,不断吸收管外被冷却介质的热量而逐渐汽化,故蒸发器内的制冷剂处于气、液共存状态。这种蒸发器克服了满液式蒸发器的缺点,充液量小,然而由于有较多的传热面与气态制冷剂接触,所以传热效果不及满液式。

冷却空气的蒸发器有两种类型,一种是靠空气的自然对流冷却空气,另一种是风机强制对流。后者传热系数要比前者高,冷却速度快。铁道车辆空调采用强制对流式肋片管蒸发器,与冷凝器结构相似。考虑到蒸发器有析湿作用,因此肋片将有凝结水膜,使肋片之间的有效间距缩小,故蒸发器的间距要比冷凝器大些。一般肋片节距以大于 2 mm 为宜,外形为立方体的蛇形管组,外部有边框,以便形成空气流通,同时使肋片保持立放,以便于凝结水沿肋片流下,避免因凝结水积存在肋片上面增加空气流通阻力影响传热效果。进液处有分液器,制冷剂通过分液器进入蒸发蛇管。为了向各管分液能保持均匀,各分配管的长度要求一致,以便使蒸发器中各路的负荷相差不大,蒸发后的制冷剂蒸汽汇合到汇集管后,经吸气管再被压缩机吸入。

根据被冷却介质的种类不同,蒸发器可分为两大类:

①冷却液体载冷剂的蒸发器:用于冷却液体载冷剂——水、盐水或乙二醇水溶液等。这类蒸发器常用的有卧式蒸发器、立管式蒸发器和螺旋管式蒸发器等。

②冷却空气的蒸发器:有冷却排管和冷风机。

1)卧式蒸发器

卧式蒸发器与卧式壳管式冷凝器的结构基本相似,按供液方式可分为壳管式蒸发器和干式蒸发器两种。卧式壳管式蒸发器广泛使用于闭式盐水循环系统,其主要特点是:结构紧凑,液体与传热表面接触好,传热系数高。但是它需要充入大量制冷剂,液柱对蒸发温度将会有一定的影响;且当盐水浓度降低或盐水泵因故停机时,盐水在管内有被冻结的可能。若制冷剂为氟利昂,则氟利昂内溶解的润滑油很难返回压缩机。此外,清洗时需停止工作。

2)干式氟利昂蒸发器

其主要特点在于:制冷剂在管内流动,而载冷剂在管外流动。节流后的氟利昂液体从一侧端盖的下部进入蒸发器,经过几个流程后从端盖的上部引出。制冷剂在管内随着流动而不断蒸发,所以壁面有一部分为蒸汽所占有。因此,它的传热效果不如满液式。但是它无液柱,对蒸发温度的影响较小,且由于氟利昂流速较高(≥4 m/s),则回油较好。此外,由于管外充入的是大量的载冷剂,从而减缓了冻结的危险。

这种蒸发器内制冷剂的充注量只需满液式的 $\frac{1}{2} \sim \frac{1}{3}$ 或更少,故称为干式蒸发器。

3)立管式蒸发器

立管式和螺旋管式蒸发器的共同点是制冷剂在管内蒸发,整个蒸发器管组浸在盛满载冷剂的箱体内(或池、槽内)。为了保证载冷剂在箱内以一定速度循环,箱内焊有纵向隔板和装有螺旋搅拌器。载冷剂流速一般为 0.3 ~ 0.7 m/s,以增强传热。

这两种蒸发器只能用于开式循环系统,故载冷剂必须是非挥发性物质,常用的是盐水和水等。如用盐水,蒸发器管子易被氧化,且盐水易吸潮而使浓度降低。这两种蒸发器可以直接观察载冷剂的流动情况,广泛用于以氨为制冷剂的盐水制冷系统。

4)冷却排管

冷却排管是用来冷却空气的一种蒸发器,广泛应用于低温冷藏库中,制冷剂在冷却排管内流动并蒸发,管外作为传热介质的被冷却空气作自然对流。冷却排管最大的优点是结构简单,便于制作,对库房内贮存的非包装食品造成的干耗较少。但排管的传热系数较低,且融霜时操作困难,不利于实现自动化。对于氨直接冷却系统用无缝钢管焊制,采用光管或绕制翅片管;对于氟利昂系统,大都采用绕片或套片式铜管翅片管组。

5)蛇管式排管

蛇管式顶管重力供液或氨泵供液均可;单排和双排蛇管式墙排管可用于下进上出式的氨泵供液系统及重力供液系统,单根蛇管式排管还可用于氨泵上进下出供液系统和热力膨胀阀供液系统。

蛇管式排管的优点是结构简单,易于制作,存液量较小,适用性强。其主要缺点为排管下段产生的蒸汽不能及时引出,必须经过排管的全长后才能排出,故传热系数小,气液两相流动阻力大。

6)U 形排管

常用的 U 形排管由两层或四层光滑无缝钢管构成。U 形顶排管优点是结霜比较均匀,制作和安装较方便,充液量小,约占其容积的 50%,适用重力供液系统和氨泵下进上出氨制冷系统,在冷库中获得较广泛的应用。但其占据库房的有效空间较多,且上层排管不易除霜。

（4）冷风机（空气冷却器）

冷风机多是由轴流式风机与冷却排管等组成的一台成套设备。它依靠风机强制库房内的空气流经箱体内的冷却排管进行热交换，使空气冷却，从而达到降低库温的目的。冷风机按冷却空气所采用的方式可分为干式、湿式和干湿混合式三种。其中，制冷剂或载冷剂在排管内流动，通过管壁冷却管外空气的称为干式冷风机；以喷淋的载冷剂液体直接和空气进行热交换的，称为湿式冷风机；混合式冷风机除冷却排管外，还有载冷剂的喷淋装置。下面介绍目前冷库广泛使用的干式冷风机。

冷库常用的干式冷风机按其安装的位置又可分为吊顶式和落地式两种类型。它们都由空气冷却排管、通风机及除霜装置组成，且冷风机内的冷却排管都是套片式的。大型干式冷风机常为落地式。

3.3.3　制冷节流装置

（1）节流装置功能

节流装置是控制制冷系统的供液量和节流降压元件，是制冷系统四大件之一，其作用是：

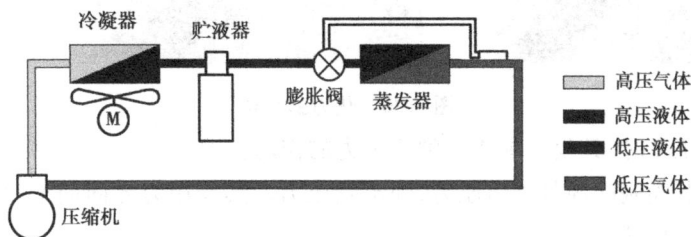

图 3.29　膨胀阀在制冷系统中的作用

①对高压液体进行节流降压，保证冷凝器与蒸发器之间的压力差，以便于使蒸发器中的液态制冷剂在要求的低压下蒸发吸热，从而达到制冷降温的目的。

②调整供入蒸发器的制冷剂流量以适应蒸发器负荷的变化，使制冷装置更加有效运转。

如果节流机构向蒸发器的供液量与蒸发器符合相比过大，部分液态制冷剂来不及在蒸发器内汽化，就随同气态制冷剂一起进入压缩机，引起湿压缩，甚至发生"液击"，使压缩机损坏。与此相反，若供液量与蒸发器热负荷相比太小，则液体制冷剂在蒸发管内流动途中就蒸发完了，在以后的一段蒸发管中没有液体制冷剂可供蒸发，则只有蒸汽被过热，因此在相当长的一部分管路在传热上未能充分发挥其效能。此外，由于压缩机的吸气能力是不变的，于是造成蒸发压力降低。

针对节流机构使高压液态制冷剂节流降压，使制冷剂一出阀孔就沸腾膨胀为湿蒸汽，故也称为节流阀或者膨胀阀。车辆制冷系统中常采用热力膨胀阀和毛细管。

（2）热力膨胀阀工作原理

热力膨胀阀通常安装在冷凝器和蒸发器之间，如图 3.30 所示。其工作原理是通过感温包感受蒸发器出口端过热度的变化，导致感温系统内充注的物质产生压力变化，促使膜片形成上下位移，再通过传动杆将阀座阀针上下移动，使阀门关小或者开大，起到降压节流作用。其自动调节是通过预紧的弹簧力实现的。当蒸发器工作时，膨胀阀在一定开度下向蒸发器供液。如果供液量相对于蒸发器的热负荷显得过少时，蒸发器回气过热度增加。此时，感温包内的液体(或者气体)的温度相应升高,压力增大,膜片上方腔内压力升高,膜片则向下弯曲,通过传动杆和阀座压缩弹簧最后使阀的节流孔开大,蒸发器的供液量随之增加。反之,如果膨胀阀向蒸发器的供液量相对于蒸发器的热负荷显得过多时,蒸发器出口蒸汽的过热度减少,感温包内压力降低,膜片弯曲程度减少,弹簧放松,使阀的节流孔关小,蒸发器的供液量随之减少。但是当过热度减少到某一数值时,开始调定的弹簧力将阀孔关闭,停止向蒸发器供液。

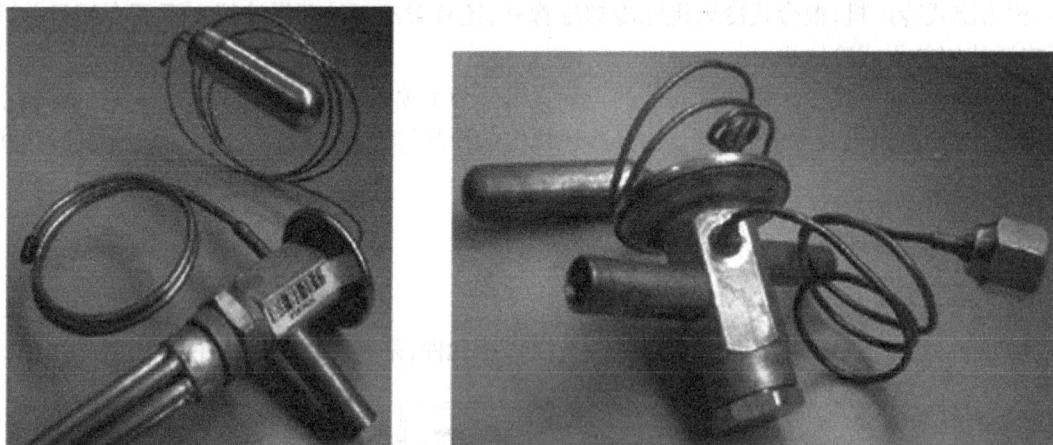

图 3.30　热力膨胀阀

热力膨胀阀工作时,其膜片主要受到三个力的作用:

①P_0——膨胀阀制冷剂节流后压力,即蒸发压力。其作用力方向向上,作用在膜片下部,使阀门向关闭方向移动。

②W——弹簧作用力,施加于膜片下方,使阀门向关闭方向移动。弹簧力的大小可以通过调节杆进行调整。

③P——感温包内制冷剂的压力,等同于制冷剂所感受到得温度下的饱和压力,作用在弹性金属膜片上部。其方向是使阀门开启,大小决定于温包内充注制冷剂的性质以及所感受的温度高低,即蒸发器出口处制冷剂温度的高低。

在任一运行工况,这三个力均会达到平衡,$P = P_0 + W$,此时膜片不动,阀针的位置不动,阀孔的开度不变。$P > P_0 + W$,膜片向下移动,通过顶针使阀针向下移动,阀门开大;$P < P_0 + W$,膜片向上移动,通过顶针使阀针向上移动,阀门开小。

总之,热力膨胀阀对于蒸发器热负荷的变化,是通过感温包与蒸发器内的压力,不断传递给预先调好的弹簧。外平衡式膨胀阀的结构与内平衡膨胀阀基本相同,主要区别是作用在膜片下方的压力不是蒸发压力而是蒸发器出口处压力,其膜片下方增设一个空腔,用平衡管与蒸发器出口连接,其调节特性不受管中流动阻力引起压降的影响。外平衡式膨胀阀克服了内平衡膨胀阀的缺点,但是结构复杂,制造与安装都比较麻烦。

内平衡热力膨胀原理:感温包压力 = 弹簧压力 + 蒸发器进口压力

外平衡热力膨胀原理:感温包压力 = 弹簧压力 + 蒸发器出口压力

当蒸发器的阻力较大时,蒸发器进口压力远大于蒸发器出口压力,内平衡热力膨胀阀较外平衡热力膨胀阀需更大的开阀压力,即增加了过热度,影响蒸发器传热效果。因此外平衡热力膨胀用于蒸发器阻力较大的系统。

当过热度偏大或偏小,需要对过热度进行调整时,可通过热力膨胀阀静态过热度调整杆进行调整。通过对调整杆的扭转可对弹簧压力进行调整,进而调整静态过热度。调整过热度时,要先取下保护帽顺时针扭转调整杆,制冷剂流量减小;过热度增大,逆时针扭转调整杆,制冷剂流量增大,热度减小。调整杆旋转一周过热度变化为 1 ~ 2 ℃,热力膨胀阀调整时应耐心、细致,当调整后可能需要 30 min 系统才能稳定,调整完后应将保护帽上好。

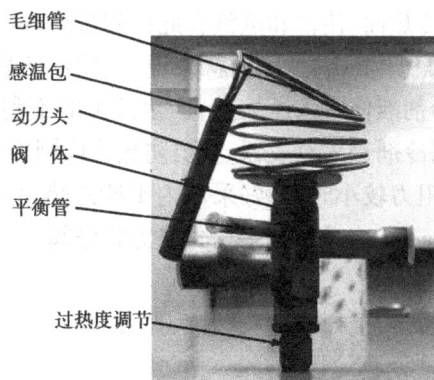

图 3.31 热力膨胀阀结构

(3)热力膨胀阀

热力膨胀阀普遍用于氟利昂制冷系统中。这种阀的开启度通过感温机构的作用,可随蒸发器出口处制冷剂的温度变化而自动变化,达到调节制冷剂供液量的目的。热力式膨胀阀主要由阀体、感温包和毛细管组成。热力式膨胀阀按膜片平衡方式不同有内平衡式和外平衡式两种类型。

液体在密闭容器内蒸发或沸腾而汽化为气体分子,同时由于气体分子之间以及气体分子与容器壁之间发生碰撞,其中一部分又返回到液体中去,当在同一时间内两者数量相等,即汽化的分子数与返回液体中的分子数相平衡时,这一状态称为饱和状态。饱和状态的温度就称为饱和温度,饱和温度时的压力称为饱和压力。

在制冷工程中,制冷剂在蒸发器和冷凝器内的状态在宏观上可视为饱和状态。也就是说,蒸发器内的蒸发温度及冷凝器的冷凝温度均视为饱和温度,因此蒸发压力和冷凝压力也就视为饱和压力。

在饱和压力的条件下,继续使饱和蒸汽加热,使其温度高于饱和温度,这种状态称为过热。这种蒸气称为过热蒸汽。此时的温度称为过热温度,过热温度与饱和温度的差为过热度。在制冷系统中,压缩机的吸气往往是过热蒸汽,若忽略管道的微波压力损失,那么压缩机吸气温度与蒸发温度的差值就是在蒸发压力下制冷剂蒸汽的过热度。例如 R12,当蒸发压力为 0.15 MPa 时,蒸发温度为 -20 ℃,若吸气温度为 -13 ℃,那么过热度为 7 ℃。

制冷压缩机排气管内的蒸气均为在冷凝压力下的过热蒸汽排气温度与冷凝温度的差值,也是蒸气的过热度。

饱和液体在饱和压力不变的条件下,继续冷却到饱和温度以下称为过冷。这种液体称为过冷液体。过冷液体的温度称为过冷温度,过冷温度与饱和温度的差值称为过冷度。例如 R717 在 1.19 MPa 压力下,其饱和温度为 30 ℃,若此氨液仍在 1.19 MPa 压力下继续放热被降温,就形成过冷氨液。如果降低了 5 ℃,则过冷氨液温度为 25 ℃,其过冷度为 5 ℃。

大多数热力膨胀阀在出厂前把过热度调为 5~6 ℃,阀的结构保证过热度再提高 2 ℃时,阀就处于全开位置,与过热度约为 2 ℃时,膨胀阀将处于关闭状态。控制过热度的调节弹簧,其调节幅度为 3~6 ℃。

一般说来,热力膨胀阀调定的过热度越高,蒸发器的吸热能力就越低,因为提高过热度要占去蒸发器尾部相当一部分传热面,使饱和蒸汽在此得到过热,这就占据了一部分蒸发器传热面积,使制冷剂汽化吸热的面积相对减少。也就是说,蒸发器的表面未能得到充分利用。但是,过热度太低有可能使制冷剂液体带入压缩机,产生液击的不利现象。因此,过热度的调节要适当,既能确保有足够的制冷剂进入蒸发器,又要防止液体制冷剂进入压缩机。

当制冷剂流经蒸发器的阻力较小时,最好采用内平衡式热力膨胀阀;反之,当蒸发器阻力较大时,一般为超过 0.03 MPa 时,应采用外平衡式热力膨胀阀。

(4)内平衡式热力膨胀阀

内平衡式热力膨胀阀由阀体、推杆、阀座、阀针、弹簧、调节杆、感温包、联接管、感应膜片等部件组成,如图 3.32 所示。

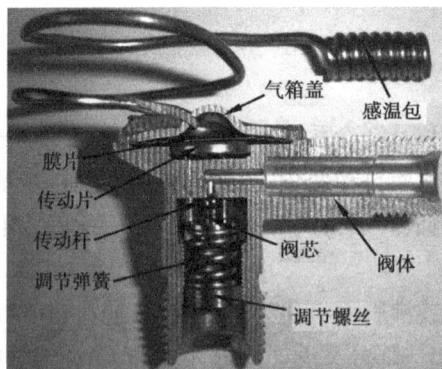

图 3.32　内平衡式膨胀阀结构图

热力膨胀阀对制冷剂流量的调节,是通过膜片上的三个作用力的变化而自动进行的。作用在膜片上方的是感温包内感温工质的气体压力 P_g,膜片下方作用着制冷剂的蒸发压力 P_o 和弹簧当量压力 P_w。在平衡状态下,$P_g = P_o + P_w$。如果制冷剂出蒸发器时的过热度升高,P_g 随之升高,三力失去平衡。$P_g > P_o + P_w$,使膜片向下弯曲,通过推杆推动阀针增大开启度,供液量增加;反之,阀逐渐关闭,供液量减少,如图 3.33 所示。内平衡式膨胀阀适合管内流动阻力相对较小的蒸发器。当蒸发器采用盘管且管路较长、管内流动阻力较大及带有分液器的场合,宜采用外平衡式热力膨胀阀。

内平衡式热力膨胀阀中蒸发压力是怎么作用到膜片下方的? 对照结构图和实物不容易找到传递蒸发压力的通道,应该注意到传动杆(推杆)与滑体之间有间隙,此间隙正好沟通了阀的出口端与膜片下腔,把蒸发压力传递到膜片下方。

膜片是一块厚 0.1~0.2 mm 的铍青铜合金片,其截面被冲压成波浪形。

(5)外平衡式热力膨胀阀

外平衡式热力膨胀阀如图 3.34 所示,在结构上和安装上与内平衡式的区别是:外平衡式阀膜片下方的空间与阀的出口不连通,而是用一根小直径的平衡管与蒸发器出口相连。这样,

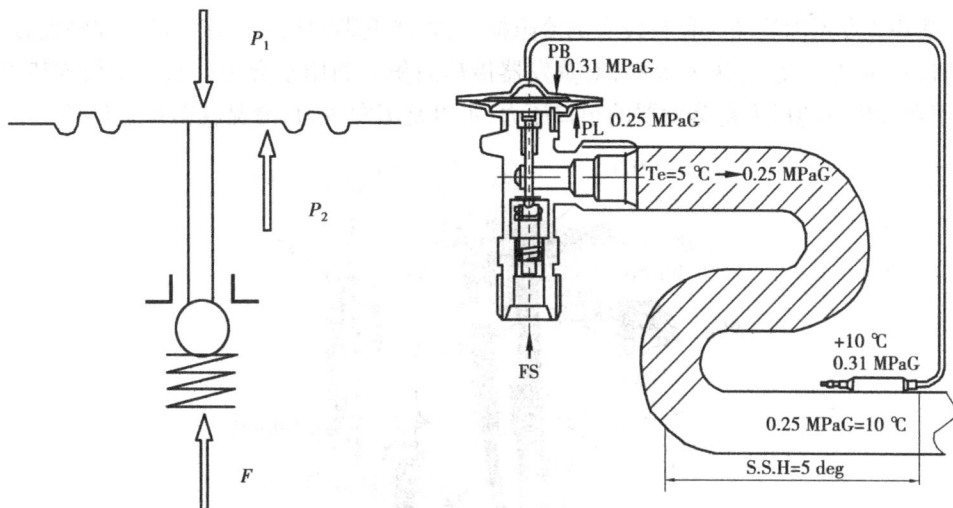

图 3.33 三力平衡原理

作用于膜片下方的制冷剂压力就不是节流后蒸发器进口处的 P_o,而是蒸发器出口处的压力 P_c,膜片受力平衡时为 $P_g = P_c + P_w$。可见,阀的开启度不受蒸发器盘管管内流动阻力的影响,从而克服了内平衡式的缺点。外平衡式多用于蒸发器盘管阻力较大的场合。

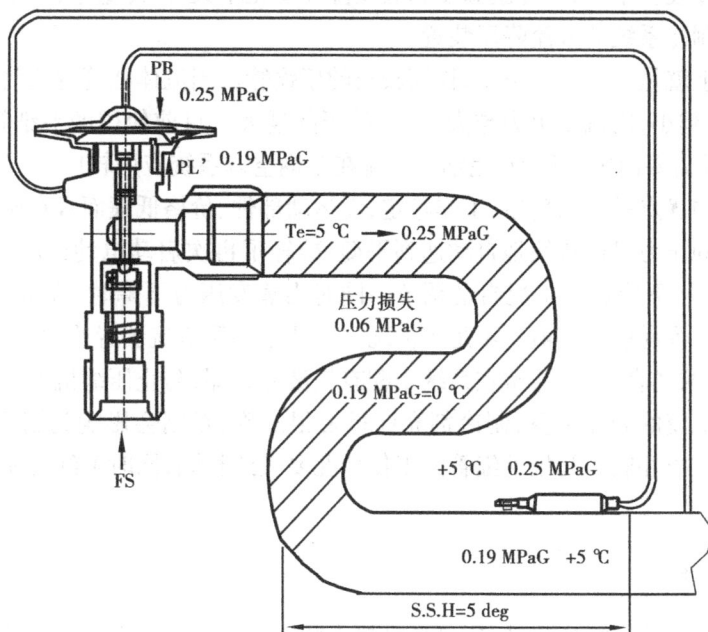

图 3.34 外平衡式膨胀阀

通常,把膨胀阀关闭时的蒸汽过热度称为关闭过热度,关闭过热度也等于阀孔开始开启时的开启过热度。关闭过热度与弹簧的预紧力有关,其大小可由调节杆调节。当弹簧调至最松时的过热度称最小关闭过热度;相反,调至最紧时的过热度称为最大关闭过热度。一般膨胀阀的最小关闭过热度不大于 2 ℃,最大关闭过热度不小于 8 ℃。

对于内平衡式热力膨胀阀,作用在膜片下方的是蒸发压力。如果蒸发器的阻力比较大,制冷剂在某些蒸发器内流动时存在较大的流阻损失,将严重影响热力膨胀阀的工作性能,造成蒸发器出口过热度增大,过热度提高,对蒸发器传热面积的利用不合理。对外平衡式热力膨胀阀,作用在膜片下的压力是蒸发器的出口压力,不再是蒸发压力,情况就得到了改善。

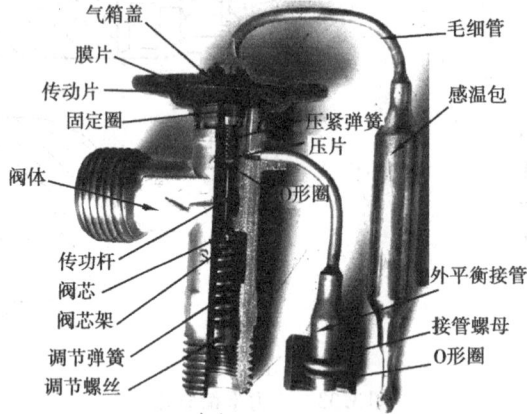

图 3.35　外平衡式膨胀阀结构图

(6)毛细管节流装置

在小型的制冷装置中,由于冷凝温度和蒸发温度变化不大、制冷量小,为了简化结构,一般采用毛细管作为制冷系统的节流降压装置。

毛细管实际上就是一根直径很小、长度较长的紫铜管。当流体在管内流动时,由于管道摩擦产生压降,管径越小,则流动阻力越大,产生的压降越大。目前使用的毛细管内径是 0.6 ~ 2.5 mm,长度根据需要而定。目前,毛细管节流在车辆空调系统应用较广。

毛细管节流的优点是结构简单、工作稳定,无运动部件、价格低廉而且在压缩机停机后,冷凝器和蒸发器内的压力可以较快地自动达到平衡,减轻了再次启动电动机的负荷。缺点是调节能力差,其供液量不能随着工况自动调节。同时当蒸发压力下降时,容易引起压缩机的液击;当压力上升时,容易引起供液量不足的情况。因此毛细管节流装置适用于蒸发温度变化不大,适合较为稳定的场合,并且通常在系统中配有气液分离器,防止压缩机液击。

采用毛细管节流的制冷装置,制冷剂充注量要很准确,否则会影响到制冷系统的正常工作。毛细管可以几根并联且几根毛细管的工作情况要大致相同,同时毛细管前应设置过滤器,防止毛细管堵塞。

3.3.4　制冷剂

制冷剂在制冷系统中循环流动,通过自身热力状态变化与外界发生能量变换,从而实现制冷。制冷剂的性质直接影响制冷循环的技术经济指标,而且与制冷装置的特性及运行管理也有着密切的关系。理想的制冷剂并不存在,实际选用时应综合考虑进行选择。

(1)制冷剂的分类及对环境的影响

在选用制冷剂时,除了考虑其热力性质外,其安全性和材料的相互作用以及对环境的危害等也是考虑制冷剂的重要因素。

1) 制冷剂命名、分类

可以充当制冷剂的物质很多,但是目前工业上常用的不过十余种。它按照组成分类主要有:无机化合物制冷剂、氟利昂制冷剂、碳氢化合物制冷剂和混合制冷剂。按照在标准大气压下沸腾温度的高低,制冷剂可以分为高温制冷剂、中温制冷剂和低温制冷剂。

国际上统一规定用字母 R 及其后的数字和字母作为制冷剂的代号:

①无机化合物:无机化合物的简写符号规定为 R7( )。括号代表一组数字,这组数字是该无机物分子量的整数部分。例如 NH3 分子量是 17,符号是 R717。

②卤代烃和烷烃类:烷烃类化合物的分子通用式为 C_mH2_{m+2};卤代烃的分子通用式为 $C_mH_nF_xCl_yBr_z(2m+2=n+x+y+z)$,它们的简写符号规定为 $R_{(m-1)(n+1)(x)}B_{(z)}$。

③非共沸混合制冷剂:简写符号为 R4( )。括号代表一组数字,这组数字为该制冷剂命名的先后顺序号,从 R400 开始,以后命名的按照先后顺序分别用 R401、R402。构成非共沸混合制冷剂的纯物质种类相同但成分不同,则分别在最后加上大写英文字母以示区别,例如 R407A、R407B、R407C。

④共沸混合制冷剂的简写符号为 R5( )。括号代表一组数字,这组数字为该制冷剂命名的先后顺序号,从 R500 开始,以后命名的按照先后顺序分别 R501、R502。

⑤环烷烃、链烯烃以及它们的卤代物写符号规定:环烷烃及环烷烃的卤代物用字母"RC"开头,链烯烃及链烯烃的卤代物用字母"R1"开头。

⑥有机制冷剂则在 600 序列任意编号。

为了较简单判定制冷剂对大气臭氧层的破坏能力,氯氟烃类物质代号中的 R 可以表示为 CFC,氢氯氟烃类物质代号中的 R 可以表示为 HCFC,氢氟烃类物质代号中的 R 可以表示为 HFC,碳氢类物质代号中的 R 可以表示为 HC,数字编号不变。

2) 物理和化学性质

制冷剂的物理和化学性质主要是指毒性、可燃性、爆炸性、与金属的相密性、与润滑油的互溶性等。

①毒性。毒性是根据制冷剂对人体的影响来确定的。氨(NH_3)有刺激性气味,对人体有危害。一般氟利昂制冷剂对人体危害较低。

②爆炸性。爆炸性是指制冷剂在空气中含量达到一定浓度时,遇到明火就爆炸,因此尽量避免选用易燃易爆的制冷剂。

③与润滑油的互溶性。大多数制冷系统中,制冷剂与润滑油相互接触是不可避免的,各种制冷剂与润滑油之间的溶解程度不同。制冷剂与润滑油相溶会影响润滑作用,若制冷剂与润滑油不溶解,可以从冷凝器或者储液器中将润滑油分离出来,避免将润滑油带入蒸发器中,降低传热效果。

④与水的敏感性。不同制冷剂溶解水的能力不同,氨可以溶解比本身大许多倍的水,生成的溶液比水的冰点低,因此不会引起结冰造成堵塞,但是对金属材料有腐蚀作用。氟利昂和烃类制冷剂很难溶于水,当含水量较高时,温度降低后会造成冰堵,含有氯原子的制冷剂会水解生成盐酸,会腐蚀金属材料。

3) 对环境的影响

氟利昂类制冷剂中,凡是分子内含有氯或者溴原子的都能与臭氧反应。这种物质必须具备两个特征:含氯、溴或另一种相似的原子参与臭氧变氧的化学反应;在低层大气中必须具有足够长的大气寿命,使其能够达到臭氧层。例如氢氯氟烃雪种 HCF22 有一个氯原子,能消耗臭氧。为了描述对臭氧的消耗特征及其强度,通常用 ODP 值表示对大气臭氧层消耗的潜能值,以 R11 的 ODP 值作为基准值。

部分制冷剂不仅破坏臭氧层,还具有使全球变暖的潜能,使用 GWP 表示,规定 R11 的 GWP 值为 1.0。表 3.8 列出了一些制冷剂的 ODP 和 GWP 值。

表 3.8 一些制冷剂的 ODP 和 GWP 值

工质代号	GWP	ODP	工质代号	GWP	ODP	工质代号	GWP	ODP	工质代号	GWP	ODP
R12	7 100	1	R123	70	0.02	R143a	2 660	0	R600a	0	0
R22	1 600	0.055	R124	350	0.022	R152a	105	0	R702	0	0
R23		0	R125	2 940	0	R290	0	0	R704	0	0
R32	650	0	R134a	875	0	R500	6 300	0.75	R717	0	0
R50		0	R142b	1 470	0.065	R502	9 300	0.23	R718	0	0

目前常用的氟利昂是氟、氯、溴等部分或全部取代饱和碳氢化合物中的氢生成的化合物,氟利昂(CFC 类)制冷剂的使用推动了制冷技术的迅速发展,但不含氢的氟利昂不仅对臭氧层有破坏作用,而且能稳定地吸收太阳热,导致大气温度升高,加剧温室效应。因此世界各国都投入了大量的人力和财力对制冷剂的替代问题进行了广泛的研究。但按照蒙特利尔协议,HCFC 类制冷剂只能作为过渡性制冷剂,并要求在 2030 年停止使用。随着产业界愈来愈少地使用 CFC 类和 HCFC 类制冷剂,另一类纯工质制冷剂是 HFC 类物质,它不包含氯元素,在这方面较多的替代物是 HFC-134a 和 HFC-152a。但 HFC-134a 的大气寿命为 14 年,随着人们对环境问题认识的深化,已发现它对全球气候变暖的有害影响,不是对环境完全友好的冷媒。

(2)轨道交通车辆常用制冷剂的特性

对于一体式列车空调机组,尤其对于地铁列车的空调机组来说,空调设计中往往还受到车辆限界尺寸、制冷量、列车电源功率、机组降噪等因素的影响,因此希望选用热力性质高、安全性好、节能效果佳的制冷剂。城市轨道交通车辆常用的制冷剂有 R22、R134a 和 R407C。

1)R22

氟利昂是饱和烃类的卤族衍生物的总称,常见的有 F-12、F-22 等。优点是无毒、不可燃,制冷效果好,在目前的铁路客车上被广泛采用。缺点是价格较高,极易渗漏而且不易发现,当含有水分时能够腐蚀金属,对压缩机工作有不良影响。

R22 是常见的中温制冷剂,它的热力性质优越,沸点是 −40.8 ℃,一般冷凝压力不超过 1.6 MPa,蒸发压力和冷凝压力适中,而且单位容积制冷量较大,单位容积制冷量比 CFC-12 大 50% 左右,使用比氨安全可靠。因此 R22 被广泛应用在各种空调、冷藏、低温制冷装置中,由于对大气臭氧层仅有微弱的破坏作用,故可以作为 R12 的过渡性替代制冷剂。

2)R134a

R134a(四氟乙烷)作为 R12 的替代制冷剂而被提出,它的许多特性与 R12 很接近。其毒性很低,在空气中不可燃,是一种安全的制冷剂。R134a 不含氯原子对臭氧层无破坏作用,化学性能稳定,对钢铁、铜铝等金属未发现有化学作用的现象。R134a 具有优良的热力性质,导热率和传热系数高。

3）R407C

近年来对混合制冷剂的研究为寻找新的理想制冷剂开辟了新的途径，虽然低公害的纯制冷剂的热力性质不能改变，但把两种或两种以上的纯制冷剂混合在一起，会得到具有优良热力性质并有节能效果的新制冷剂，以获得比较理想的和可以长久使用的制冷剂。目前已研制出替代 R22 的新型混合制冷剂 R407C 和 R410A。其中，R407C 是由 HFC-32、HFC-125、HFC-134a组成的三元混合工质，它不会破坏臭氧层，热力性质与 R22 非常相近，可在多种空调应用场合及大多数的压缩蒸汽制冷循环系统中替代 R22。

表 3.9 列出了两种制冷剂在组份、分子量等基本物理性质上的比较数据，从中可以发现二者物理性质方面的相似性，R407C 尤其在臭氧层损耗以及对地球温室效应的影响上更符合人们对环保的要求。

表 3.9　R407C 与 F22 物理性质比较

制冷剂	组成（wt%）	分子量	沸点（℃）	蒸汽压力（25 ℃，MPa）	饱和液体密度（25 ℃，kg/m³）	饱和蒸汽密度（25 ℃，kg/m³）
R-22	100	86.5	−40.8	1.04	1 194	44.4
R407c	R32/R125/R134a（23/25/52）	86.2	−43.7	1.19	1 153	42.5

制冷剂	临界温度/℃	临界压力/MPa	温度梯度/℃	毒性	可燃性	臭氧损耗系数（R11 = 1.0）	地球温室系数（CO₂ = 1.0）
R-22	96.1	4.98	0	低	无	0.055	1 730
R407c	87.3	4.82	4 ~ 6	低	无	0	1 530

由于 R407C 是一种三元混合制冷剂，因此若系统发生泄漏，会影响制冷剂组分的变化。所以在此情况下，必须将系统原有的 R407C 排出，并重新充注新的制冷剂 R407C。由于制冷剂在液相时的成分改变可降至最低，进而可使其使用性质保持一致，因此在处理 R407C 时需遵循：必须以液相注入系统内，以确保制冷剂成分及系统功能正常；一定在液体流动，而不是蒸汽流动时传输。从上述对 R407C 各项性能的分析以及与 R22 在性能方面的相关比较后，我们可以看到：

①R407C 是一种环境友好的制冷剂，其对大气臭氧层损耗的潜能系数 ODP 值为 0，制冷剂的温室效应潜能系数 GWP 值为 1530，是一种较理想的替代制冷剂。

②R407C 在物理、热力性质方面与 R22 十分相似，同时，其混合工质组分中减少了微燃的HFC-32，增加了不可燃的 R125，提高了混合工质的安全性，因此基本上能直接替代 R22。

③基本满足对地铁列车空调设计的多方面要求，对于新设计的地铁列车空调机组或原采用 R-22 想用新冷媒替换的列车空调机组来说，制冷剂 R407C 是目前较理想的替代物。

【任务实施】

经过本任务的学习，通过网络搜集涡旋式压缩机和制冷剂的相关知识，到空调检修场地认识冷凝器、蒸发器、膨胀阀和毛细管节流装置的结构和功能,要能够对不同类型的制冷换热器和节流装置进行辨识并能说明常见类型的使用场合。

【效果评价】

评 价 表

项目名称	城轨车辆制冷系统		学生姓名	
任务名称	任务3.3　制冷系统核心部件阐述		分数	
项　　目			分值	考核得分
1. 制冷四大件的相关知识、图片的搜集、整理			10	
2. 压缩机的几种类型及特点			5	
3. 涡旋式压缩机的结构及功能特点			20	
4. 冷凝器的三大类型及特点,车辆常用蒸发器的结构特点			25	
5. 节流装置的作用,内外平衡式膨胀阀相同点和区别,毛细管节流装置的应用场合			25	
6. 制冷剂的命名规则及和环境的关系			10	
7. 基本素养考核情况			5	
教师简要评语:　　　　　　　　　　　　　　　　　　　　　　　　　教师签名:				

任务3.4　制冷系统日常运转中的维护和故障处理

【活动场景】

做好空调制冷系统的日常保养和维修是保障制冷系统正常运行和维持制冷系统功能的基本措施,对城轨交通车辆尤为重要,这关系着乘客的舒适感受,甚至关系着乘客的生命安全。

空调制冷装置作为不停运行的设备,难免会出现故障。而及时对故障进行分析、处理并修复,是保障空调制冷装置正常工作的重要措施。

本节主要介绍了制冷系统在日常的维护方面的内容,包括日常性维护和年检以上维护保养。同时介绍了制冷系统故障方面的内容,包括故障的分析方法和常见故障的处理方法。

【任务要求】

1.掌握空调系统在不同的维修周期的作业内容；
2.了解制冷系统的常见故障及其分析方法。

【知识准备】

3.4.1　日常运用中的维护

制冷系统日常保养作业如表3.10所示。

表3.10　制冷系统日常保养作业内容

序　号	作业项目	检修规程			
		双周检	月检	三月检	年检
1	清洗新风过滤网和混合空气过滤网	√	√	√	√
2	用水清洗冷凝器和新风格栅,保证各翼片干净,无损坏			√	√
3	观察液体管路窥视镜里的湿度显示(正常:紫色;不正常:粉红色)	√	√	√	√
4	检查空调机组盖板螺栓紧固情况,检查压缩机、风机有无异响	√	√	√	√
5	更换混合空气过滤网		√	√	√
6	清扫蒸发器室内部及新气挡板传动件等相关部件的清洁,保证冷凝风扇叶片和送风机叶片正常转动			√	√
7	检查排水管路、保证无异物堵塞,用压缩空气吹扫冷凝器和蒸发器				√

3.4.2　一年以上的保养与维护周期

制冷系统一年以上的保养与维护周期如表3.11所示。

表3.11　制冷系统一年以上的保养与维护周期

时　期 检查项目	1年	2年	3年	4年	5年	6年	7年	8年	9年	10年	11年	12年	13年	14年	15年
室内外热交换器清洗	○	○	○	○	○	○	○	○	○	○	○	○	○	○	○
室内外热交换器								△	△	△	△	△	△	△	◎
排水口清扫及排水管疏通	○	○	○	○	○	○	○	○	○	○	○	○	○	○	◎

续表

时期 / 检查项目	1年	2年	3年	4年	5年	6年	7年	8年	9年	10年	11年	12年	13年	14年	15年
检查管路泄漏	△	△	△	△	△	△	△	△	△	△	△	△	△	△	◎
前盖板门锁检查	△	△	△	△	△	△	△	△	△	△	△	△	△	△	△
室内外送风机清扫	○	○	○	○	○	○	○	○	○	○	○	○	○	○	○
隔热材的维护	△	△	△	△	△	△	△	△	△	△	△	△	△	△	◎
压缩机用防振橡胶	△	△	△	△	△	△	△	△	△	△	△	△	△	△	◎
检查各紧固件是否松动		△		△		△		△		△					◎
检查保护装置的动作				△				△				△			◎
检查电机及整机绝缘电阻	△	△	△	△	△	△	△	△	△	△	△	△	△	△	◎
检查电气端子的接触	△	△	△	△	△	△	△	△	△	△	△	△	△	△	◎
清扫外罩表面				○				○				○			◎
风机	△	△	△	△	△	△	△	◎	△	△	△	△	△	△	◎
压缩机								△							◎
机组内部密封胶条	△	△	△	△	◎	△	△	△	△	◎	△	△	△	△	◎

○:不论状况如何都进行维护;△:经检查后如有异常进行修理或更换;◎:更换

注:在第八年运行前要进行机组的全面检修。

3.4.3 制冷系统的故障分析

制冷系统是由四大件和许多附件组成的相互联系而又相互影响的复杂系统,因此排查故障时,除需要掌握制冷系统的结构和工作原理外,还需要进行全面检查,综合分析,从中积累故障发生的规律和识别故障的经验。常见故障有压缩机停机、制冷量不足或者不制冷等,常用的检查方法是"一看、二听、三摸"。

"一看"是查看故障现象,包括看 TCMS 和空调控制屏上空调故障显示,看指示灯的显示情况,看温度继电器动作情况,看压缩机的吸排气压力值是否在正常范围内,看客室内的温度情况,看风机的运行情况,看制冷管路上是否有油迹。

"二听"是听压缩机运转时的噪声,"通通"声是压缩机液击声,"哒哒"声是内部金属撞击声;听制冷机组运转的声音,如果有较大的振动声音,则应检查风机的运转情况、轴承的磨损情况。

"三摸"是摸过滤器的表面温度,它应该比环境温度稍高些,如果显著低于环境温度,说明滤网大部分网孔已经堵塞,使制冷剂流动不畅通,导致节流降温;摸制冷装置吸排气管的冷热程度,正常运转的吸气管应该是较冷,排气管应是较热,否则不正常。

【任务实施】

(1)无电检查

1)冷凝器

冷凝器的散热片落上灰尘异物时会影响换热效率,使高压侧的压力升高,所以需进行定期检查、清扫或清洗。

在一年以上的维护周期中,清扫时,把压缩空气按运转时的反方向吹入肋片间隙或从脏物附着多的一侧用吸尘器进行吸尘。吸尘完毕用软毛刷带有洗涤剂的水进行清洗或者浸泡,然后用高压水枪顺着翅片进行洗尘。如果翅片有变形或者黏连现象,则用专业工具进行校正。

2)蒸发器

蒸发器弄脏,会使室内通风机风量减小,冷量不足,甚至会导致蒸发器表面的凝结水被通风机吹入风道内,并通过出风口滴入车内,所以视灰尘的附着情况应定期清扫或清洗。

清扫时,从脏物附着多的一侧用吸尘器进行吸尘。特别脏时或存在油污时,应使用专用洗涤剂进行清洗。注意:用洗涤剂进行清洗时,需对接线盒和电动回风阀执行器进行有效的防护或拆下电动回风阀,避免风阀执行器线路进水损坏。

3)排水系统

定期检查、清洗排水口,并疏通排水管,使之不被垃圾或异物等堵塞。

4)前盖板门锁检查

定期检查前盖板门锁,当锁舌出现细小裂纹时必须进行更换。

定期检查前盖板,前盖板原则上不允许踩踏。当前盖板出现变形,或者当前盖板门锁锁紧后前盖板出现松动时,请查明原因,及时进行维修或者更换门锁。

5)冷凝风机

运转时,发现有异常声音、振动时,需更换轴承或电机。

6)通风机

可用软毛刷刷洗附着在叶片内侧的灰尘(请注意不要使叶片变形)。运转时,发现有异常声音、振动时,请更换球轴承。

7)隔热材料检查

目测蒸发器室中隔热材料是否老化:如发现隔热材料表面有明显裂痕、明显损伤、与箱体黏接处有开胶现象,须除去老化或损坏的部分,换黏新的相应隔热材料。

8)减振器检查

减振器不需特殊维护,如损坏或失效,当目测减振器表面有明显的裂纹或空调机组或压缩机有异常的振动和噪音,应予以更换。

9)紧固件检查

通过查看螺栓防松标记或以锤轻击来检查各元件(如压缩机、风机、电加热器、电气元件终端等)的安装螺栓是否松动。

10)绝缘电阻检查

用 500 V 电阻表测量绝缘电阻并确认带电部分与无电部分之间的阻值大于 2 MΩ。如果不大于 2 MΩ,请检查各部分是否有绝缘老化并做适当的修补。

11)电气连接检查

请确认电线端头连接及其紧固螺栓是否连接牢固、可靠。

12)新风滤尘网

新风滤尘网落上灰尘使新鲜空气量减少,需定时清洗。清洗方法如下:

①拆下新风滤尘网;

②用肥皂水清洗;

③用清水洗净;

④晾干;

⑤重新安装新风滤尘网于机组上。

注意:新风滤尘网采用无纺布滤料,一般清洗 1～2 次后需更换新滤料,清洁、更换新风滤尘网的时间间隔取决于其变脏程度,无论如何不得少于 1 次/2 周。尤其对于新线路,应至少一周清洗一次。

13)回风滤尘网的清洗

蒸发器前滤尘网上灰尘过多,会使室内侧通风量减少,制冷量降低,应定期清洗。清洗方法如下:

①拆下回风滤尘网;

②用肥皂水冲洗;

③用清水冲洗;

④晾干;

⑤重新安装回风滤尘网于机组上。

注意:清洁回风滤尘网的时间间隔取决于其变污程度,任何情况下不得少于 1 次/2 周。尤其对于新线路,应至少一周清洗一次。

14)制冷剂管路检查

检查制冷剂管路的接缝处若有油渗出,制冷剂就有渗漏的可能。

(2)**功能检查**

1)运转前的检查

在运转空调机组之前,必须对下列项目进行检查,在确认没有问题之后,方可开始运转。

①配线是否确实接好。

②电气回路是否正常。

③主回路及控制回路的绝缘电阻是否都正常。

④通风机的叶轮是否碰风筒的内壁。

2）运转确认

①室内通风机的运转

室内通风机运转时,请确认一下车内是否有风吹出,风量极小时,可认为是风机反转,请将电源相序调整正确,即将三相中的任意两相对调(注意:空调机组出厂时各电机的相序已调好,请不要随意调换),请确认一下是否有异常振动和异常噪音。

②室外轴流风机的运转

请确认空调系统室外轴流风机的运转是否正常,旋转方向是否正确。

③制冷运转

全制冷状态时,吸入和吹出的空气温差为 8～10 ℃时为正常。请确认一下是否有异常振动、异常噪音,同时注意电流表读数。

3）空调机组的安全运行

地铁车辆空调的安全运行极为重要。安全运行的含义,一方面指空调机组的安全运转,另一方面指对行车安全的影响。

①空调机组的安全操作

空调机组的操作和管理工作必须由懂得制冷技术和电气技术的人员来担任。开机之前,必须认真检查电气系统的安全性,严格按照电工操作规则进行操作。在进行电气控制柜的检修时,必须切断电源,严禁带电作业。

②空调系统的保护措施

为了确保空调机组可靠、安全地工作,空调机组在制冷系统和电气系统方面具有以下保护措施:

a.电源有过电压和欠电压保护。

b.压缩机内部设压力保护、过热保护,运行设延时启动保护。

c.各电机设短路、缺相、过载保护。

d.电加热器有温度继电器及温度熔断器保护。

当空调机组出现故障时,必须查明原因,排除故障后才允许重新启动,严禁带故障强行启动。

③低温运转

当蒸发器吸入的空气温度在 19 ℃以下时,即为低温运转。此时,由于可能在蒸发器上引起结霜现象会对压缩机造成损伤。

④再次启动

在短时间内,请不要使室外风机或压缩机反复启动、停止。由于启动电流将加快电机的绝缘老化和电磁接触器等配电盘电器元件的接点消耗。所以再次启动时,一定要间隔 3 min 以上(正常线路上运行过断电区的情况除外)。

(3)**故障检查**

1)制冷系统不出风

故障分析及处理见表 3.12。

表 3.12　制冷系统不出风故障分析及处理

故障内容	故障的原因	故障的判断方法	处　理
不出风	(1)离心风机的配线方面 ①连接器处断线 ②配线处螺丝松弛	查看电路接通情况 查看电路接通情况	修理 拧紧
	(2)电动机烧损或断线	测线圈电阻,各线间约11 Ω	更换电机
	(3)控制线路及电器故障	检查电路及电器元件	修理或更换
风量小	(1)风机电机反转 (2)空气过滤网堵塞 (3)蒸发器结霜或冰 (4)蒸发器散热片脏堵 (5)风道等处泄漏 (6)风机叶片积垢	检查风机转向 检查过滤网 检查(目视) 检查(目视) 检查 检查	调换相线 清除筛眼堵塞物 送风运转化冰、霜 清洗 修理 修理

2)运转过程中不制冷

故障分析及处理见表3.13。

表 3.13　制冷系统不制冷故障分析及处理

故障内容	故障的原因	故障的判断方法	处　理
不制冷	(1)压缩机电机不转 ①电机断线、烧损 ②高压压力开关动作 ③低压压力开关动作 ④配线端子安装螺丝松弛 ⑤空调控制箱器件不良 ⑥过、欠压继电器动作 ⑦接触器、中间继电器线圈烧毁或触头故障 ⑧压缩机故障 ⑨轴流风机电机的热继电器动作	测定线圈电阻(20 ℃),各线间约1.54 Ω 见第6项 检查 查看接通情况 检查电气件 电源电压过高或过低 检查压缩机 检查电机电流	更换压缩机 拧紧 更换部件 修理或更换 调整供电电压 修理或更换 修理或更换 修理或更换
	(2)压缩机反转	压缩机电流小于额定值 压缩机反转时噪声较高	调整压缩机相序
	(3)压缩机运转 ①制冷剂泄漏 ②电磁阀误动作或损坏	①室内吸入和排出空气温度相同 ②蒸发器回气管温度过高 ③压缩机电流小 ④检查电磁阀线圈	修理制冷循环系统

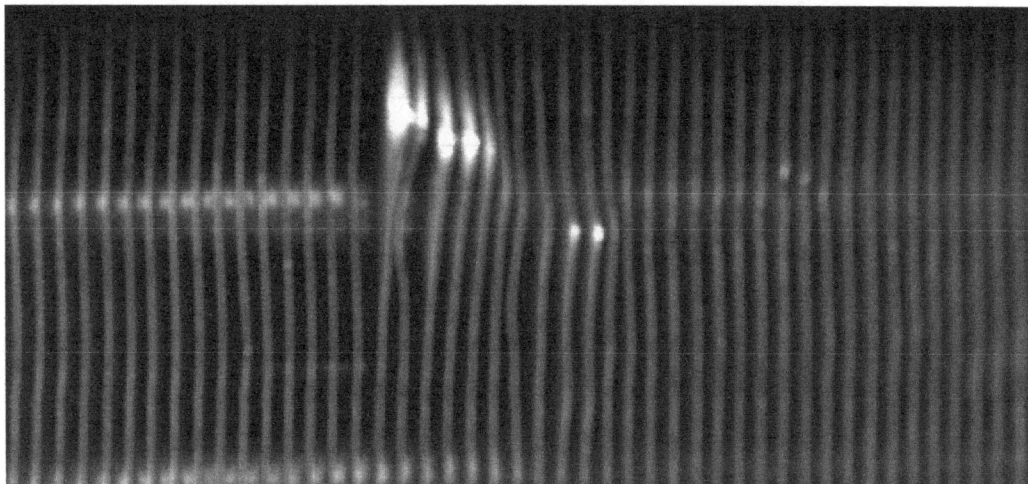

图 3.36　翅片变形

①制冷系统正常运转过程中出现不制冷现象,除了电气故障外,可能是由于吸气压力过低、排气压力过高等原因导致保护动作,使压缩机停机。针对该类故障首先是检查高压、低压开关本身,确认器件本身无误。低压原因一般是系统内某一部分阻塞不畅或者制冷量不足。

②排气压力过高原因是冷凝器排风扇反转、不转、环境温度过高(高于 40 ℃),这些都会引起排气压力显著上升。对冷凝风机叶片进行检查,如果发现转动方向与其他车不同,或者叶片上灰尘较多,就应该进行测试并判断。因风机反转时风量小于正转时的风量,只需将三相电源中的两相对换一下,即可判断是正转和反转。

③冷凝器结污垢:如果冷凝器散热片表面积灰尘太厚,会影响传热进而影响散热效率。可以用手电筒查看冷凝器散热片间结灰情况,如果很多片间空隙不能让光线通过,说明灰尘较多,可以用钢刷或者专用梳子将肋片里面伸出的灰尘刷干净。

④正常不制冷:当客室内温度降低到设定值以后,因温度传感器就会动作,切断机组电源而导致机组不工作,这是正常的,不要认为是故障现象。

3)运转过程中制冷量不足

机组能运转制冷,但是在规定的工作条件下,其降温速度太慢,或者达不到原定的温度,就属于冷量不足。一般有以下几个方面的原因:

①压缩机效率低:主要是由于运动件磨损严重,配合间隙增大或者气阀密封性能下降,引起漏气量增大。检查电机接线,用万用表对每一相的通断情况进行测试,确认无断线的情况,下一步要进行绕组接地检查,用兆欧表测定绕组对地绝缘。

②制冷剂不足:主要原因是系统内有渗漏点,造成制冷剂向外泄露,对此故障不能急于添加制冷剂,先找出渗漏部位,修复后再加制冷剂。容易产生泄露的部位主要是接头和焊接处。

空调制冷剂泄露故障实例见表 3.14。

4)压力开关动作

故障分析及处理见表 3.15。

表 3.14　制冷系统制冷不足故障分析及处理

故障内容	故障的原因	故障的判断方法	处　理
冷量不足	(1)过滤器堵塞	检查过滤器	除去筛孔堵塞物
	(2)蒸发器、冷凝器脏	检查	清扫
	(3)蒸发器结冰	检查(目视)	送风化冰
	(4)温度调节器设定温度过高或动作不良	检查	调整或修理
	(5)少量制冷剂泄漏	测量运转电流,电流比正常值明显偏小	修理制冷剂循环系统
	(6)制冷剂充注过多	电流过大	将制冷剂少量放出
	(7)风量不足	见第2项	
	(8)压缩机处于卸载状态	检查容量控制电磁阀	

表 3.15　制冷系统压力开关动作故障分析及处理

故障内容	故障的原因	故障的判断方法	处　理
高压压力开关动作	(1)室外热交换器脏	检查室外热交换器	清扫
	(2)制冷剂充注过多	电流过大	将制冷剂少量放出
	(3)冷凝风机反转	检查	将相序调整正确
	(4)排气管段堵塞	检查	修理
	(5)室外通风机不转		
	①电机烧损	测线圈电阻(20 ℃),各线间约24.4 Ω	更换电机
	②电机的球轴承损伤	检查	更换球轴承
	(6)空气或不凝性气体混入系统中		重新对系统抽真空然后加入制冷剂
低压压力开关动作	(1)制冷剂泄漏	压缩机电流小	修理制冷剂循环系统充入制冷剂
	(2)吸入空气温度太低	蒸发器结霜	
	(3)风量不足	见第二项	
	(4)低压管路堵塞	检查	处理
	(5)蒸发器散热片堵塞	检查	处理
	(6)液管电磁阀未打开	①压缩机启动时电磁阀无动作声 ②控制柜无 AC220V 输出 ③电磁阀线路是否断路	检查电磁阀线路并修理

5）机组振动

故障分析及处理见表 3.16。

表 3.16　制冷系统机组振动故障分析及处理

故障内容	故障的原因	故障的判断方法	处　理
振动噪音大	(1)通风机电机球轴承异常	检查风机的平衡性	修理风机
	(2)通风机不平衡		
	(3)紧固部位松弛	检查各紧固部位	拧紧

6）机组漏水

故障分析及处理见表 3.17。

表 3.17　制冷系统机组漏水故障分析及处理

故障内容		故障的原因	故障的判断方法	处　理
漏水	回风口漏水	(1)排水口或排水槽堵塞,造成水盘积水外溢	检查	清扫
		(2)密封胶条处渗水	检查	进行正确安装
		(3)车顶密封胶条安装槽或机组底部涂密封胶处渗水	检查	涂密封胶
		(4)新风口下部排水口堵塞	检查	清扫
	出风口漏水	(1)蒸发器脏	检查	清扫
		(2)密封胶条处渗水	检查	进行正确安装
		(3)车内风道内凝露形成水珠,从出风口吹出	检查	涂密封胶
		(4)排水口堵塞,风口周围积水	检查	清扫

7）故障举例

大修车间在 2010 年 5 月 6 日—27 日期间对送修的 25 台空调出现的故障汇总见表 3.18。

表 3.18　空调故障汇总表

故障位置	数　量	百分比/%
低压连接阀处毛细管断裂泄漏	12 例	48
高压连接阀处泄漏	6 例	24
膨胀阀堵	3 例	12
高压侧充注阀连接管焊缝处泄露	2 例	8
毛细管磨损泄漏	1 例	4
压缩机泄漏	1 例	4

经维修检查发现空调泄漏主要分为以下五个方面:毛细管断裂、磨损,高压充注阀连接管根部焊缝处泄漏,高压连接阀处泄漏,三通阀与铜管连接焊接部位泄漏,压缩机锈蚀泄漏。

①低压端毛细管根部焊缝处断裂泄漏(25 台维修空调中占 12 例)。

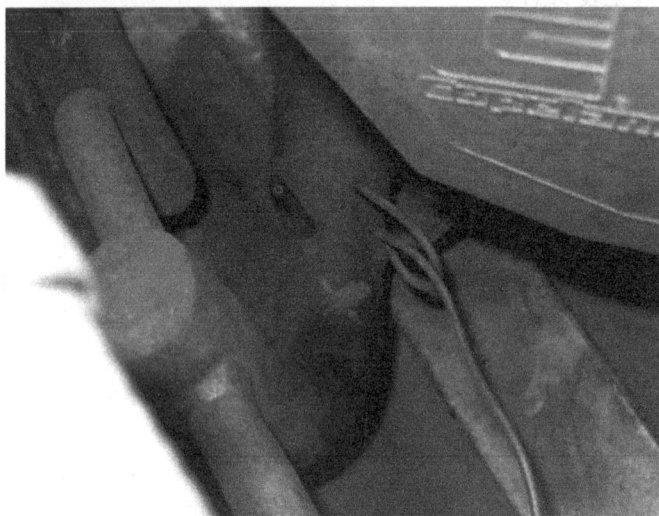

图 3.37　断裂毛细管位置图

故障原因是:应力集中,经过长时间的运行振动,管路焊接部位应力集中导致断裂。振动原因:列车运行产生振动,压缩机运行也产生振动。出现断裂的低压端毛细管位置在压缩机低压联接阀出口附近,靠近压缩机,压缩机的振动对此处影响较大。高压端毛细管没有断裂,高压毛细管焊接的位置在编织管之后,编织管起了减震作用,所以影响不大。

②高压连接阀处泄漏原因(6 例)、高压充注阀连接管根部焊缝处泄漏(2 例)。

高压连接阀处泄露原因是:高压连接阀内部密封件老化导致密封不良。处理措施是注意检漏更换密封件。充注阀连接管焊缝处泄漏原因(2 例),原因是应力集中。经过长时间的运行振动,管路焊接部位应力集中产生裂纹。振动原因:列车的运行和空调运行振动加剧焊接部位裂纹的产生。外力原因:检修时外力影响所致。措施是注意检漏。

③毛细管与不锈钢板摩擦磨损泄漏(架修时出现过该现象)。毛细管在连接到高低压开关盒时要经过一块不锈钢立板,检查时发现通过该处的毛细管与不锈钢立板有摩擦破损的情况。处理措施:毛细管经过不锈钢立板的部位以前没有包裹处理,后使用保温材料包裹后通过

图 3.38　高压连接阀根部焊缝断裂实例

该处。

④毛细管与编织软管摩擦磨损的原因(1例):毛细管是用保温材料包裹后用绑扎带绑在编织管上固定,运行一段时间保温材料磨破,毛细管直接与编织管接触摩擦,导至破损泄漏。措施是:毛细管用保温材料包裹后再用橡胶垫片二次包裹,最后用绑扎带绑在编织管上固定。

⑤压缩机锈蚀泄漏(25台维修空调中占1例)。

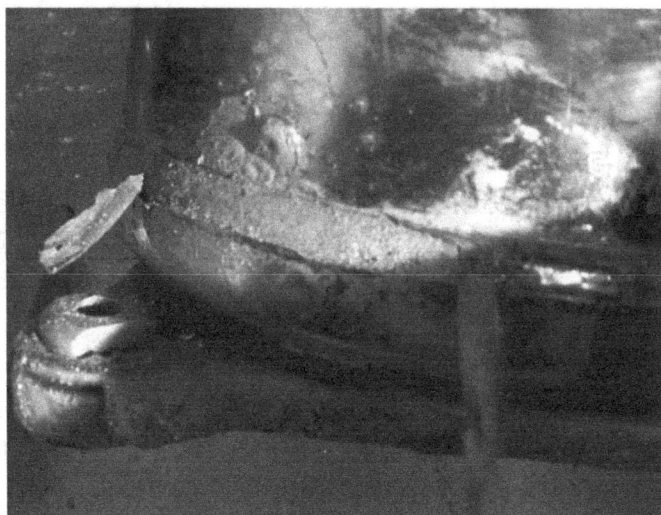

图 3.39　压缩机锈蚀泄露实例

压缩机底部是低压区,温度较低,运行过程中容易吸收空气中的水分,使该部位长期结水锈蚀,特别是焊接部位锈蚀泄漏。架修发现有部分压缩机底部锈蚀严重。处理措施是:在偶次年检检查压缩机锈蚀情况,机组架修时应对压缩机锈蚀部位检漏,除锈喷漆处理。

⑥三通阀焊接部位泄漏原因(1例)。

故障原因:该位置焊接过程中存在沙眼或气孔,属于产品质量问题,注意检漏。

【效果评价】

评 价 表

项目名称	城轨车辆制冷系统		学生姓名	
任务名称	任务3.4　制冷系统日常运转中维护和故障处理		分　数	
项　目			分　值	考核得分
1.空调制冷系统运用中的维护作业内容			10	
2.空调制冷系统一年以上预防性维护作业内容			25	
3.空调制冷系统故障分析方法			10	
4.城轨车辆空调系统常见故障分析			25	
5.了解城轨空调制冷系统制冷剂泄漏故障常见部位			15	
6.编制学习汇报报告情况			10	
7.基本素养考核情况			5	
教师简要评语： 教师签名：				

*【知识扩展】

(1)制冷剂的检漏与充注

对制冷系统进行的气密性试验称为系统检漏,因为系统制冷剂的泄漏轻者会造成制冷量不足,严重的会造成制冷机组无法正常工作。制冷系统的泄漏部位主要在蒸发管路和冷凝管路的焊接处及管路弯头处。检漏方法一般有三种:压力检漏、真空检漏和校灯检漏。压力检漏是重点。

1)压力检漏

压力检漏是向制冷系统充注压缩气体试漏。一般是用氮气充入制冷系统中,因为氮气较为干燥价格便宜,是一种安全气体。用钢瓶装的压缩氮气其压力为 1.5×10^7 Pa,充气时为确保安全,钢瓶上应装有带压力表的减压阀,以便于控制充气压力。

①将氮气瓶与制冷系统连接,同时转动减压阀,将氮气充入制冷系统,直到压力满足要求时将阀门关闭。

②将肥皂溶液用毛笔或者小刷涂于接头的缝隙中,如图3.40所示。仔细观察其动静,如果冒气泡就表示该处有渗漏。若是接头处有渗漏,则紧固后再次检查。每个渗漏点要做好标记。等全部检漏完毕再进行补漏。

补漏时,应将系统内的压缩氮气全部放空,经过补焊、接头更换垫片以及重新扩喇叭口后,再次进行充气检漏,直到整个系统不漏为止。

为了弥补可能没有查出的微小渗漏,当检漏完毕,不要将系统内的氮气放空,仍保持原压力并记下压力值,经过24 h后观察压力下降值是否在允许范围内,这就是保压试验。若压力

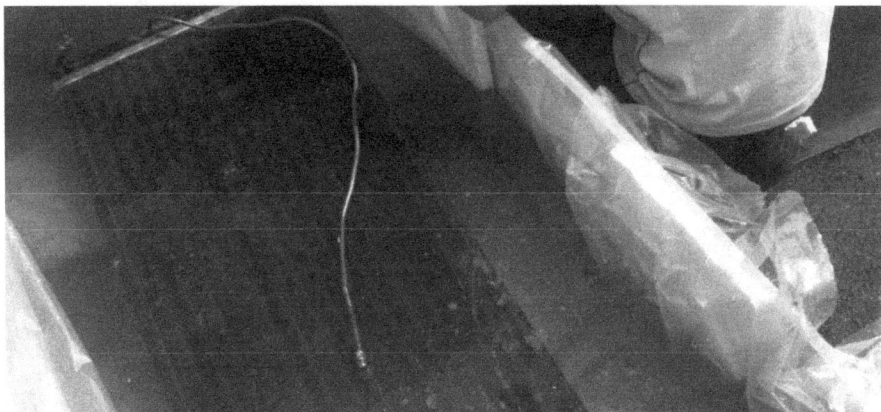

图 3.40　肥皂液检漏

下降值超出范围,则需要重复检漏。

2)真空检漏

充气检漏结束后,需要将系统内的氮气放空。当系统内的压力降低至周围大气压时,剩余在系统内的氮气无法自行排出,需要用本系统内的压缩机或者真空泵强制抽真空。系统必须抽真空的目的有两个:

①氮气或者空气在常温下或者一般的低温下是不会凝结为液体的,这部分气体存于冷凝器中占用了部分容积,影响冷凝器的散热能力;

②抽真空可以用来检验系统有无渗漏。全封闭式压缩机组成的制冷系统,需要接真空泵来完成。操作方法是:将带压力真空表的修理阀分别与真空泵、压缩机的灌气管连接起来;打开修理阀,开启真空泵,注意观察压力真空表读数是否往 0 刻度以下方向移动;当真空压力到达到时,关闭修理阀,停止真空泵运转。

制冷系统第一次抽真空所需时间较长,尤其只有低压充注口时,因毛细管节流作用,高压侧真空度很难达到。若采用两次抽真空可以在短时间内获得较高的真空度。即在第一次抽真空后,注入少量制冷剂,使压力表恢复为0,然后再一次抽真空。这样,剩余气体中的空气比例减少。

3)电子检漏

微量的制冷剂渗漏,可以用电子检漏仪,原理是利用气体电离现象,经过电子放大器放大后检查制冷剂泄漏的一种仪器。其基本结构是一个电离管,在电离管内部有一个白金套筒,内白金套筒接阳极,外白金套筒接阴极,中间有加热丝。其基本原理是:加热丝对内白金套筒加热到 800 ℃左右,在两极上通直流高电压;管子内有风扇,不断抽吸气体,当有制冷剂泄漏时,被电离管吸口吸进,在高压电场内被电离成离子流,使串联在高压线路内的电流表的指示数值发生变化,即可判断泄漏位置。

卤素喷灯检漏:通过燃烧酒精去加热一块纯铜,空气被吸入喷灯,当空气中含有氟利昂时,气流与纯铜接触就会发生分解,并使燃烧的火焰变成黄绿色(泄漏量小时)或者紫色(泄漏量大时)。

补焊的注意事项:气钎焊:即氧气—乙炔焊,其焊料为银铜焊料,牌号为 Lag45,含银量45%,其余为铜,助焊剂为 XH4210。另一种焊料为磷铜合金,无需焊剂,但是这种焊料有冷脆性的缺点。管路焊接时应注意:不能在管路系统里有压力存在的情况下进行补漏,否则操作不

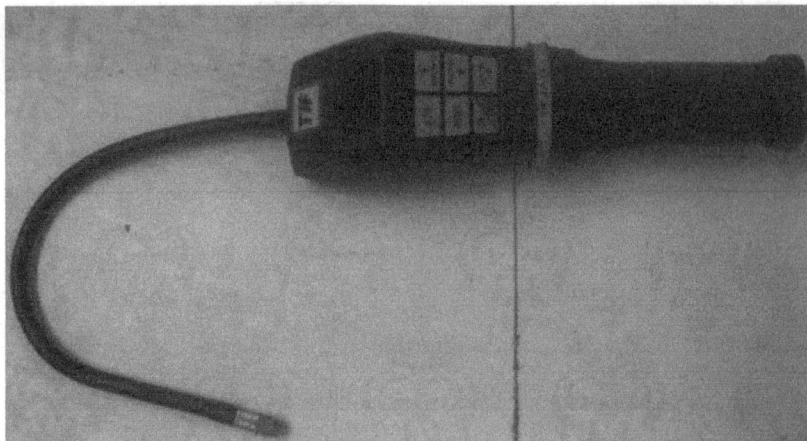

图3.41　电子检漏仪

安全,质量得不到保证。焊接前要清除表面的油漆绣层,并用纱布擦干净。

4)充注制冷剂

制冷系统经过抽真空并确信无渗漏以后,就可以开始充注制冷剂。充注方法有两种:一种是从压缩机排气截止阀的"多用通道"充注,称为高压段充注,优点是充注速度快,适用于系统内无制冷剂并且是抽过真空的情况。另外一种方法是从压缩机吸气截止阀的"多用通道"充注,称低压段充注,用这种方法切不可以液态注入,以防发生液击,适用于系统制冷剂不够需要填充的情况。

需要的工具:制冷剂钢瓶或者服务罐、空调服务成套工具(压力表、充气软管、快速接头、服务罐阀)、卤素检漏仪、真空泵、乙炔焊接工具。

①高压段充注制冷剂法

a.将制冷剂钢瓶倾斜倒置于磅秤架子上,用铜管把压缩机排气管截止阀的"多用通道"与钢瓶连接起来;

b.稍微旋开一下钢瓶的阀杆并随即旋紧,将排气截止阀的接头松一下并随即旋紧将钢管内的空气赶出;

c.记下磅秤所指的质量,再将砝码减去所需加注制冷剂的质量,让砝码上翘;开启制冷剂钢瓶的阀门,再开启排气截止阀门,此时可以听到制冷剂喷入系统的流动声。注意总磅秤的动静,当发现磅秤砝码下落,标志着所加制冷剂已经达到规定值,应立即关闭钢瓶阀门。

d.关闭截止阀的阀杆,关闭"多用通道"孔,将接管拆卸,充注工作完成。

②低压段充注制冷剂法

a.将制冷剂钢瓶竖放在磅秤上,用钢管将吸气截止阀的"多用通道"接头和制冷剂钢瓶连接起来。

b.稍微旋开一下钢瓶的阀杆并随即旋紧,将排气截止阀的接头松一下并随即旋紧将钢管内的空气赶出;

c.记下磅秤所指钢瓶的质量,随即开启制冷剂钢瓶;开动冷凝器的排风扇,开启排气截止阀,启动压缩机。

d.旋开吸气截止阀的阀杆,接通截止阀的"多用通道",制冷剂蒸汽缓慢吸入压缩机。这时用手摸铜接管会感到发凉,钢瓶表面也逐渐先结露然后结白霜。

e.随时注意查看磅秤读数,当数量够时,立即关闭钢瓶阀门,关闭"多用通道"阀门,拆下接管,充注工作完毕。

充注制冷剂时应注意:要防止大量制冷剂液体进入,损坏机器,一定要使制冷剂气体缓慢地多次进入,控制的方法是通过压缩机的时开、时停和调节修理阀。

在充注时,如果发现系统内混入空气,应及时将系统内的制冷剂全部放掉,重新进行充注。

(2)空调制冷系统检测与试验

空调制冷系统是若干机电设备组成的复杂系统。每个系统的性能是否良好,直接影响到整个装置的正常工作。客车空调的试验大致分为部件试验和系统试验。

1)部件检查与试验

①冷凝风机拆卸与检查:

a.将冷凝风机接线盒盖的固定螺栓拧松并取下;检查冷凝风机接线盒内部密封情况,如有出现返潮情况需要使用抹布对接线盒内部进行清洁。

b.取下冷凝风机接线盒盖;将冷凝风机的三根电源线固定螺母拧松并取出电源线;在拆装冷凝风机接线盒内部接线时,注意三相电源线的接线顺序。

c.使用斜口钳剪断冷凝风机电源线固定扎带,拧松冷凝风机固定螺栓并取下。

d.检查叶片在电机轴上的紧固情况,并查看叶片表面情况。

②冷凝风机调试及试验:

a.测量电机三相阻值,如不平衡,需要更换电机。

b.使用空调控制软件强制冷凝风机工作,观察冷凝风机转向是否正常,如不正确对冷凝风机接线盒内部接线进行调整。

③送风机拆卸及检查:

a.拧松蒸发室盖板所有固定螺栓和接地线螺栓,并取下蒸发室盖板。

b.拆下风压探测器与送风机连接的软管;拧松并拆下送风温度传感器固定螺栓。

c.使用斜口钳剪断蒸发室所有送风机电源线固定扎带;拧松送风机固定螺母并取出送风机;拧松送风机接线盒盖固定螺丝;检查送风机接线盒内部密封情况,如有出现返潮情况需要使用抹布对接线盒内部进行清洁。

d.拧松送风机电源线固定螺母;将送风机电源线卡箍拧松并取出电源线;在拆装送风机接线盒内部接线时,注意三相电源线的接线顺序。

e.用抹布对送风机外壳、电机体和安装底座进行清洁,检查叶片在电机轴上的紧固情况。

④送风机调试及试验程序:

a.测量电机三相阻值,如不平衡,需要更换电机。

b.使用静调电源柜对列车进行供电,使用RS232连接线把PTU串行口与空调控制器P14端口进行连接;使用空调控制软件强制送风机工作,检查客室是否有风送出;如发现送风机反转,需要对送风机接线盒内部接线进行调整。

⑤电磁阀拆卸及检查:

a.使用大号一字螺丝刀顶住电磁阀底部,将一字螺丝刀往上用力取出电磁阀;使用十字螺丝刀拧松电磁阀电源线安装座的4个固定螺丝并取下电磁阀。

b.使用干净抹布对电磁阀外表进行清洁。

⑥电池阀调试及试验程序:

a. 使用万用表测量电磁阀线圈阻值。

b. 检查电磁阀外观良好。

c. 使用 RS232 线将 PTU 串行端口与空调控制器 P14 端口进行连接；使用软件进入监控界面，强制送风机、冷凝风机、压缩机工作；查看电磁阀在得电吸合时有无吸合声发出。

⑦干燥过滤器拆卸及检查程序：

a. 使用乙炔对干燥器、电磁阀和窥视镜的连接管与主管两端连接处的焊膏进行融化。

b. 作业人员使用钳子取出连接管，并使用乙炔对干燥器与铜管相连接的两端焊膏进行融化；另外一名作业人员使用钳子取出连接铜管。

c. 使用钢丝球对干燥器连接铜管表面的氧化层进行处理，并用干净的抹布进行清洁；干燥器连接铜管表面干净无氧化层；使用干净抹布对干燥器两端铜管连接处进行清洁。检查干燥器外观情况。

d. 将干燥器端口与连接铜管进行连接，使用乙炔焊进行焊接；干燥器其一端焊接完成后，使用湿石棉布对干燥器表面进行冷却；待干燥器冷却后，使用乙炔对干燥器另一端口与连接铜管进行焊接。

⑧干燥过滤器调试及试验程序：

a. 干燥器更换完成后，使用氮气对管路进行保压（压力为 1 MPa）。

b. 保压 12 小时未发生泄漏后，才能进行抽真空充注制冷剂。

⑨温度传感器拆卸程序：

a. 使用 8 号内六角打开新风门盖板锁；拧松新风温度传感器连接插头固定螺丝并取下插头；拧松送风温度传感器探头并取下。

b. 使用黏酒精的抹布对温度传感器探头进行清洁；使用干抹布对温度传感器外表进行清洁。

c. 使用万用表测量温度传感器内部阻值；检查送风温度传感器插头电源线连接状态。

d. 将送风温度传感器探头固定在安装座，安装送风温度传感器连接插头并拧紧固定螺丝；使用 8 号内六角锁闭新风门盖板锁。

⑩温度传感器调试及试验程序：采用集控方式开启制冷系统。

2）整体试验

测试在设计工况下制冷系统的制冷量和工作状况，包括压缩机的吸气和排气压力，蒸发器和冷凝器的出口，进口温度以及冷凝器的冷却风量。

测试设备：电源 110 VDC、电源 380 V,3 phases,50 Hz、数字万用表 DC/AC、综合电检仪、检漏仪（R407c）、干燥氮气瓶及相应的阀门和压力表,R407c 制冷剂罐及相应的阀门和压力表、真空泵及相应的阀门和压力表、数字温度计、高压压力表、低压压力表。所有的实验用设备和工具在使用前必须经过校准，并有相应的记录。

常规测试内容：制冷系统压力试验,制冷系统真空、脱水和制冷剂加注、外观检查和部件标志、绝缘电阻测试、耐压测试,各种元件。如冷凝电机、蒸发电机、压缩机、旁通电磁阀等、压力开关动作测试、连续运转试验、淋雨测试。

①制冷系统保压及检漏测试。

在制冷系统完成后，必须按照程序 Q2069 的要求实施保压测试,测试压力为 28 bar。本测试中注入氮气加压至 28 bar,检查系统其他部位是否泄漏。并在加压完成后半小时,设备压力平衡后,记录压力值(保持小数点后1位)。保压时间必须不小于24 h,保压后压力降经温度梯度计算后不能大于0.3 bar。温度梯度计算公式如下:

$$P_后 = P_前 \times T_后 / T_前 \quad (T 为开氏温度 = 273 + 摄氏温度)$$

空调机组在正常的制冷剂充灌量下,用检漏仪进行检漏,制冷系统中制冷剂的泄漏量不超过14 g/a。测试过程中,如果系统出现任何泄漏,应立即报告生产部以进行修补。完成系统修补后,本保压测试必须重复进行直至成功通过为止。

②制冷系统的真空。

成功通过了制冷系统的保压测试后,系统必须根据程序Qc 8.2/3使用真空泵实施24 h的真空和脱水。然后,每个系统应按照程序Qc 8.2/4加注制冷剂R407C。目测和部件标志,在开始实施常规测试和常规测试后,应对系统实施一次外观目测检查,尤其应关注机械固定、接线的布置、电气连接(380 VAC,3 ph,50 Hz;110 VDC)、元件和黏贴件。在本操作中,各元件的标志和系列号必须记录在附件一的数据记录表内。

③绝缘电阻测试。

在实施介电强度测试之前必须首先对所有的空调电路进行绝缘电阻测试。该测试予以验证不同的电路与设备机架(接地)之间的绝缘电阻是否正常。检测电路的连接性,以确保整个设备的正确连接。

④介电强度测试。

只有在绝缘强度测试成功通过后,才能实施介电强度测试。本测试泄漏电流为100 mA。当一个电路在测试时,所有其他电路必须与机架连接。测试电压的频率为50 Hz,正弦波形。根据原件所属电路的名义电压如无绝缘击穿情况发生,则测试通过。测试完成后,所有短接电路和临时电线必须除去,所有电气连接恢复正常状态。

⑤旁通电磁阀验证。

一台空调机组有1个旁通电磁阀,阀门位置在冷凝腔处。该电磁阀的线圈必须通电,该测试主要通过听阀芯机械动作的声音来完成。

a.蒸发冷凝风机电机动作:

必须按照设备标牌标注的转数,首先检查冷凝器、蒸发器风机电机是否正常运转。观察电机运转的灵敏度,应逐个检测电机的启动与停止状态。

b.压缩机电机启动:压缩机必须装入空调机组,通过380 VAC电源并短暂接通—断开。在这个过程中,可检测压缩机的启动情况。

⑥压力开关运行测试:检查与所选定的部件是否匹配。

a.高压开关检测。

为检验该功能,应在高压计接头上安装一个0~40 bar的高压表。高压开关断开:在空调处于制冷状态下时,停止冷凝器风机,同时使压缩机继续运转,直到高压开关断开电源。在断开时要记录高压表上的读数,并检查是否符合上述设定标准(30±1)bar。高压开关重新闭合:在高压开关断开后,立即启动冷凝器风机,使冷凝器压力回落,直到压力开关闭合并重新接通压缩机为止。在压缩机要重新接通时,要记录下高压表读数,并检查是否符合上述设定标准(25±1.5)bar。

b.低压开关检测。

为进行这项检验,要在低压表接头上安装一个0~16 bar的低压表。低压开关断开:在空调机组处于制冷状态下时,停止通风机,使机组吸气端压力下降。当压力持续下降时,压缩机将停机,这时要记录下压力表的读数并核对是否符合上述设定标准(1.25±0.5) bar。低压开关重新闭合:在低压开关断开时,立即启动通风机,使吸入压力缓慢回升,直到压缩机重新启动。这时要记录下低压表读数,并核对是否符合上述设定标准(3±0.5) bar 连续运转试验。在 380 V、3 相、50 Hz 电源条件下,使设备连续运行大于 2 h,液体管路视液镜应清晰并显示干燥的系统状态(试纸为绿色)。观察空调机组是否正常工作并且无故障发生。并记录各电器的运行电流、系统压力和环境温度等信息。

⑦淋雨测试。

将空调机组放置于水喷淋系统中,将该系统调节到均衡流量 ≥4.2 m³/h,压力 ≥0.17 MPa,试验时间为 15 min,完成测试后,要检查空调机组内部是否渗水。绝缘电阻再次确认在淋雨测试通过后,应再次测试所有电路元件的绝缘电阻。

在测试结束后,必须将空调送去进行最终检验,主要检查以下几方面:所有空调机组部件的机械装配固定,空调机组的所有电气连接、所有机盖必须正确盖牢。

3)试运转测试

空调在装车之后还要进行运转测试,试验应该在制冷剂充注后,经过测试无泄漏,就可以开始制冷系统试运行工作了。

①对电气控制系统进行检查,确保接线端子无松动并进行绝缘试验。

②启动检查:先启动通风机,可以用手试验出风口有无风吹出;再启动冷凝风机,查看运转是否正常;然后可以启动压缩机,注意要等通风机、冷凝风机启动后 1 min 后再启动,同时两台压缩机启动时间应错开 5 s 以上。压缩机启动运转时应注意电流表的指示,通过机组工作电流表判断机组运行是否正常,同时应注意倾听声响,若有轻微比较均匀振动属于正常现象。

③运转调试:制冷系统经过一些检查并试运转正常后可以进行调试,所谓调试就是调整膨胀阀的开度。有些客车的单元式空调机组采用毛细管节流,因此不能调整。

④空调制冷系统的正常工况。

当空调制冷工况启动时,通风机、冷凝风机、压缩机通过电气连锁按照顺序启动,冷凝风机运转后,压缩机至少延时 1 min 再启动,并且各台压缩机的启动时间应相互错开 5 s 以上。这时,电流先增大后很快下降并恢复到一定位置。各电机在启动时应无异常振动和摩擦声响。压缩机的启动应平稳无剧烈振动,机组工作平稳,无特别噪声。机组启动后,客室内各出风口应有冷风吹出,客室温度下降均匀。

当列车空调装置开始启动时,"预冷却"模式自动启动。该模式在发出操纵命令后或者空调系统内的回流空气温度与设定温度差在 1 ℃ 以内的 2 min 之后停止运行。在这段时间,没有来自外界的新鲜空气经由空调装置进入乘客厅。一旦操纵命令给出,微处理机控制器根据设定温度接管冷却能力的控制。

若内部温度上升,超过"设定"温度值 2 ℃ 以上,由于空调系统热量超载,系统会自动转到"减少新鲜空气冷却"模式。该模式将减少空调装置新鲜空气的供应,尽快使乘客车厢回复设定温度。一旦车厢内温度超出"设定"温度小于 2 ℃,系统会自动回复到先前的模式,通常为"正常冷却"。通过空调装置部分关闭新风门,完成"减少新鲜空气冷却"模式。

项目小结

本项目在结合制冷技术原理的基础上对城市轨道交通车辆制冷装置的结构、部件原理以及设备的使用、调试、维修等进行了阐述,内容包括蒸汽压缩式制冷原理、熵与焓的概念、制冷剂的特性、KG29H空调制冷系统的部件外形及参数,制冷系统的运用检修基本知识、制冷剂的检漏及充注、常见故障的判断及处理,对制冷系统的关键部件压缩机、冷凝器、蒸发器和膨胀阀进行了详细介绍。

思考练习

1.说明蒸汽压缩式制冷的组成及工作原理。

2.简述制冷压缩机的分类及工作原理。

3.简述空调机组四大部件的功能和制冷循环过程。

4.简述空调制冷系统的主要组成元件及作用。

5 简述KG29H型空调制冷系统在不同的维护周期内的作业内容。

6.简述车辆制冷系统检漏的常用方法。

7.简述空调装置不出风的原因。

8.简述空调装置不制冷的原因。

9.简述空调装置出风不冷的原因。

项目 4

城市轨道交通车辆空调通风系统

【项目描述】

城市轨道交通车辆空调通风系统指机械强迫通风,一般由离心式通风机、滤尘装置、送风道、回风道等组成。它的作用是将经过处理的空气输送和分配到各客室并获得合理的气流组织,同时还将室内污浊的空气排出室外,以保持室内空气的清洁度和流动速度,形成车辆内部空气循环系统。

【学习目标】

1. 了解空调通风系统的基本概念,认识通风系统的必要性和重要性;
2. 了解空调通风系统的组成和功能;
3. 了解城市轨道交通空调通风系统的结构及特点。

【能力目标】

1. 熟知城市轨道交通空调通风系统各部分组成;
2. 熟识空调系统各部件名称、功能;
3. 能够实施空调通风系统的维修。

任务4.1 空调通风系统基本概念的认知

【活动场景】

在城市轨道交通车辆空调系统中,通风系统起到什么作用? 如何给城市轨道交通车辆进行通风。

【任务要求】

1. 了解空调通风的必要性和重要性；
2. 掌握空调通风系统的概念。

【知识准备】

4.1.1 通风的基本概念

通风除尘和空气调节在实际工程中起着改善工作环境、保护人们的身体健康和提高生产力的重要作用。用通风方法改善生产劳动环境,简单地说,就是把污浊的或不符合卫生标准的内部空气排至外部,把新鲜空气或经过处理的空气送入内部,不断地更换内部空气。所以,通风也叫做"换气"。

4.1.2 城轨车辆污染物的主要来源

①人新陈代谢中产生的二氧化碳、皮肤表面的代谢产物；
②建筑材料中挥发出的有害物,如苯类、醛类等有机物质；
③周围土壤中存在的氡等放射性物质；
④隧道中存在的灰尘、二氧化硫等。

4.1.3 城轨车辆通风的任务

①向车辆内补充新鲜空气,满足人体对氧气的需求；
②通风可使车辆内空气稀释流通,减小有害气体的浓度；
③控制各种有害物,如过滤粉尘、调节湿度等。

4.1.4 通风系统的分类

通风,包括从车辆内部排除污浊空气和向车辆内部补充新鲜空气。前者称为排风,后者称为送风。为实现排风和送风。所采用的一系列设备、装置总体称为通风系统。通风系统按通风工作原理不同可分为自然通风和机械通风两类,按照系统作用的范围大小可以分为全面通风和局部通风两类。

(1)自然通风系统

自然通风是依靠室内外空气的温度差(实际是密度差)造成的热压,或者是室外风造成的风压,使房间内外的空气进行交换,从而改善室内的空气环境。自然通风不需要另外设置动力设备,对于有大量余热的车间是一种经济、有效的通风方法。其缺点是:无法处理进入室内的空外空气,也难于对从室内向室外排出的污浊空气进行净化处理;其次,自然通风受室外气象条件影响,通风效果不稳定。(城轨车辆上不适用自然通风)

1)风压

由空气流动所造成的压力,也称风力。对于一幢建筑或者一间房间,如果它有两个开口(门或窗等),而且空气在每个开口的两侧压力不相同,那么在压差的作用下,空气在每个开口处形成流动,如图 4.1 所示。

这种自然通风的效果取决于风力的大小和建筑物门窗的形式。

2) 热压

当因室内热源加热或其他因素造成室内空气温度升高时,室内空气密度减小,空气就会从建筑物的上部跑出去,同时较重的室外空气会从下部门窗补充进来,形成空气流通和交换,如图 4.2 所示。

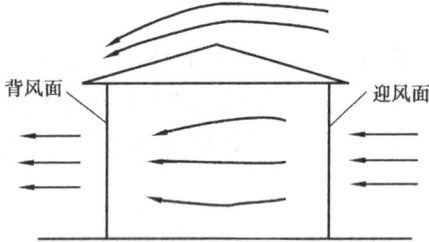

图 4.1 两个开口自然通风

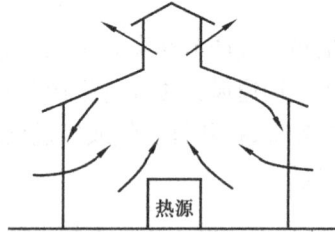

图 4.2 热压通风

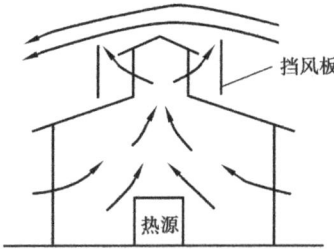

图 4.3 风压和热压通风

热压大小除了与室内外温差大小有关外,还与建筑物高度有关。高度越高、温差越大,热压就越大,通风效果也越好。

3) 风压和热压

风压和热压通风,如图 4.3 所示。

4) 自然通风

自然通风的优点是经济、不耗能源。缺点是效果不稳定,受气候、建筑物门窗的影响较大,这包括以下几个方面:

①开口位置对室内空气流动的影响,如图 4.4 所示。

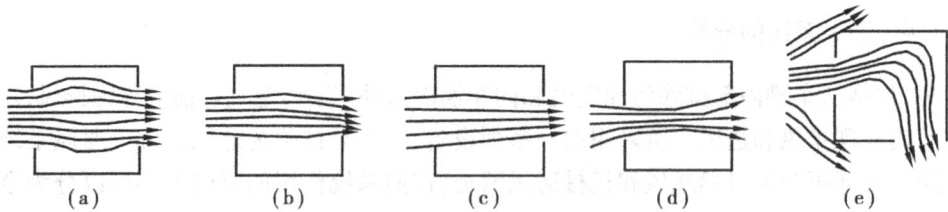

(a)   (b)   (c)   (d)   (e)

图 4.4 不同开口位置自然通风

②开口高低对室内空气流动的影响,如图 4.5 所示。

③水平遮阳对室内空气流动的影响,如图 4.6 所示。

④不同窗户形式对室内空气流动的影响,如图 4.7 所示。

⑤室内气流的调节,如图 4.8 所示。

⑥绿化的导风作用,如图 4.9 所示。

⑦有效利用自然通风的建筑设施,如图 4.10 所示。

⑧自然通风排风天窗的做法如图 4.11 至图 4.13 所示。

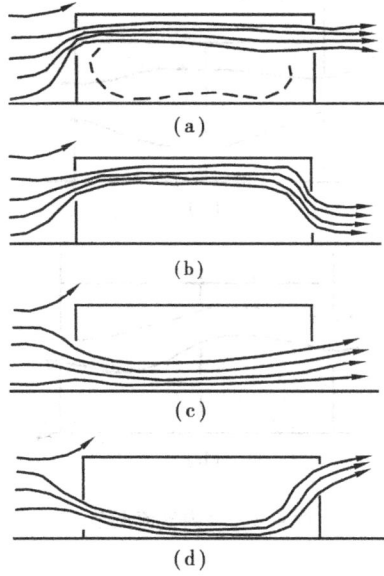

图4.5 各种高低开口的室内自然通风

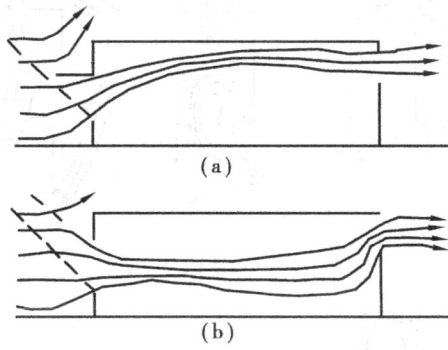

图4.6 不同水平遮阳的室内自然通风

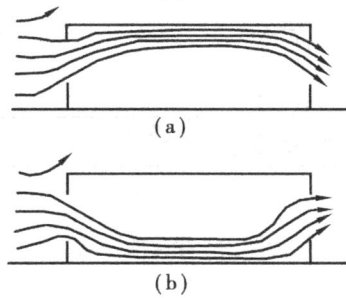

图4.7 不同窗户形式的室内自然通风

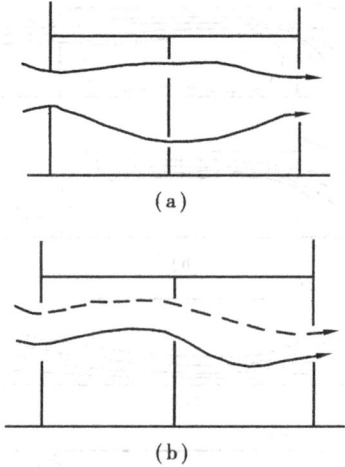

图4.8　室内气流调节

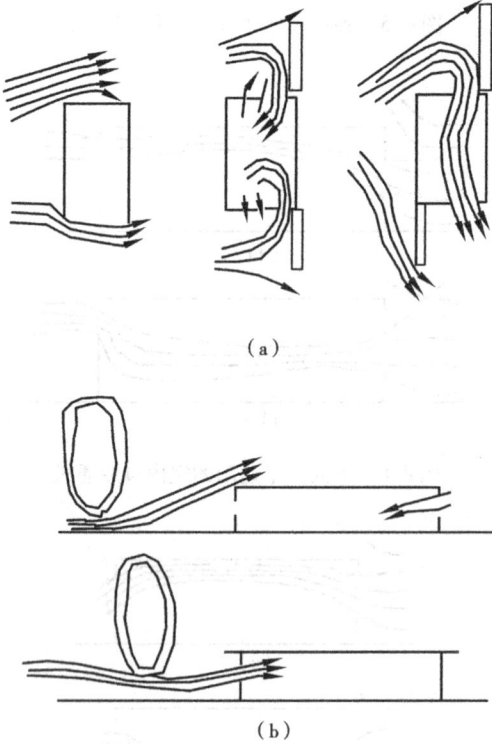

图4.9　绿化的导风

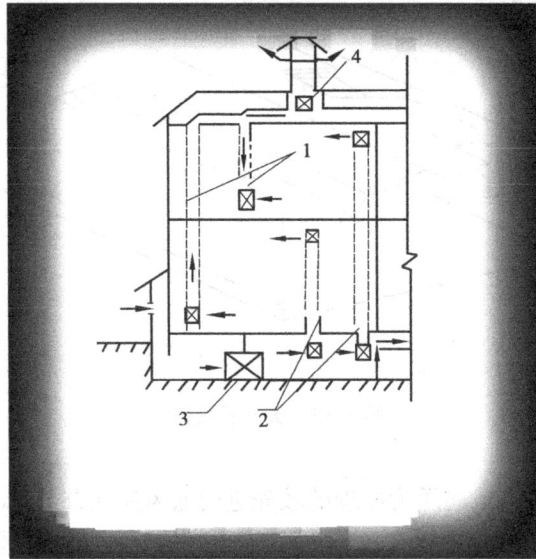

图 4.10　自然通风的建筑

1—排风管道;2—送风管道;3—进风加热设备;

4—排风加热设备(为增大热压用)

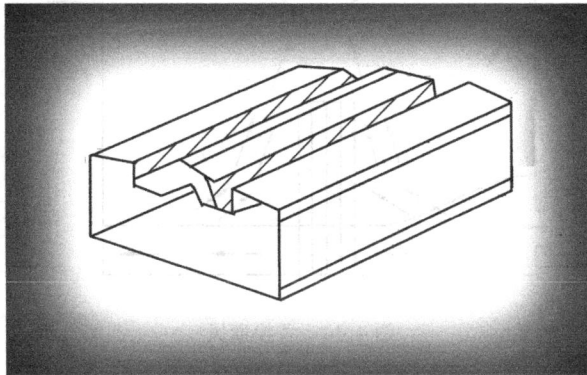

图 4.11　纵向下沉式天窗

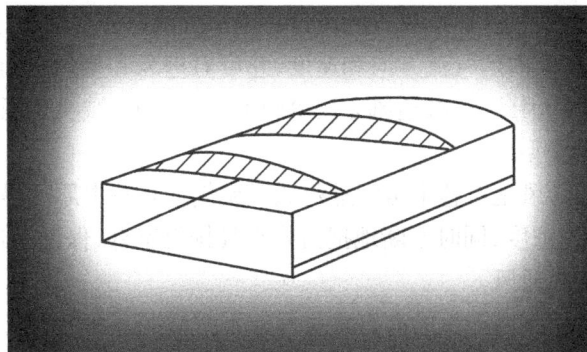

图 4.12　横向下沉式天窗

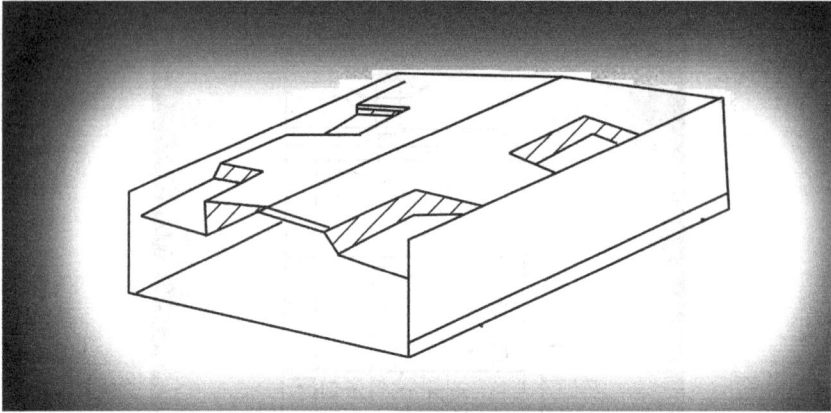

图 4.13　天井式天窗

5）置换通风

置换通风就是一种以自然通风为原理的较先进的通风换气方式,如图 4.14 所示。置换通风是基于空气的密度差而形成热气流上升、冷气流下降的原理实现通风换气,其送风分布器通常都是靠近地板,送风口面积较大,因此出风速度较低,送风的动量很低以至对室内主导气流无任何实际的影响。

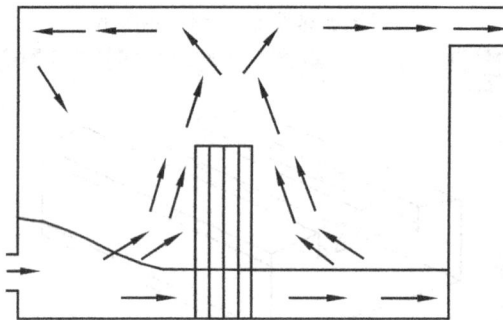

图 4.14　置换通风

（2）机械通风系统

通过风机提供通风的动力,风机的高速运转产生的风压强制室内空气交换流动,造成房间通风换气方法,称为机械通风。由于风机的风量和风压可根据需要确定,这种通风方法能保证所需要的通风量,控制房间内的气流方向和速度,并可对进风和排风进行必要的处理,使房间空气达到所要求的参数。因此,机械通风方法得到了广泛应用(城轨车辆上普遍使用)。

1）常见的通风系统类型

①全面通风。全面通风是对整个房间进行通风换气。其基本原理是用清洁空气稀释(冲淡)室内空气中的有害物浓度,同时不断地把污染空气排至室外,保证室内空气环境达到卫生标准。全面通风也称稀释通风。

②全面排风。为了使室内产生的有害物尽可能不扩散到其他地区或邻室去,可以在有害物比较集中产生的区域或房间采用全面机械排风,如图 4.15 所示。

③全面送风。当不希望邻室或室外空气渗入室内,而又希望送入的空气是经过简单过滤、

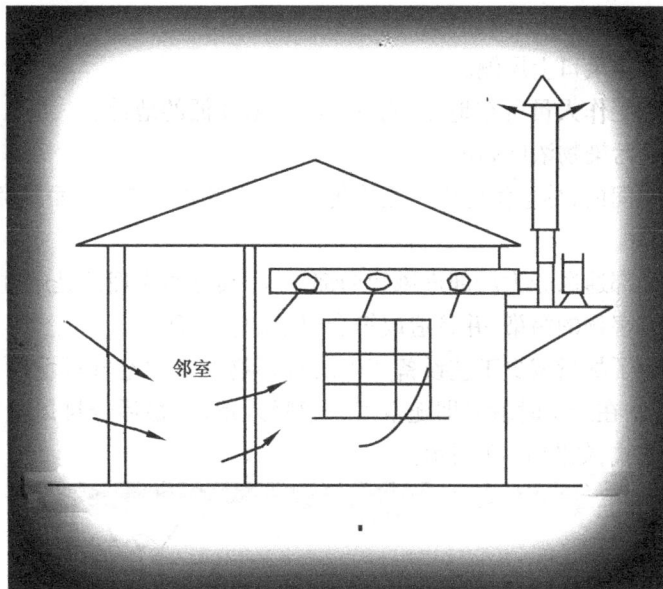

图 4.15　全面机械排风系统

加热处理的情况下,多用全面机械送风系统,这时室内处于正压,室内空气通过门窗压至室外,如图 4.16 所示。

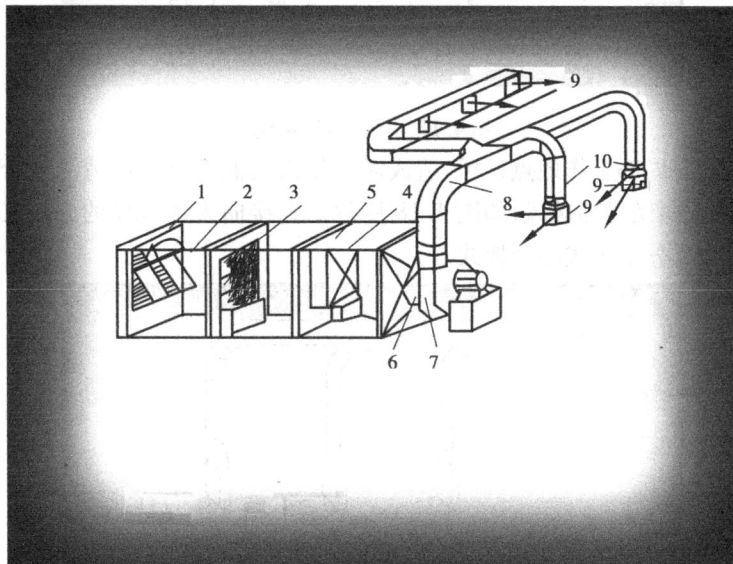

图 4.16　全面机械送风系统

1—百叶窗;2—保温阀;3—过滤器;4—空气加热器;5—旁通阀;

6—启动阀;7—风机;8—风道;9—送风口;10—调节阀

④全面送、排风。在很多情况下,一个车间同时采用全面排风系统相结合的全面送、排风系统,这往往用在门窗紧闭、采用自然通风比较困难的场所。

在设计全面通风系统时应遵守一个基本原则:应将干净空气直接送至工作人员所在地或污染物农度低的地方。常用的送、排风方式有上送上排、下送上排及中间送、上下排等多种形

式。具体应用时,应根据下列原则选择:

a.进风口应位于排风口上风侧。

b.送风口应接近工作人员所在地点,或者污染物浓度低的地带。

c.排风口应设在污染物浓度高的地方。

d.在整个控制空间内,尽量使室内气流均匀,减少涡流的存在,从而避免污染物在局部地区积聚。

⑤局部通风。局部通风分为局部进风和局部排风,其基本原理都是通过控制局部气流,使局部工作范围不受有害物的污染,并且造成符合要求的空气环境。

⑥局部排风。为了尽量减少工艺设备产生的有害物对室内空气环境的直接影响,用各种局部排气罩,使有害物在产生时就立即随空气一起吸入罩内,最后经排风帽排至室外,这是比较有效的一种通风方式,如图 4.17 所示。

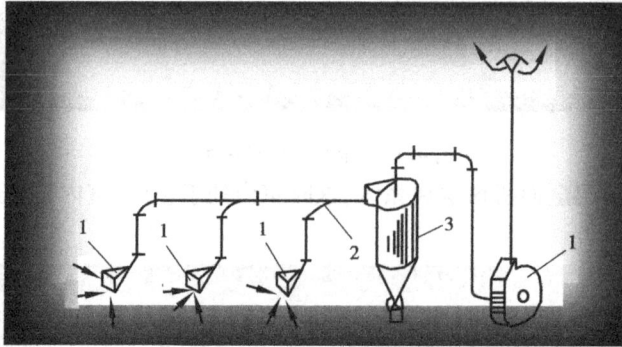

图 4.17　局部排风系统

⑦局部送风。向局部工作地点送风,造成对工作人员温度、湿度、清洁度合适的局部空气环境,这种通风方式叫做局部送风,如图 4.18 所示。直接向人体送风的方法又叫岗位吹风或空气淋浴。岗位吹风分集中式和分散式。

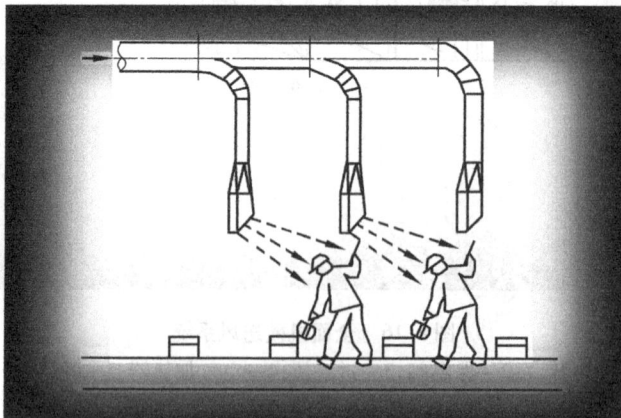

图 4.18　局部送风系统

⑧局部送、排风。有时采用既有送风又有排风的局部通风装置,可以在局部地点形成一道"风幕",利用这种风幕来防止有害气体进入室内,这是一种既不影响工艺操作又比单纯排风更为有效的通风方式。

【任务实施】

①在城轨车辆车内,现场讲解城轨车辆通风系统的组成部件。

②在城轨车辆车内,现场讲解城轨车辆车厢内的气流组织。

③绘制城轨车辆车厢内的气流组织示意图。

【效果评价】

评 价 表

项目名称	城市轨道交通车辆空调通风系统		学生姓名	
任务名称	任务4.1　空调通风系统基本概念的认知		分　数	
项　目			分　值	考核得分
1.通风基本概念的认知情况			15	
2.是否掌握城轨车辆通风的任务			15	
3.是否掌握通风系统的分类			10	
4.是否掌握自然通风和机械通风的区别			20	
5.绘制城轨车辆车厢内的气流组织示意图的情况			20	
6.编制学习总结情况			10	
7.基本素养考核情况			10	
教师简要评语:				
			教师签名:	

任务4.2　空调通风系统的组成和功能的认知

【活动场景】

在车辆空调通风系统中,构成通风系统的风机和风管有哪些作用,它们之间有什么样的关系,这是本节将讲述的内容。

【任务要求】

1.了解空调通风系统的组成;

2.掌握空调通风系统的结构和功能。

【知识准备】

4.2.1 风机

①风机在管路中的作用是输送空气。

②风机的基本结构包括:叶轮、电机、外壳。

③风机的种类有:离心风机、轴流风机、混流风机。

④风机的性能参数。

a. 风量 L:单位时间内风机所输送的气体的体积;

b. 风压 P:风机产生的总压头(全压),包括静压和动压;

c. 有效功率 NY:风机在单位时间内传给空气的能量 KW;

d. 轴功率 N:风机的输入功率;

e. 全压效率:风机有效功率与轴功率之比;

f. 机械传输功率:电机与风机机械传动的能量损失。

4.2.2 风管

(1)形式

圆形风道的强度大、阻力小、耗材少,但占用空间大、不易与建筑配合。对于高流速、小管径的除尘和高速空调系统,或需要暗装时,可选用圆形风道。矩形风道容易布置,便于加工。低流速、大断面的风道多采用矩形。矩形风道适宜的宽高比在 3.0 以下。

(2)材料

一般来讲,输送腐蚀性气体的风道可用涂刷防腐油漆的钢板或硬塑料板、玻璃钢制作;埋地风道通常用混凝土板做底、两边砌砖,用预制钢筋混凝土板做顶;利用建筑空间兼作风道时,多采用混凝土或砖砌风道。

【任务实施】

(1)风机

1)离心风机

离心风机用于低压或高压送风系统,特别是低噪音和高风压的系统。叶轮的叶片形式有流线形、后弯叶形、前弯叶形和径向形四种。离心风机结构如图 4.19 所示。

①前向曲线叶形特点。

前向曲线叶形如图 4.20 所示,其特点是:

a. 轻型构造;

b. 低速,大容积;

c. 低压。

②翼形特点。

翼型如图 4.21 所示,其特点是:

a. 高压;

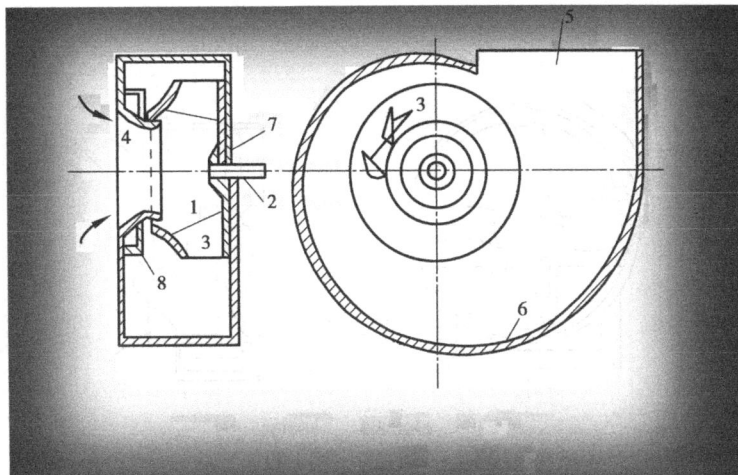

图 4.19　离心风机构造示意图
1—叶轮;2—机轴;3—叶片;4—吸气口;5—出口;
6—机壳;7—轮毂;8—扩压环

b.高效率;

c.重型构造。

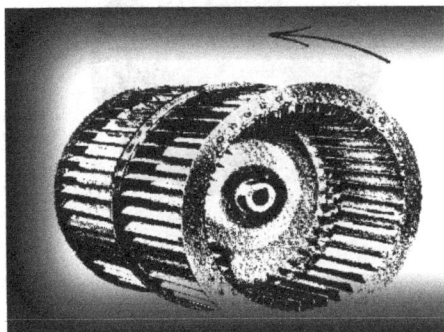

图 4.20　前向曲线叶形

图 4.21　翼形

2)轴流风机

轴流风机的构造如图4.22所示。叶轮由轮毂和铆在其上的叶片组成,叶片与轮毂平面安装成一定的角度。叶片的形式有机翼形扭曲叶片或直叶片等;厚板形扭曲叶片或直叶片等。

它占地面积小、便于维修、风压较低、风量较大,多用于阻力较小的大风量系统。

3)混流风机

混流风机集中了离心风机的高压和轴流的大风量的特点。

4)常见的建筑用风机

①高温消防排烟风机。高温消防排烟风机如图4.23所示,在正常情况下可用于日常的通风换气。遭遇火险时,它可抽排室内高温烟气,增强室内空气流通。它具有耐高温的特点,适用于高层建筑、烘箱、车库、隧道、地铁、地下商场等场合的通风换气和消防排烟。

②斜流风机。该系列风机如图4.24所示,分为单速和双速两种。它具有结构紧凑、体积小、维修方便等优点,可以根据不同的使用场合,采用改变安装角度、改变叶片数、改变转速、改

121

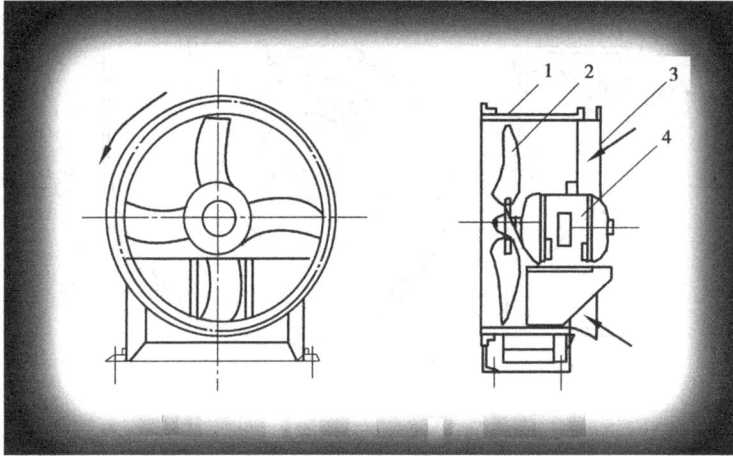

图 4.22　轴流风机构造示意图

1—圆筒形机壳；2—叶轮；3—进口；4—电动机

变机号等方法达到多方面的使用要求。

图 4.23　高温消防排烟风机

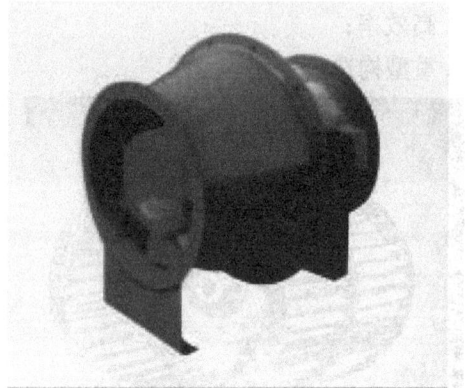

图 4.24　斜流风机

③轴流风机。轴流风机如图 4.25 所示。

图 4.25　轴流风机

5)屋顶、侧壁排风机

屋顶、侧壁排风机如图 4.26 所示,有普通离心式屋顶风机和低噪声离心式屋顶风机,适用于厂房、仓库、高层建筑、实验室、影剧院、宾馆、医院等场合的局部换气。

图 4.26　屋顶、侧壁排风机

6)空调通风风机

空调通风风机如图 4.27 所示,具有性能适用范围大、噪声低、质量轻、安装方便、运行可靠的优点,可以与各空调厂的组合空调机组配套。

图 4.27　空调通风风机

7)排烟柜式风机

排烟柜式风机如图 4.28 所示。

图 4.28　排烟柜式风机

（2）风管

1）室内送排风口

室内送风口如图 4.29 所示,它是送风系统中风道的末端装置,由送风道而来的空气通过送风口以适当的速度均匀地分配到各个指定的送风地点。室内排风口是排风系统的始端吸入装置,车间内被污染的空气经过排风口进入排风道内。室内送、排风口的任务是将各送风、排风口所需的空气量按一定的方向、速度送入室内和排出室外。

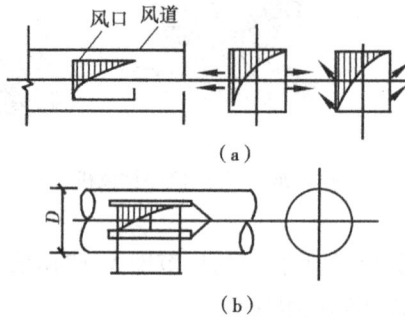

图 4.29 室内送风口

百叶式送风口如图 4.30 所示,不仅可以调节控制气流速度,还可以调整气流的角度。

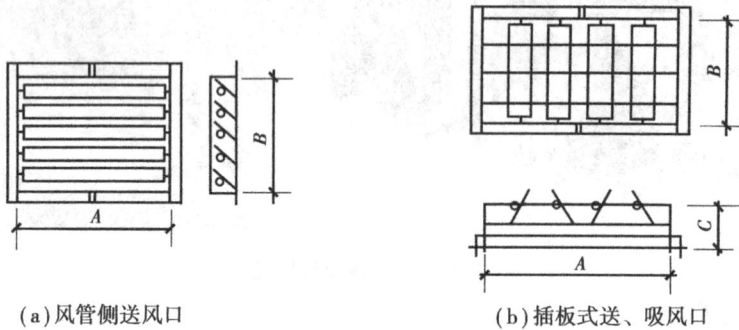

（a）风管侧送风口   （b）插板式送、吸风口

图 4.30 百叶式送风口

工业厂房中往往需要向某些工作地点供应大量的空气,从较高的上部风道向下作业区送风,为了避免工作地点有"吹风"的感觉,要求在送风口附近的风速迅速降低。能满足这种要求的大型室内送风口,通常叫做空气分布器,如图 4.31 所示。

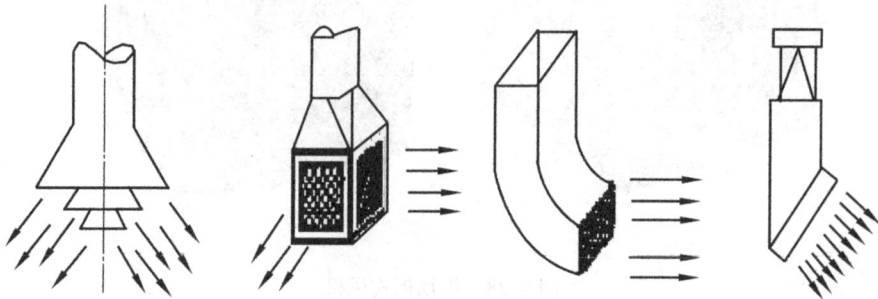

图 4.31 空气分布器

室内排风口是全面排风系统的一个组成部分,室内被污染的空气经由排风口进入排风管道。排风口的种类较少,通常做成百叶式,多采用单层百叶式排风口,有时也采用水平排风道上开孔的孔口排风形式。

2)室外进、排风装置

① 室外进风装置。室外进风口是通风和空调系统采集新鲜空气的入口。根据进风室的位置不同,室外进风口可采用竖直风道塔式进风口,如图4.32所示。也可以采用设在建筑物外围结构上的墙壁式或屋顶式进风口,如图4.33所示。

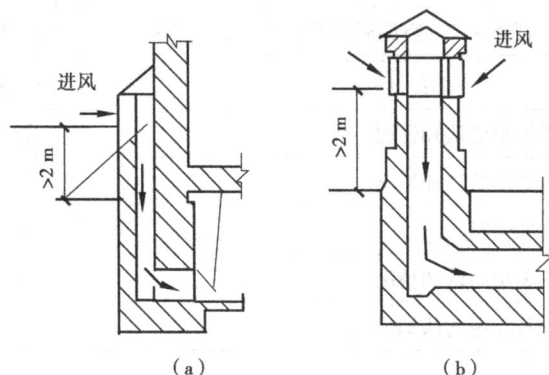

（a） （b）

图4.32 贴附于建筑的外墙上的室外进风口

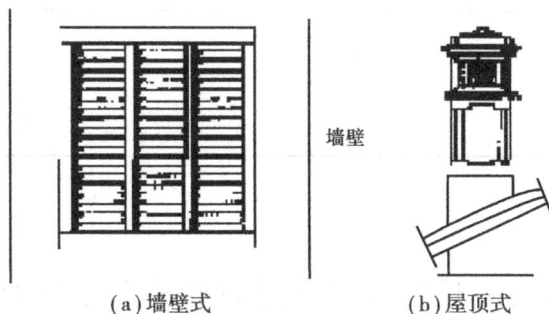

（a）墙壁式 （b）屋顶式

图4.33 独立的室外进风口

室外进风口位置应满足以下要求:

a.设置在室外空气较为洁净的地点,在水平和垂直方向上都应远离污染源。

b.室外进风口下缘距室外地坪的高度不宜小于2 m,并须装设百叶窗,以免吸入地面上的粉尘和污物,同时可避免雨、雪的浸入。

c.用于降温的通风系统,其室外进风口宜设在背阴的外墙侧。

d.室外进风口的标高应低于周围的排风口,且宜设在排风口的上风侧,以防吸入排风口排出的污浊空气。具体地说,当进风口、排风口相距的水平间距小于20 m时,进风口应比排风口至少低6 m。

e.屋顶式进风口应高出屋面0.5～1.0 m,以免吸进屋面上的积灰和被积雪埋没。

② 室外排风装置。室外排风装置的任务是将室内被污染的空气直接排到大气中去。管道式自然排风系统通常是通过屋顶向室外排风,排风装置的构造形式与进风装置相同,排风口也应高出屋面0.5 m以上,若附近没有进风装置,则应比进风口至少高出2 m。

机械排风系统一般也从屋顶排风,以减轻对附近环境的污染。为保证排风效果,往往在排风口上加上一个风帽。由侧墙排出的,排风口应高出屋面。一般的,室外排风口应设在屋面以上 1 m 的位置,出口处应设置风帽或百叶风格。

【效果评价】

评 价 表

项目名称	城市轨道交通车辆空调通风系统		学生姓名	
任务名称	任务 4.2　空调通风系统的组成和功能		分　　数	
项　　目			分　值	考核得分
1.通风系统中风机类型的认知情况			20	
2.通风系统中风道类型的认知情况			20	
3.离心机组成的认知情况			10	
4.常见建筑用风机类型的认知情况			10	
5.送排风口的概念及作用的认知情况			20	
6.编制学习总结情况			10	
7.基本素养考核情况			10	
教师简要评语:				
				教师签名:

任务 4.3　城市轨道交通空调通风系统的维护

【活动场景】

针对城市轨道交通的特点,城市轨道交通车辆空调通风系统具有与其他通风系统不同的特点,其结构和组成部件也具有独特之处。

【任务要求】

1.了解城市轨道交通车辆空调通风系统的组成及结构;
2.掌握空调通风系统的特点及特有设备。

【知识准备】

城轨车辆空调通风系统普遍采用全面机械通风系统,通常不使用自然通风系统。城轨车辆空调通风系统主要由风道、废排装置、司机室送风单元、幅流风机等设备组成,如图 4.34 所示。

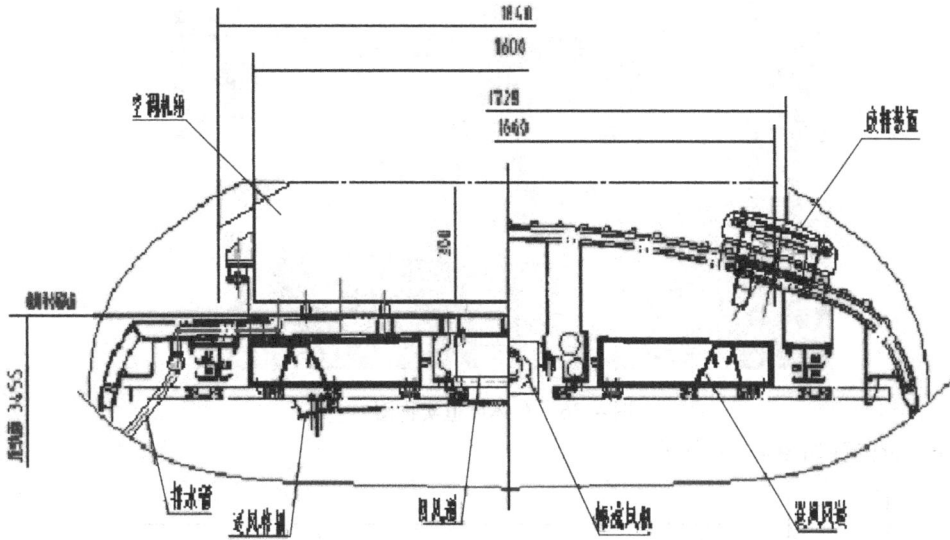

图 4.34　城轨车辆空调通风系统示意图

4.3.1　风道

为了实现整车送风均匀,常采用静压风道,实物图如图 4.35 和图 4.36 所示。其工作原理是空调机组下部送出的风进入车内主风道,并沿主风道在推进过程中进入静压箱,进行静压平衡调节,使得在主风道的不同截面上,具有不同静压的空气在静压箱中得到平衡,并形成一定的静压值,空气通过在静压箱上的开口将静压转换成一定的动压喷射出去,从而达到均匀送风的目的。

图 4.35　车体风道实物图

图 4.36　车体风道实物图

送风道的布置如图 4.37 所示。

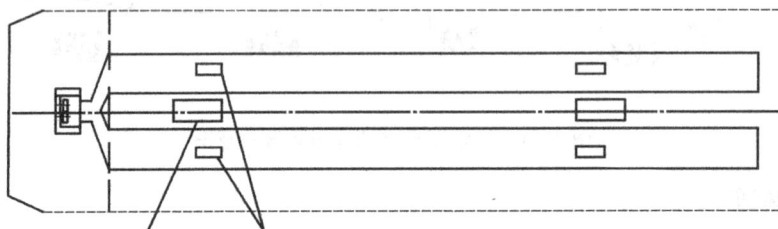

图 4.37　车辆送风道布置图

相对于空调机组出风口,风道对称布置能最大限度保证送风均匀。

回风口沿车体长度方向布置,保证回风滤网等设备的检修同时可最大限度地保证车内造型美观。送风格栅采用铝型材,送风格栅断面结构有利于送风均匀,实物图如图 4.38 所示。

图 4.38　送风格栅实物图

4.3.2　废排装置

考虑客室内向客室外的换气功能,应在车体适当位置设置排气口,并在车体侧墙考虑适当的风道,确保客室内向客室外的排气功能的实现,以防客室内正压过高造成的新鲜空气输入量减少和关门困难。废排装置如图 4.39 所示。

司机室回风与客室间的换气通过在司机室间壁门上开通风口,可以实现司机室送风单元在不同工作情况下的功能:在司机室送风单元风机调到高速时,由司机室向客室回风;若司机室送风单元全部关闭时,可以实现司机室和客室间的压力平衡。

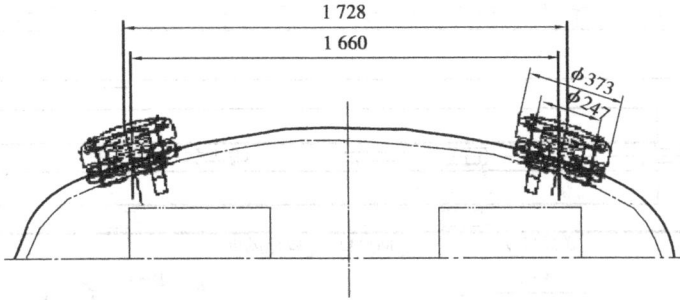

图 4.39 废排装置安装图

4.3.3 城轨车辆空调通风系统气流组织

城轨车辆一般采用下出风下回风或下出风侧回风的气流组织方式。

①下出风下回风气流组织为气流由空调机组产生通过车顶送风道经送风格栅向客室竖直向下送风,客室内原有空气从客室车顶中间回风道回流到空调机组,依次循环,如图 4.40 所示。

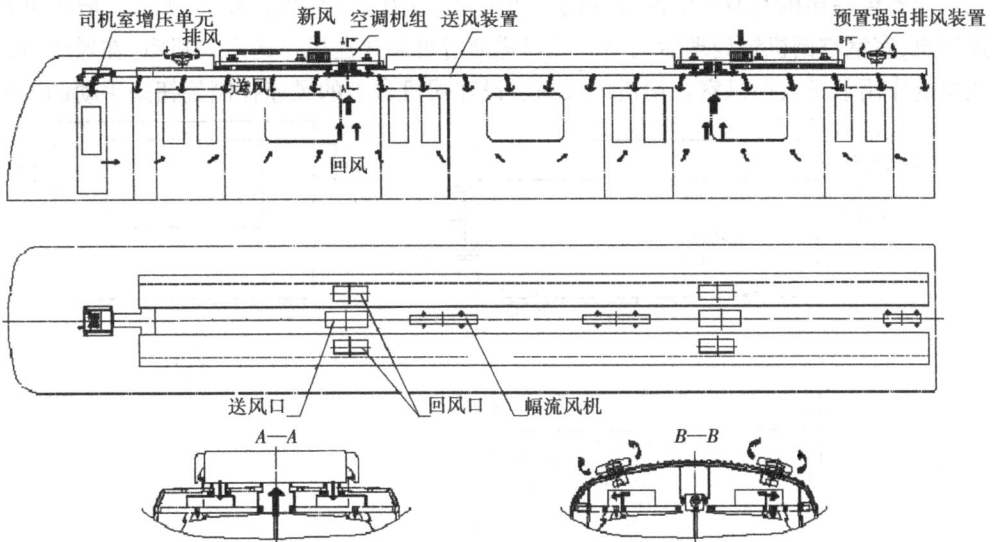

图 4.40 下出风下回风示意图

②下出风侧回风气流组织为气流由空调机组产生通过车顶送风道经送风格栅向客室竖直向下送风,客室内原有空气从客室侧墙设置的回风口(通常会设置在客室座椅下方)经回风道回流到空调机组,依次循环,如图 4.41 所示。

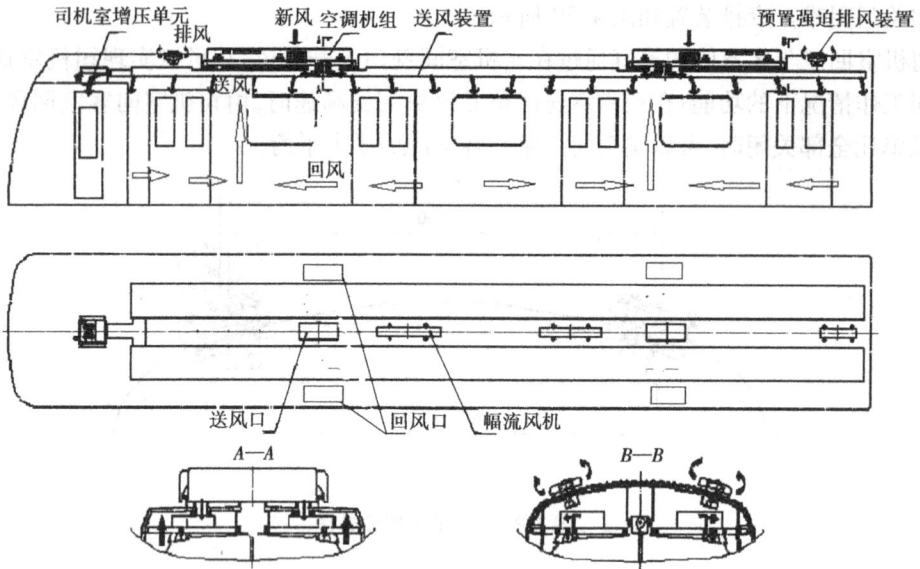

图 4.41　下出风侧回风示意图

4.3.4　司机室送风单元

为保证司机室的风量和冷量,解决司机室供风不足的问题,司机室一般会设置司机室送风单元。设备包括司机室增压单元和可调式送风口,如图 4.42 和图 4.43 所示。增压单元内设调速风机,客室空调机组处理后的空气经风道通过可调式送风口送入司机室,在增压单元内调速风机的作用下送入司机室。司机可以通过设在司机台上的风速控制旋钮来手动调节风速。

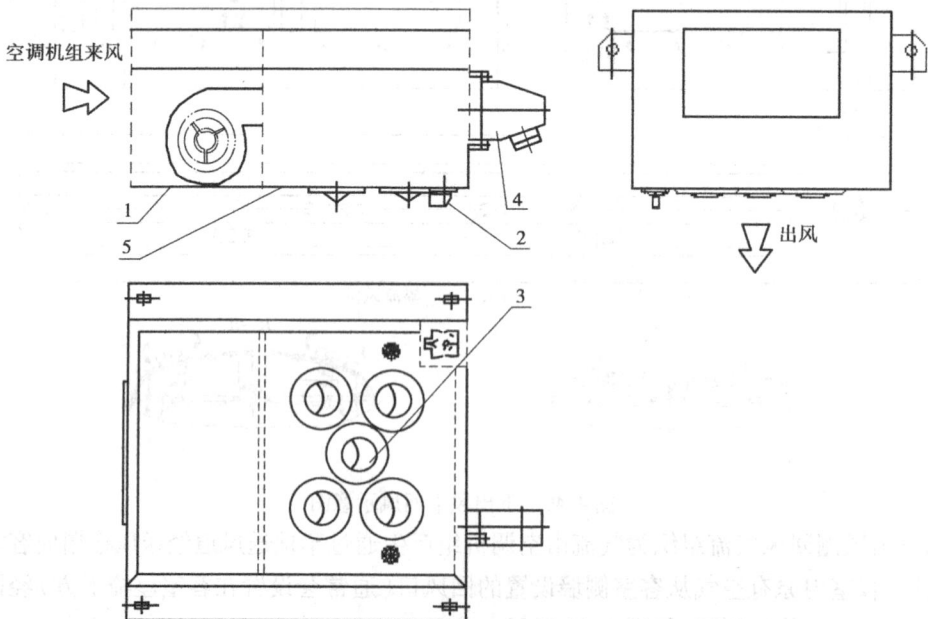

图 4.42　增压单元外形图

可调式送风口位于司机室顶板如图所示的风量、风向可调式送风口,由司机根据需要手动调节。

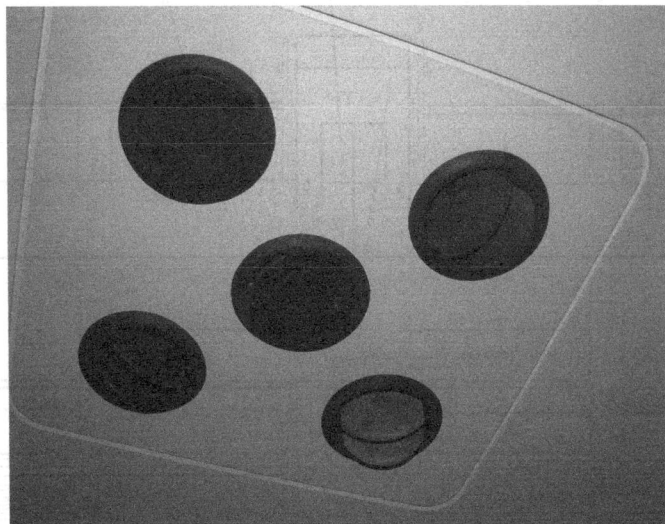

图 4.43　司机室可调式送风口

4.3.5　幅流风机

(1)幅流风机的作用

客室内部有时会有一节车厢不同区域温度不同的现象,会严重影响乘坐舒适性。这种现象是由于客室内空气流通不畅、气流流动性差造成的。在客室内增加幅流风机会加快客室内部空气流动,使客室内冷热气流快速融合,基本达到气温均衡,可以缓解车辆出现局部温度过高或过低的情况。

(2)幅流风机结构及类型

幅流风机一般由叶轮部、电动机部、集风器部、摆动机构、轴承座部、支架部等组成,如图4.44 所示。幅流风机类型一般分为双轴幅流风机和单轴幅流风机,单轴幅流风机如图 4.45 所示。

【任务实施】

(1)幅流风机工作原理及用途

①工作原理:叶轮在电机的驱动下高速旋转,产生流场,介质在叶道内流动,在叶片的作用下,获得能量,将机械能转化为动能,达到通风换气的目的。

②用途:该产品是一种安装在地铁列车、轻轨列车天棚上与钢结构连接的通风换气装置。其目的是促进车厢内空气对流,为乘客提供舒适的服务。

(2)技术条件

幅流风机技术条件如表4.1 和表4.2 所示。

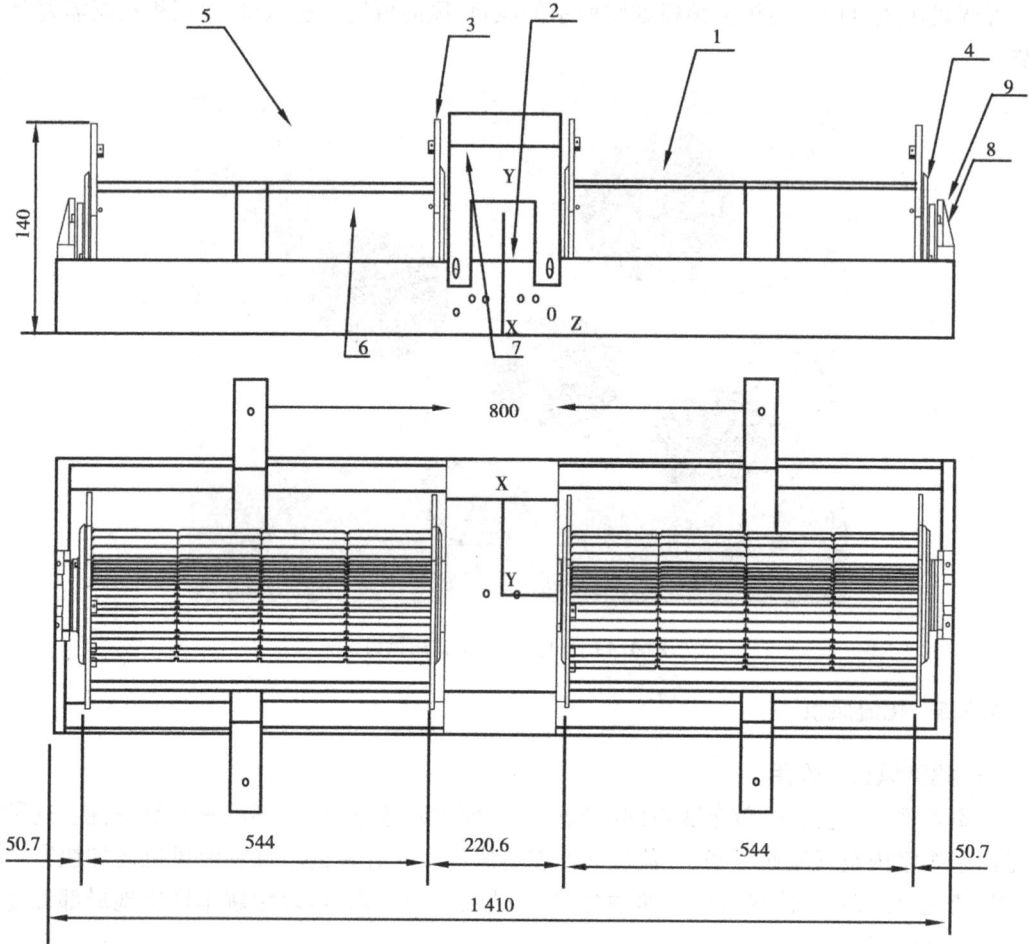

图 4.44 双轴幅流风机外形图

1—叶轮组;2—电动机组;3—集风气(2件);4—支撑板(2件);

5—风挡板;6—集风蜗形板;7—电机罩;8—轴承座;9—橡胶梅花套

表 4.1 幅流风机技术参数

额定电压	额定电流	额定频率	额定功率
单相 220 V	0.35	50 Hz	49 W
单相 220 V	0.25	50 Hz	24 W
三相 380 V	0.3	50 Hz	49 W
三相 380 V	0.2	50 Hz	24 W

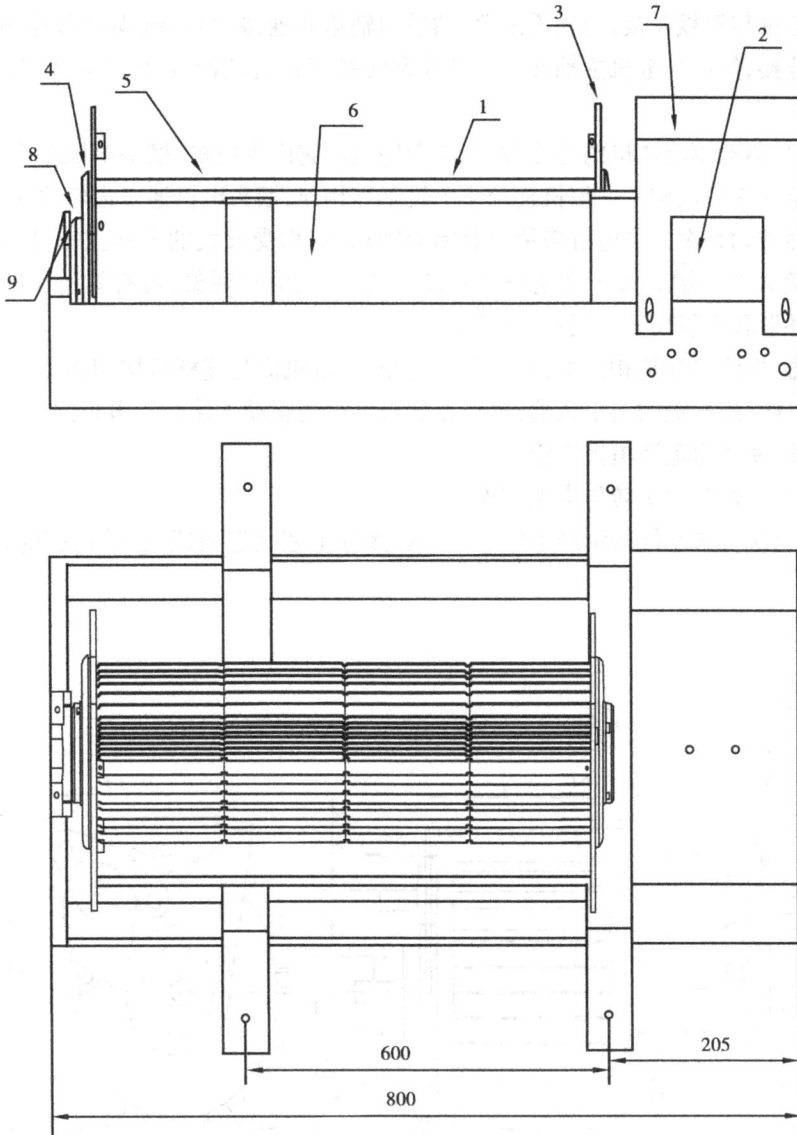

图 4.45　单轴幅流风机外形图

1—叶轮组;2—电动机组;3—集风气(2 件);4—支撑板(2 件);

5—风挡板;6—集风蜗形板;7—电机罩;8—轴承座;9—橡胶梅花套

表 4.2　幅流风机技术条件

空气流量	噪声级	重　　量
822 m^3/h	51 dB	11.5 kg
408 m^3/h	50 dB	8 kg

（3）结构

幅流风机由叶轮部,电机部,集风器部,摆动机构,轴承座部,支架部等组成。

①叶轮部:由耐腐蚀、具有良好的刚度和强度的铝合金材料经落料、压型等工艺制成。叶

133

轮的一端传动轴与辐板铆接,与轴承配合,然后与轴承座连接,另一端固定套外部的聚氯丁橡胶套与辐板连接,然后与电机主轴配合。叶片型线经三元流理论设计,采用特殊结构,能获得均匀流场。

②电机:是驱动幅流风机的动力源,与支架连接。它由主电机、摆头电机及连杆机构组成,摆头电机固定在连杆机构上。该机构与主电机轴套相连,摆头电机通过齿轮逐级变速,带动摆头机构每分钟转动5次。主电机采用全封闭的轴承,能承受较大的力和扭矩,使用寿命高,故障率低。当负载扭矩增高大于规定扭矩时,输出轴出现滑动现象,可有效地保护内部减速机构。电动机外形和安装尺寸如图4.46所示。

③集风器:型线与叶轮相匹配,材质与叶轮相同,电机侧与连杆机构相连。

④摆头机构:连杆机构与集风器连接,在摆头电机的驱动下使摆头电机的圆周运动转化成往复机械运动,使风力范围覆盖广泛。

⑤轴承座:支撑叶轮旋转与支架相连。

⑥支架:电优质碳素结构钢经下料、折弯、焊接等工艺制造而成,在其两侧配备把手,便于安装。

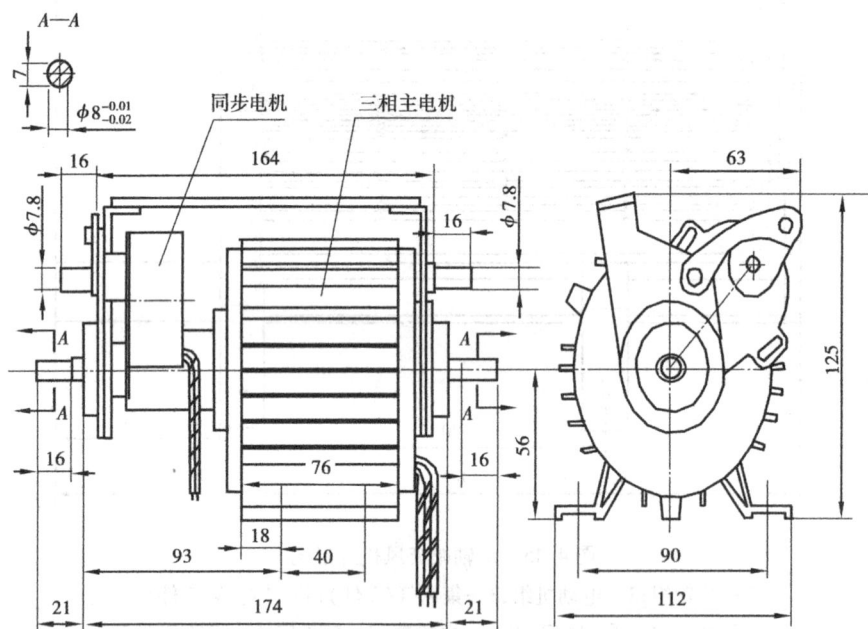

图4.46　电动机外形及安装尺寸

(4)安装

①检验钢结构上的减振器安装台座是否在同一水平上,确认正确后方可安装。

②幅流风机安装前详细检查外观是否完好,是否存在扭曲、变形及损坏现象,转动是否灵活,各连接部位是否存在松动现象。

③铭牌与产品是否相符合,接线是否正确,接线端子是否拧紧牢靠,待一切检查完毕确认无误后方可进行安装。

④支架两侧焊有安装把手,将幅流风机托至车厢天棚安装位置。

⑤吊座焊接在支架上,将吊座与钢结构减振器用螺栓、平垫、弹簧垫、螺母依次连接。

（5）安装完毕后的试验

①接通电源后,检验叶轮转动方向是否与铭牌指示方向一致。若反向,切断电源,调整接线顺序,转动方向与铭牌指示方向必须同向。

②运转是否灵活,摆头机构是否往复运动,有无振动现象。

③叶轮与集风器是否有刮碰现象,机械运转声音是否正常,有无异常噪声。

④如有上述问题发生,应让生产厂家专业技术人员排除故障,切勿私自拆卸,造成不必要的损失,防止出现安全隐患。

（6）**维护检查**

幅流风机应由具有一定专业技术水平的工程技术人员定期检查,维护保养。

应按下面标准进行维护、检查、保养:

①辐流风机工作8 800 h和15 400 h后,应进行的维护工作如表4.3所示。

表4.3 幅流风机维护内容

零件名称	8 800 h 之后	15 400 h 之后	维护工作须知
叶轮	●	●	切勿将油类或清洗剂滴到橡胶作业
滚动轴承（叶轮用）	■	▲	清洗叶轮时用清洗油去除油渍,轴承无异音可继续使用,否则更换
集风器	●	●	
电容器	■	■	外观是否完好,接线是否牢靠
摆头电机	■	★	使用15 400 h后更换
电缆	■	■	外表面有无老化现象

注:●清扫;■检查清扫;▲清扫加油;★更换

②清扫叶轮、集风器。风机长时间运转在叶轮,集风器表面会积污垢,如不及时清扫,会对叶轮的动平衡产生影响,风机运转时会产生振动、异常音响。当积少量灰尘时,可用软毛刷清扫,可在钢结构上进行,不必拆卸。若灰尘较多时,应把产品拆卸下来,卸下叶轮、集风器,以免产生扭曲变形,产生振动异常音响,影响设备运行。

③检查轴承运转是否灵活,有无异音现象,及时更换轴承,清洗时勿将油类滴到橡胶件上,以免橡胶件老化。

④更换摆头电机:

a.将输出轴与连杆机构安装到位。

b.连杆机构与集风器端子按接口安装到位。

c.试验摆头机构是否正常工作,摆角是否到位。

（7）**故障分析**

辐流风机在使用过程中发现某部件异常,应立即排除,常见故障分析如表4.4所示。

表4.4 幅流风机常见故障分析

故障	不能正常工作	振动	不摆头	异常音响	原 因	处理方法
电机故障	○				线组断线 电容故障	更换电容 检查线组
		○			转子变形 轴承损坏	更换零部件
			○		轴承磨损	更换轴承
线组问题	○				检查线组	纠正
叶轮故障		○		○	积灰,变形,反向	清扫更换 重新接线
	○			○	轴承磨损	更换或清洗
摆头机构故障		○			螺栓松动 摆头电机问题 不同心	拧紧 更换 调整
				○	润滑不良	加油,严重者更换部件

【效果评价】

评 价 表

项目名称	城市轨道交通车辆空调通风系统	学生姓名	
任务名称	任务4.3 城市轨道交通空调通风系统的维护	分 数	

项 目	分 值	考核得分
1.是否掌握城轨车辆空调通风系统的主要组成和气流组织	10	
2.废排装置的作用的认知情况	10	
3.司机室送风单元的组成及作用的认知情况	20	
4.幅流风机的组成及作用的认知情况	20	
5.城轨车辆空调通风系统的安装维护的掌握情况	20	
6.编制学习总结情况	10	
7.基本素养考核情况	10	

教师简要评语:

教师签名:

*【知识扩展】

(1)HQ10B、HQ10C 型司机室增压单元概述

HQ10B 和 HQ10C 型增压单元是用于地铁车辆司机室的增压换气设备,外形如图 4.47 所示。增压单元的结构形式为单元式,安装在司机室车顶部。其吸入的经过处理的空气经机组增压单元的送风口送入司机室内。

HQ10B 和 HQ10C 型增压单元是地铁车辆专用通风增压设备,耐振动、抗冲击,能适应地面及地下隧道等不同的运行环境。

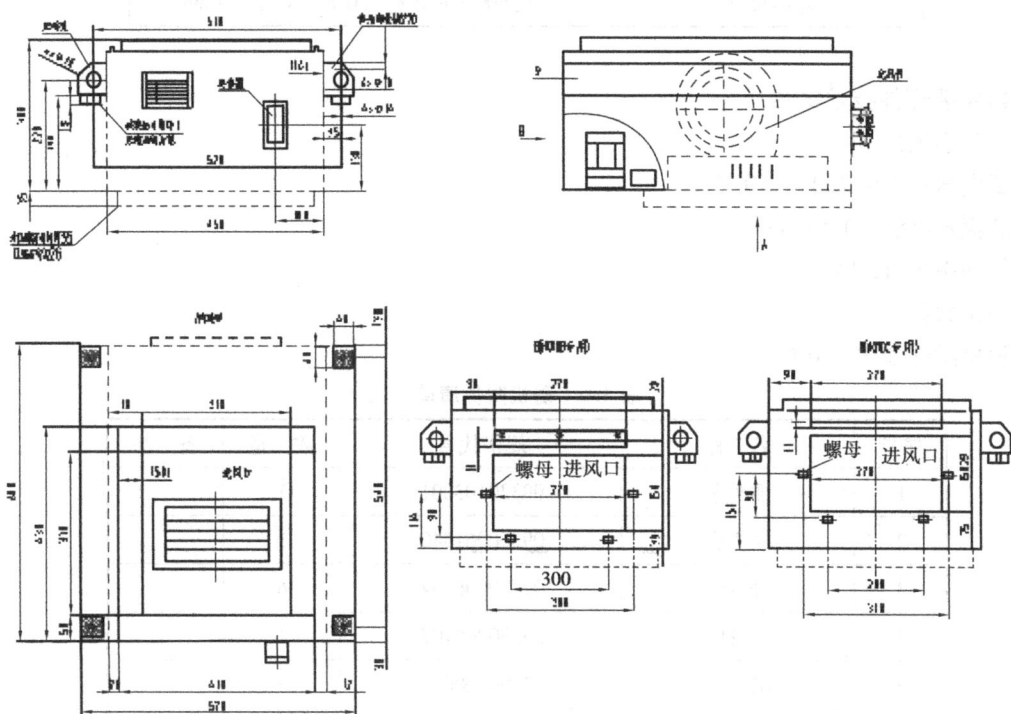

图 4.47　增压单元外形图

(2)主要技术参数

1)型号与形式

型号:HQ10B、HQ10C,形式:顶置单元式。

2)一般条件

①环境温度:(-25 ~ +45 ℃);

②相对湿度:月平均最大相对湿度不大于95%;

③海拔高度:≤1 200 m。

3)增压单元技术参数

增压单元技术参数如表4.5所示。

表4.5　增压单元技术参数

型　号	HQ10B、HQ10C
电源	单相 AC220 V　50 Hz
通风量 m³/h	645/410/240
输入功率(kW)	0.15
质量(kg)	27
通风机	离心风机
外形尺寸	长 600 mm×宽 450 mm×高 300 mm

4)主要部件技术参数

①离心风机:1 台;

②电压:单相 220 V,50 Hz;

③额定电流:0.53 A;

④功率:0.12 kW。

5)随机附件

随机附件如表4.6 所示。

表4.6　随机附件清单

序号	名　称	规格代号	数　量	备　注
1	插头芯	09320103001	1	
2	插头壳	09300061540	1	
3	插针	09330006104	6	
4	插针	09330006107	1	
5	出风口	2090.0002	5	
6	机组减震垫	T10M0000	4	
7	调速开关	K1F-013QLHC	1	

(3)安装与操作

1)安装

①拆箱。增压单元为木箱包装,拆箱时应注意不要碰伤机组表面,并将随机附件取出放妥。

②吊装。先将机组减震垫放到车顶安装座上,然后通过机组四个安装座处的吊装孔,将机组水平吊起,缓缓落至车体顶部增压单元安装座处,确保其处于水平位置,再用螺栓将机组固定好。

③接线。取出随机附件中的连接器,压接好线,然后装上连接器,并确认其连接牢固,再通电试运转。

④运转前的检查。增压单元在运转之前,首先认真阅读说明书,并在确认没有问题之后,

方可开始运转。

⑤运转。增压单元运转时,先确认出风口是否有风吹出,并确认是否有异常振动和噪声。

（4）**保养与维修**

①定期保养如表4.7所示。

表4.7　增压单元定期保养内容

分　类	部件名称	周　期	检查方法及处理
风机	离心风机	1次/年	①清扫风机,特别是附着在叶片内侧的灰尘,用软毛刷刷洗(注意不要使叶片变形) ②运转时,如发现有异常声音、振动时,检查风机,如有以上故障请更换风机
电气系统	电路	1次/年	绝缘电阻用500 V兆欧表检测,确认充电部和非充电部的绝缘电阻是否在2 MΩ以上,在2 MΩ以下时,检查各部位的绝缘老化情况后进行修理
		1次/年	确认一下接线端子及各紧固螺钉是否松弛

②常见故障及处理如表4.8所示

表4.8　增压单元常见故障

故障内容	故障的原因	故障的判断方法	处　理
不出风	离心风机的配线方面配线连接处螺丝松弛	查看电路接通情况	压紧
	电动机烧损或断线	测线圈电阻	更换电机
	控制线路及电器故障	检查电路及电器元件	修理或更换
风量小	软风道等处泄漏	检查	修理
	风机叶片积垢	检查	清扫
振动噪音大	通风机电机球轴承异常		修理风机
	通风机不平衡	检查风机的平衡性	更换风机
	紧固部位松弛	检查各紧固部位	拧紧

项目小结

空调通风系统是空调系统的基础部分。通风系统的作用是将车外新鲜空气吸入并与车内再循环空气混合,在滤清灰尘和杂质后,再压送分配到车内,同时排出车内多余的污浊空气,以保证车内空气的洁净度以及合理的流动速度和气流组织。

车内空气的品质和气流组织不仅关系到乘坐舒适度,直接关系到乘客的乘坐安全。因此,城轨车辆对车内空气的风压、风速、送风布置、新风量、废排风量等是有一定要求的。这也就使城市轨道车辆的通风系统具有独特的特点,对风道和风机也必然有特殊的要求。

思考练习

1. 简述通风的概念和主要方式。

2. 简述城轨车辆通风系统的组成和主要装置。

3. 简述风机的主要类型及其特点是什么。

4. 城轨车辆空调通风系统气流组织的哪种方式？有什么特点？

5. 简述幅流风机维护和保养的作业范围。

项目 **5**

城市轨道交通车辆空调采暖系统

【项目描述】

空调采暖系统是城市轨道车辆空调系统中必不可缺少的组成部分。本项目介绍了采暖系统的类型、组成,重点介绍了电加热装置基本原理、组成以及电加热器的维护,同时也简要介绍了热泵循环。

【学习目标】

1. 了解城市轨道车辆空调采暖系统的基本类型;

2. 掌握电加热的基本原理和特点;

3. 能掌握热泵循环工作原理和特点;

4. 了解空气加湿系统。

【技能目标】

1. 能进行电加热器的维护;

2. 能诊断和处理车辆采暖系统常见故障。

任务5.1 采暖系统概况的认知

【任务场景】

为了在寒冷的冬季给乘客提供一个舒适的乘车环境,必须提高城市轨道交通车辆内部的温度及空气质量,从而采取了一些措施来保证冬天车辆客室内的舒适性,如在车体中采用优质的防寒保温材料,减小车体的传热系数,降低车内向车外的热传递以及设置采暖装置。

【任务要求】

了解目前城市轨道车辆空调采暖系统的常见形式。

【知识准备】

车辆采暖系统为司机室和客室提供暖风和新鲜空气,以提高司机驾驶和乘客乘坐的舒适性。

由于城市轨道交通车辆实际运行区域气候条件的不同,一般在我国南方城市运行的城市轨道交通车辆基本上未设置采暖系统,如广州、深圳、上海等;而在北方各大城市运行的城市轨道交通车辆上都设置有相应的采暖系统,如北京、天津、西安等。

城市轨道交通车辆基本上都采用车顶送风方式,为了保持车内一定温度和减少送风温度与室内温度差,城市轨道交通车辆的采暖系统有两个作用:对送入车内空气进行预热和对车内空气进行补偿加热。

空气的预热是使空调机组的空气处理室内的空气流过空气预热器来实现的。根据热媒不同,空气预热器可分为温水空气预热器和电热空气预热器两种。

空气的补偿加热由设在车辆内两侧地板面上的加热器来完成。根据热媒不同,地面加热器也分为温水加热器和电加热器两种。

目前国内城市轨道交通车辆采暖系统,主要有以下几种形式:

①单纯使用电加热器装置,如西安地铁车辆空调系统。

②单纯使用电热空气预热器,如南京地铁一、二号线地铁车辆空调系统。

③电热空气预热器和电加热器配合使用,如北京地铁一些线路的地铁车辆空调系统。

④热泵供热,如长春轻轨车辆空调系统和南方温暖地区运用的铁路空调客车。

【任务实施】

①以西安地铁二号线地铁车辆空调采暖系统为例,认知车辆采暖的方式及装置:

a.空调机组采用顶置式安装,空调机组采用单冷形式;

b.采暖采用单纯的客室电加热装置,客室电热器安装在座椅底下的安装座上,司机室电热装置安装在司机台下。电热器设"全暖""半暖"两个控制位,由司机控制。

②通过车辆工厂现场学习或查找相关车辆采暖系统资料,总结我国城轨车辆常用采暖系统方式的特点。

③通过车辆工厂现场学习或查找相关车辆采暖系统资料,了解我国城轨车辆与铁路客车所采用的采暖系统方式,对比不同采暖系统方式的特点。

*【知识拓展】

所谓采暖,就是使室内获得热量并保持一定的室内温度,以达到适宜的生活条件或工作条件的技术,是人类最早开始使用的室内温度指标控制手段。

所有采暖系统都有热媒制备(热源)、热媒输送和热媒利用(散热设备)三个主要部分组成。热源和散热设备为一体化装置的为集中式采暖,反之为分散式采暖。城轨车辆的客室电加热器为集中式采暖,而热源空调为分散式采暖。

采暖系统的热媒有:热水、蒸汽、空气、电、太阳能等。由于以热水、蒸汽、太阳能作为热媒的采暖系统均需较为庞大的热源设备,如热水(蒸汽)锅炉。以空气作为热媒的采暖系统需要较为笨重的散热设备,而城轨车辆属于交通运输设备,其体积小,利于运动,并且需尽可能大的空间来运送乘客。因此,目前城轨车辆通常采用电加热采暖。

【效果评价】

评 价 表

项目名称	城市轨道交通车辆空调采暖系统		学生姓名	
任务名称	任务 5.1　采暖系统概述		分数	
项　目			分值	考核得分
1.空调采暖系统的相关知识、图片的搜集、整理			10	
2.是否有小组计划			5	
3.城轨车辆空调采暖系统作用的认知情况			30	
4.城轨车辆空调采暖系统常见形式的认知情况			40	
5.编制学习汇报报告情况			10	
6.基本素养考核情况			5	
教师简要评语:				
教师签名:				

任务 5.2　电加热装置的认知和维护

【任务场景】

城轨车辆客室电加热装置通常安装在客室座椅下方,一般采用下挂于座椅下或侧挂于侧墙处。这种方式不仅便于被加热的空气向上流动,从而形成客室内空气热循环,而且可合理利用客室内空间。

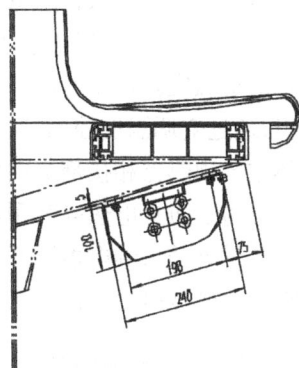

【任务要求】

掌握电加热器的原理以及组成。

【知识准备】

5.2.1 管状电热元件

当前国内城市轨道车辆使用的电加热器一般采用管状电热元件,根据电流热效应原理,让电流通过电阻丝而产生热量,然后把热量传给流过的空气。它具有表面温度均匀、热量稳定、结构紧凑、控制方便等特点。

管状电热元件的基本结构如图5.1所示,是在金属管内沿轴线方向放入一根螺旋形的电阻丝(镍铬丝),在其空隙部分均匀地填满具有良好导热性和电气绝缘性的结晶氧化镁粉,并用缩管机将管径轧小,以增加氧化镁粉的密度而提高导热系数。同时,还要保证管内螺旋状电热丝不致因电热元件经受弯曲或碰撞发生而碰及管壁。在电热丝引出棒出口处浇以硼酸钡的混合物密封,以避免空气中的水分和液体介质浸入氧化镁粉中而引起绝缘不良。

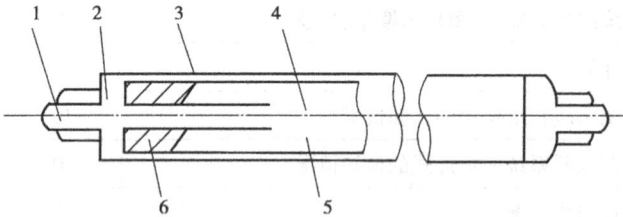

图 5.1 管状电热组件基本结构
1—连线端子;2—绝缘垫;3—金属套管;
4—电热丝;5—结晶氧化镁粉;6—封口材料

由于电热丝是埋在紧密的导热性较高的氧化物介质中,不与空气接触,其单位负荷功率相比于裸露式电热丝可大大增加,寿命也相应提高。

5.2.2 电热空气预热器

电热空气预热器结构如图5.2所示,它由电热元件和框架组成,由新风口引入的新鲜空气及车内循环空气被机组的通风机吸入并在电热空气预热器前混合,通过电热空气预热器加热,温度升高,再由通风机送入车内风道各格栅,向车内送热风,使温度徐徐上升,使车内维持在一定舒适温度。使用时与通风机实现电气连锁,与制冷机实现电气互锁。电热元件一般分为2组,通过空调温度控制器根据室内空气温度自动控制其一组工作、两组工作或停止工作。与电热空气预热器相接部分的风道应采用不易燃烧的耐热保温材料制成。

为了防止电热空气预热器在缺风时工作而导致表面温度过高,一般设置两道缺风保险:温度超过70 ℃,继电器跳开;温度超过139 ℃,熔断器熔断,从而切断控制电路和主回路,使电热空气预热器停止工作。

5.2.3 电加热器

目前,城市轨道车辆上采用的电加热器分为客室电加热器和司机室电加热器。

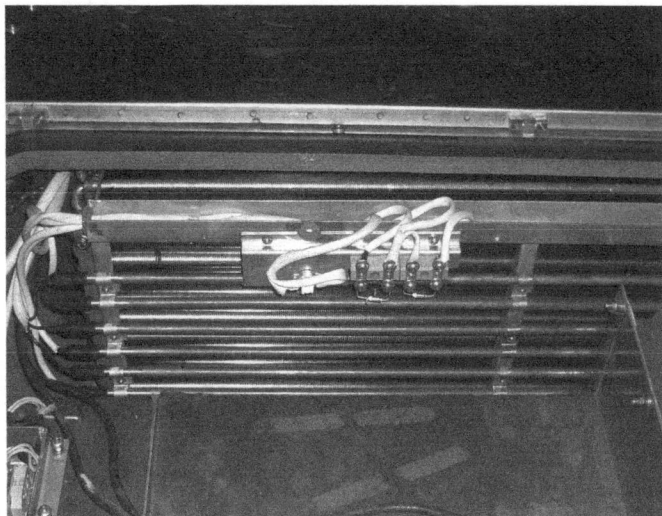

图 5.2　电热空气预热器

（1）客室电热器

客室电热器安装在座椅底下的安装座上，如图 5.3 所示。其控制电路采用直流 110 V、50 Hz，主电路采用交流220 V、50 Hz。每组电热器内设两支电热管，两支电热管分两路，可分别或同时工作、停止。电热器设"全暖""半暖"两个控制位，由司机控制。

图 5.3　客室电热器

（2）司机室电热器

为了提高司机室冬季采暖的舒适性，司机室设有带风机的强迫通风电热装置。司机室电热装置结构如图 5.4 所示，每个电热器内设一台小型贯流风机，两支电热管。

司机室电热装置安装在司机台下，控制电路采用直流 110 V、50 Hz，主电路采用交流 220 V、50 Hz。司机室电热装置内风机与电加热器设置连锁，风机启动后电热装置投入运行，电热装置设热继电器进行超温保护，当由于风机故障等原因使电热器温度超过设定值时，自动停止工作。电热装置可由司机手动操作，设半暖、全暖位。

图 5.4　司机室电热器

1—电热管;2—管卡;3—熔断器;4—温控器;5—接线端子;6—风机;7—支架

【任务实施】

客室(司机室)电加热器的日常维护是城轨车辆检修工作的一项基本任务。做好电加热器的使用和维护,能够及时处理采暖设备的故障,使采暖设备正常工作,从而保障城轨车辆运输的服务品质。

(1)**电加热器的开启时间**

由于电加热器是在寒冷的冬季为城市轨道交通车辆内部提供热量的设备,故各个城市地铁车辆开启电加热器的时间也不同,如北京地铁车辆电暖器开启时间一般在 12 月份,停用时间为来年 2 月底左右(具体依据气候条件可延长供暖时间)。沈阳地铁车辆电暖器开启时间一般在 11 月份,停用时间为来年 3 月底左右(具体依据气候条件可延长供暖时间)。西安地铁车辆电暖器开启时间一般在 11 月份左右,停用时间为来年 3 月份左右(具体的供暖日期可依据气候条件延长供暖时间)。基本上城市地铁车辆使用电加热器的时间大概为 11 月份—3 月份,由于各个城市气候的不同,采暖周期会有所变化。

(2)**电加热器的拆装**

1)拆卸程序

①拆卸之前必须切断电源,如断开相应车辆上的空气断路器。

②松开固定螺钉,将电加热器外罩拆除。

③断开电加热器各接线端子的电气连接线。

④拆下电加热器固定到车辆上的紧固螺栓。

⑤移除电加热器时,务必小心电加热器滑落。

2)安装程序

安装程序与拆卸程序相反,但切记各种接线正确无误,勿将工具、杂物遗留到电加热器外罩内。

(3)**电加热器的维护**

1)注意事项

在电加热器使用过程中必须注意以下事项:

①电热管发生击穿或闪烁现象时,应该断开电源,进行检查更换;

②乘客不可以随便触摸电热管,以防烫伤或触电;

③不允许将水或其他杂物放入电加热器;

④不得随意磕碰电加热器,以防损坏电加热器外罩;

⑤在夏季停用电加热器时,应该断开电加热器的控制电源。

2)定期维护

电加热器在使用过程中必须进行定期检查,保持电热管表面干燥、清洁。每年在冬季使用电加热器前应对电加热器进行专项检查,具体内容如下:

①电加热器外罩是否变形,紧固螺钉是否缺失;

②打开电加热器外罩,用软毛刷轻轻刷掉电热管表面的灰尘及杂物;

③用真空吸尘器吸掉刷下来的灰尘及杂物;

④检查电加热器相关线路的空气开关、接触器、端子排接线是否松动、脱落、断线、烧损、烧熔等。

⑤将电加热器通电运转1小时以上,观察各电加热器的空气开关、接触器、端子排接线是否出现烧损、烧熔现象,并且用红外线点温枪对电加热器的各空气开关、接触器、端子排处的接线进行点温并记录数值,比较各温度值是否正常,可以按照以下标准执行:

a. 接线处温度高于环温35 ℃时,实测温度高于80 ℃时;

b. 同一接线排各通电接头温度差高于20 ℃时;

c. 同一电气三相接线处温度差高于15 ℃时。

【效果评价】

评 价 表

项目名称	城市轨道交通车辆空调采暖系统		学生姓名	
任务名称	任务5.2　电加热装置		分　数	
项　目			分　值	考核得分
1.电加热装置相关知识、图片的搜集、整理			10	
2.是否有小组计划			5	
3.电加热器基本原理的认知情况			20	
4.电热空气预热器和电加热器基本组成的掌握情况			30	
5.电加热器拆装和维护的熟悉情况			20	
6.编制学习汇报报告情况			10	
7.基本素养考核情况			5	
教师简要评语: 教师签名:				

任务5.3 热泵循环的认知

【任务场景】

热泵循环采用四通换向阀来实现空调机组制热功能。热泵循环不仅提高了空调机组的利用率，而且节省了设备初置费用和维修费用。

【任务要求】

了解热泵循环的工作原理及基本组成。

【知识准备】

5.3.1 热泵的种类

热泵技术是近年来在全世界倍受关注的新能源技术。人们所熟悉的"泵"是一种可以提高位能的机械设备，比如水泵主要是将水从低位抽到高位。而"热泵"是一种能从自然界的空气、水或土壤中获取低位品位热能，经过电力做功，提供可被人们所用的高品位热能的装置，通常按照热源获取来源的不同可分为水源热泵、地源热泵、空气源热泵三种类型。

（1）**水源热泵**

水源热泵技术的工作原理是通过输入少量高品位能源（如电能），实现低温位热能向高温位转移。水体分别作为冬季热泵供暖的热源和夏季空调的冷源。即在夏季将建筑物中的热量"取"出来，释放到水体中去，由于水源温度低，所以可以高效地带走热量，以达到夏季给建筑物室内制冷的目的；而在冬季，则是通过水源热泵机组，从水源中"提取"热能，送到建筑物中采暖。

（2）**地源热泵**

地源热泵是一种利用浅层地热资源（也称地能，包括地下水、土壤或地表水等）的既可供热又可制冷的高效节能空调设备。地源热泵通过输入少量的高品位能源（如电能），实现由低温位热能向高温位热能转移。地能分别在冬季作为热泵供热的热源和夏季制冷的冷源，即在冬季，把地能中的热量取出来，提高温度后，供给室内采暖；在夏季，把室内的热量取出并释放到地能中去。通常，地源热泵消耗 $1\ kW\cdot h$ 的能量，用户可以得到 $4\ kW\cdot h$ 以上的热量或冷量。

（3）**空气源热泵**

空气源热泵在运行中，蒸发器从空气中的环境热能中吸取热量以蒸发传热工质，工质蒸气经压缩机压缩后压力和温度上升，高温蒸气通过永久黏结在储水箱外表面的特制环形管冷凝器冷凝成液体时，释放出的热量传递给了空气源热泵储水箱中的水。冷凝后的传热工质通过膨胀阀返回到蒸发器，然后再被蒸发，如此循环往复。

5.3.2 热泵循环的工作原理

热泵循环与制冷循环的原理是一致的，也是利用某种工质的状态变化，从较低温度的热源吸取一定热量,通过一个消耗功或热量的补偿过程,向较高温度的热源放出热量。其区别在于工作的温度区间不同,达到的目的不同。制冷循环是利用吸取热量而使被冷却对象的温度低于环境温度,达到制冷的目的;热泵循环则是从环境介质吸热,向被加热对象放热,使其温度高于环境介质温度。

凡是可以在外界低温环境下吸取热量,并将其热量"泵"入室内的装置称为热泵。

在热泵循环过程中,根据热力学第二定律,高温热源的放热量 Q_H 等于从低温热源吸取的热量 Q_0 加上所消耗的功 W 之和,即

$$Q_H = Q_O + W$$

因为 $Q_H > W$,所以利用制冷机从低温外气中吸热而在温度较高的室内空气中放热,比直接利用电能加热所能获得的热量大得多,所以热泵能够节省电能。

热泵循环的性能系数称制热系数(供热系数),用 ε_H 表示。供热系数是评价热泵性能好坏的指标,为供热量与消耗功之比,即

$$\varepsilon_H = Q_H / W = 1 + \varepsilon_0$$

式中,ε_0 为制冷系数。可见,热泵的制热系数恒大于1,表明其经济效果好。

如图 5.5 所示,图(a)为夏季制冷工况,置于空气处理室内的蒸发器吸收空气中的热量,从而冷却了车内的空气;图(b)为冬季热泵工况,它通过四通换向阀,来转换制冷剂流向。室内蒸发器作为冷凝器使用,而室外冷凝器作为蒸发器使用,于是通过制冷剂就将室外空气中的热量转移到了室内。

热泵系统中,作为蒸发器的换热器(制冷系统中的冷凝器)有可能表面结霜,以致堵塞空气通路,影响换热,所以在系统中应采取适当的融霜措施。

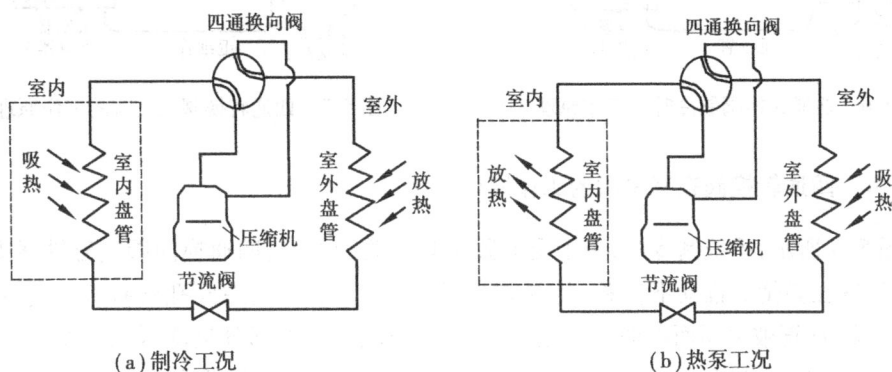

(a)制冷工况　　　　　　　　　　(b)热泵工况

图 5.5　制冷与制热系统原理

5.3.3　四通转换阀基本结构

四通转换阀是将电磁阀和四通阀用毛细管连接而成的一个换向系统,其结构如图 5.6、图 5.7 所示。四通阀有四根接管 1、2、3、4 和 3 根毛细管 C、D、E。阀体内装有滑块和活塞,它们利用支架构成一体,两端活塞上各有小孔,以使活塞两端能互相通气。1 号管与蒸发器出口连接,2 号管与压缩机吸气管连接,3 号管与冷凝器进口连接,4 号管与压缩机排气管连接,而滑块好像一个三通阀门,可以将 1 与 2 连通,也可以将 2 与 3 连通。当 1、2 连通时,3、4 就通过四通阀体而连通;当 2、3 连通时,1、4 就通过四通阀体而连通。3 根毛细管中,C、D 管接在四通阀

两端，E 管接在管 2 中。电磁阀由阀体，阀芯 A、B，弹簧 1、2，衔铁及电磁线圈组成。阀芯 A 和 B 与衔铁组成一体并一起移动。当线圈接通电源而产生磁场时，衔铁被磁场吸引而动作，使阀芯向右移动，阀芯 B 关闭左阀孔，而右面阀孔被阀芯 A 打开。当线圈断电而衔铁复位时，阀芯 A 关闭右阀孔，而左面阀孔被阀芯 B 打开。

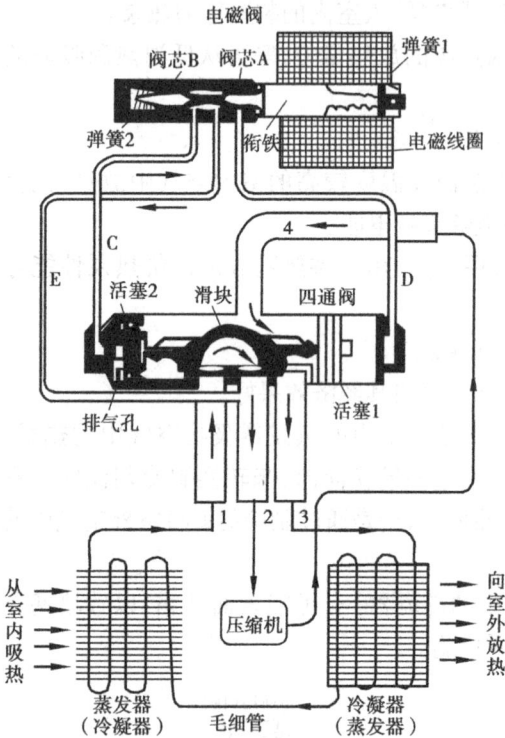

图 5.6　四通转换阀制冷时的工作原理　　　　图 5.7　四通转换阀制热时的工作原理

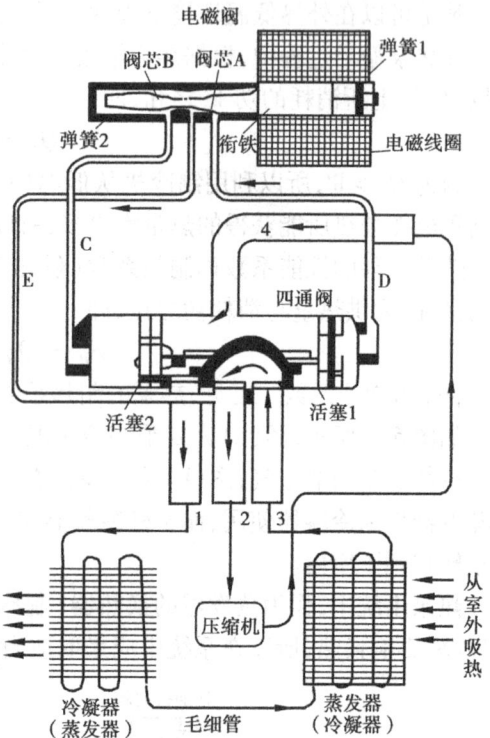

5.3.4　四通转换阀在制冷时的工作原理

如图 5.6 所示，系统制冷时，由于受电源换向开关的控制，四通换向阀电磁铁线圈的电源被切断，衔铁在弹簧 1 推动下左移，使阀芯 A 将右阀孔关闭，而左阀孔就打开。这样，C 与 E 管被接通，而 D 管被关闭而不通。四通阀体内，除滑块盖住的部分是低压气体外，其他部分都是高压气体。在 D 管堵住不通的情况下，阀体内的高压气体通过活塞 2 的小孔，向四通阀左端盖内充气。因为 C 管与 E 管是接通的，而毛细管孔径又比活塞上的小孔大数倍，故从小孔流过去的气体迅速涌向压缩机吸气管。因此，在活塞 2 的左面不能建立起高压力，滑块左、右端活塞就形成一个压力差，把滑块与活塞组推向左端位置。此时管 1 与管 2 连通，即制冷剂气体从蒸发器流出被压缩机吸入；而管 4 与管 3 连通，即压缩机排出的高压气体进入冷凝器，这就是热泵系统在制冷位时的四通阀的状态。

5.3.5　四通转换阀在制热时的工作原理

如图 5.7 所示，系统制热时，电源换向开关将四通换向阀的电磁线圈的电源接通，线圈产生磁场，衔铁被磁场吸引向右移动，阀芯 A 打开右边阀孔，阀芯 B 关闭左边阀孔，E 管与 D 管连通,C 管被堵住不通。四通阀右端盖内高压气体从 D 管经 E 管流向压缩机吸气管,使右端盖内压力等于吸气压力。而左端盖内,由于 C 管被堵住不通,高压气体从活塞小孔向左端充气,使压力升至排气压力而平衡。这样,左、右两端产生压力差,活塞就带动滑块一起向右移动,滑块将管 2 与管 3 接通,管 1 与管 4 接通,压缩机排气从管 4 经过管 1 进入冷凝器(即制冷运行时的蒸发器),然后经毛细管进入蒸发器(即制冷运行时的冷凝器)。从蒸发器流出的蒸汽经管 3 与管 2 而进入压缩机吸气管,通过四通换向阀对管路的转向,使原来制冷运行时的蒸发器成为冷凝器,而冷凝器则成为蒸发器,从而实现从室外吸热而向室内放热。

【任务实施】

①通过互联网了解热泵循环在城市轨道车辆上应用情况。
②通过学习热泵循环的相关知识,讨论并分析采用热泵循环的优缺点。

*【知识扩展】

空气加湿系统仅在某些对车内相对湿度要求较高的客车内安装。在冬季,由于车外空气温度很低,含湿量很小,当空气被加热而温度提高之后,其相对湿度就更低了,而某些客车由于定员少,所以旅客的散湿量也小。这样,有可能使车内空气的相对湿度较低,不满足舒适性的要求。为此,必须对空气进行加湿处理。

对空气加湿可以采用直接喷水蒸气加湿、直接喷水雾加湿、水表面自然蒸发加湿和电热加湿等方法。这些加湿方法可归纳成两类:一类是将水蒸气混入空气进行加湿,即等温加湿;另一类是由于水吸收空气中的热而汽化进入空气的加湿,即等焓加湿。

(1)蒸汽加湿器

常用的蒸汽加湿器有电极式加湿器、干式蒸汽加湿器、红外加湿器等。在小型空调设备中,电极式加湿器应用得最为广泛。电极式加湿器的结构如图 5.8 所示,在金属或耐裂陶瓷做成的圆筒中盛有一定高度的水,将 3 根不锈钢棒或镀铬铜棒插入其中作为电极,与三相电源连接。电极棒接通电后,就有电流从水中通过。水相当于电阻,水被加热而产生蒸汽。蒸汽由排出管引致欲加湿的空气中去,直接与空气混合。显然,水位越高,导电面积越大,电阻越小,电流越强,发热量越大。因此,水位的高低决定了产生蒸汽量的多少,水位高度可由溢水管的高低来调节。电极也可以采用两根电极棒,或利用两个同心的不同直径的金属作为电极。

电极式加湿器在圆筒内无水时电流切断,因此,相对于电容式更加安全,加湿器也容易控制。其缺点是容易积水垢,电极易腐蚀。

(2)喷水加湿器

喷水加湿器常用于某些余热量较大、余湿量较小,又要求保持较高温度的室内加湿。这类加湿器是直接将常温水

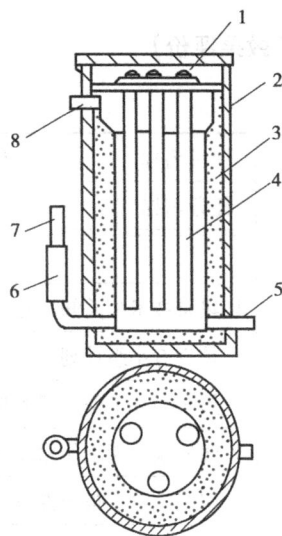

图 5.8　电极式加湿器
1—接线柱;2—外壳;3—保温层;
4—电极;5—进水管;6—橡皮短管;
7—溢水管;8—蒸汽出口

雾化,利用水雾吸收室内空气热量蒸发成水蒸气来加湿空气。常用的喷水加湿器有高压喷水雾加湿器、离心式加湿器、超声波加湿器等。

1)高压喷水雾加湿器

高压喷水雾加湿器是将经过高压泵加压的高压水喷嘴小孔向空气中喷出,形成粒径细小的水雾,并与周围空气进行热湿交换而汽化蒸发实现加湿的。

为防止杂质堵塞喷水小孔,要求水质清洁、无异味,最好用软化水。高压喷水加湿器的优点是体积小,质量轻,加湿量大,耗电量少等。但当被处理空气温度较低时,喷出的水雾蒸发困难,加湿效果将受影响。

2)离心式加湿器

离心式加湿器是依靠离心力作用将水雾化成细小水滴,水滴在空气中蒸发进行加湿的。这种加湿器有一个圆筒状外壳,封闭电机驱动一个圆盘和水泵管高速旋转。水泵管从储水器中吸水并送到旋转的圆盘上面形成水膜,水由于离心力作用被甩向破碎梳,形成细小水滴。干燥空气从圆盘下部进入,吸收雾化了的水滴而被加湿。

离心式加湿器具有结构简单,安装、维修方便,体积小,使用寿命长等优点,可用于较大型的空调系统。但由于水滴颗粒较大,不能完全汽化蒸发,因此需设置排水设备。

3)超声波加湿器

超声波加湿器的主要部件是超声波发生器,是由装置水箱底部的振动子将发振回路产生的超声波发射到水中。由于超声波发生器以每秒170万次的高频电振动超声波将水雾化进行加湿,具有能耗少、发湿量大、喷雾粒子较细、加湿快等特点。超声波喷雾加湿不仅增湿效果好,同时还会产生大量的负氧离子。

【效果评价】

评 价 表

项目名称	城市轨道交通车辆空调采暖系统		学生姓名	
任务名称	任务5.3 热泵循环		分　数	
项　目			分　值	考核得分
1.热泵技术相关知识的搜集、整理			10	
2.是否有小组计划			5	
3.热泵循环工作原理的掌握情况			40	
4.四通换向阀工作原理的熟悉情况			30	
5.编制学习汇报报告情况			10	
6.基本素养考核情况			5	
教师简要评语:　　　　　　　　　　　　　　　　　　　　　　　教师签名:				

项目小结

空调采暖系统在冬季对进入车内的空气进行预热和对车内的空气进行加热,保证了车辆内的温度保持在一个舒适范围内。

城市轨道车辆的采暖系统主要以电空预热器和电加热为主。其中,电空预热器对流过预热器的空气进行加热,电加热作为空气的补偿加热,由装在客室座椅下和司机驾驶台下的加热器来完成。

思考练习

1. 简述采暖系统的基本作用以及常见类型。

2. 电加热装置有哪两种类型? 其基本原理和主要特点是什么?

3. 说明热泵循环的工作原理。

4. 简述电加热器维护和保养的作业范围。

项目 **6**

城市轨道交通车辆空调控制系统

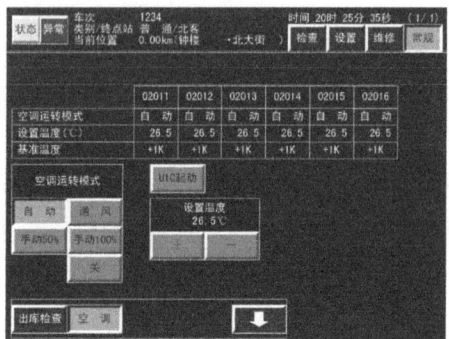

【项目描述】

空调控制系统是城市轨道车辆空调系统的核心部分,控制着空调系统在各种工况下有条不紊地运作,是整个空调系统正常运行的重要保障。本项目介绍了空调自动控制系统基本组成、原理,重点介绍了城市轨道车辆空调控制系统的组成、作用、接口以及日常的保养工作。

【学习目标】

1.掌握空调控制系统的作用和基本组成;

2.掌握城市轨道车辆空调控制系统的组成和作用;

3.了解城市轨道交通车辆空调控制系统与列车控制及监控系统的接口;

4.了解 PLC 控制的空调控制系统;

5.了解空调控制器控制的空调控制系统。

【技能目标】

1.能操作空调控制各运作模式的转换;

2.能操作城轨车辆空调的集控和本车控制;

3.能进行空调控制装置的保养和显示故障的诊断。

任务6.1 空调自动控制系统的认知

【任务场景】

城轨车辆空调控制包括司机集中控制和本车控制。

【任务要求】

掌握空调自动控制系统的基本组成。

【知识准备】

6.1.1　自动控制系统概述

自动控制是指在无人直接参与的情况下,利用控制装置操纵受控对象,使受控对象的被控量等于给定值或按照预定规律进行变化。

自动控制系统的分类方法较多,常见的有以下几种。

(1)**按给定值变化的规律分类**

1)定值控制系统

被控参数的给定值在控制过程中恒定不变的系统称为定值控制系统,它在制冷空调中应用最为普遍。例如空调系统中的恒温、恒湿控制属于定值调节。

2)程序控制系统

被控参数的给定值按照某一事先确定好的规律变化的系统称为程序控制系统,即给定值为时间 t 的函数。

3)随动控制系统

它又称为跟踪控制系统,即被控参数的给定值事先不能确定,取决于本系统以外的某一进行着的过程,要求系统的输出量随着给定值变化。

(2)**按系统的结构分类**

1)开环控制系统

开环控制系统是最简单的一种控制系统,其特点是在控制器与被控对象之间只有正向控制作用,没有反馈控制作用。开环控制系统的结构简单,控制也及时,但控制精度低,抗干扰能力差。

2)闭环控制系统

在控制系统中,如果把系统的输出信号反馈到输入端,由输入信号和输出信号的偏差信号对系统进行控制,则这种控制系统称为闭环控制系统,也称反馈控制系统。反馈控制系统具有较强的抗干扰能力,且精度高,适用面广,是基本的控制系统。

3)复合控制系统

复合控制系统的反馈控制是在外部的作用下,系统的被控制量发生变化后才作出相应调节和控制的,在受控对象具有较大时滞的情况下,其控制作用难以及时影响被控量,进而形成快速有效的反馈控制。前馈补偿控制则在测量出外部作用的基础上,形成与外部作用相反的控制量,该控制量与相应的外部作用共同作用的结果,被控量基本不受影响,即在偏差产生前进行了防止偏差产生的控制。在这种控制方式中,由于被控量对控制过程不产生任何影响,故它也属于开环控制。前馈补偿控制与反馈控制相结合,就构成了复合控制。它有两种基本形式:按输入前馈补偿的复合控制和按扰动前馈补偿的复合控制。

6.1.2　空调自动控制系统的组成

空调自动控制系统是由控制设备和受控对象组成,一般包含控制器、执行器、控制对象、传感器、变速器。为了更清楚描述空调自动控制系统各组成环节间信号的联系和相互关系,采用方框图表示系统的组成,如图6.1所示。

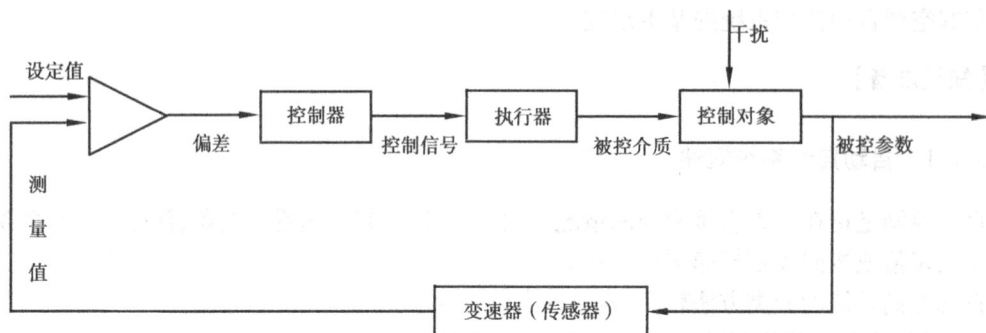

图6.1 空调自动控制系统的组成

空调自动控制系统中的每一个组成环节用一个方框来表示,每个方框都有一个输入信号,一个输出信号;方框间的连线和箭头表示环节间的信号联系与信号传递方向,信号可以分叉与交汇。在空调自动控制系统中,除给定值变化外,凡是引起被控参数发生变化而偏离给定值的外因均称为干扰。干扰作用通过干扰通道影响被控参数,而控制作用通过控制通道影响被控参数。

(1)控制器

控制器又称调节器,其主要作用是将变速器传送来的信号与设定值比较后得到偏差进行综合放大并按一定的规律发出控制信号(如电动、液压动、气压动及机械动的信号)去操作执行器。

(2)执行器

执行器的作用是接收控制器的信号后,自动控制阀门的开或关以及开启大小等,如电磁阀、电动阀、蒸汽阀等都属于执行器。

(3)控制对象

控制对象包括被控制的设备和被控制的参数,如风量、阀门、电热器以及湿度、温度等。在实际使用中,自动控制一般采用双位控制,即在控制机构中有2个固定位置(开启或关闭)的控制。如图6.2和图6.3所示为对温度的双位调节,其特点是室温在给定值上下波动呈等幅震荡过程。一般情况下,若波幅不超过空调内允许波动值,其调节是合理的。

(4)传感器

传感器又称测量元件或敏感元件。它的作用是将温度、湿度、压力、风速等物理量转化为电信号。传感器包括温度传感器、湿度传感器、压力传感器等。

(5)变速器

变速器的作用是接收传感器传来的电信号,并将其转化为输出的机械信号或电动信号输送给控制器。例如,传压毛线管就属于变速器。

6.1.3 制冷控制元件

(1)节流装置

1)热力膨胀阀

热力膨胀阀也称自动膨胀阀,是利用蒸发器出口处制冷剂蒸汽的过热度来自动调节制冷

156

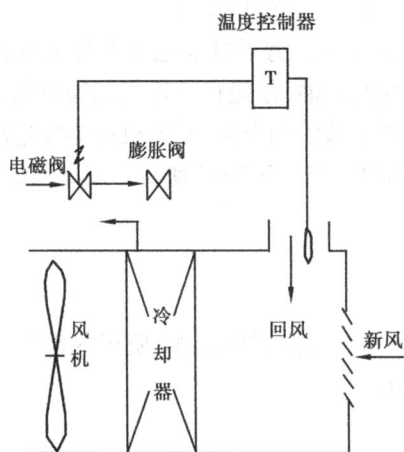

图6.2　温度双位控制原理　　　图6.3　温度双位调节过程

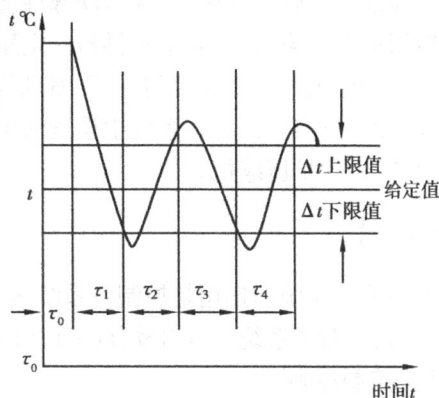

剂节流降压的结构。

2）电子膨胀阀

电子膨胀阀是一种按照电脑预先设定的程序而进行流量调节的装置。由于其直接检测蒸发器出口真实过热度，故信号传递速度快，调节反应迅速。

3）毛细管

当流体沿毛细管内流动时，由于管道有摩擦阻力而产生压降，管径越小，流动阻力就越大，产生的压降就越大。

（2）电磁阀

电磁阀是一种开关式的常闭自控阀门。电磁阀的打开是依靠线圈在通电以后所产生的电磁力，而电磁阀关闭是依靠复位弹簧及阀芯的重力。电磁阀的结构形式很多，一般分为直接开启式和间接开启式两类。电磁阀通常串联在制冷系统的管路中，用以控制系统管路中流体的接通或断开。

（3）温度控制器

温度控制器也称温度传感器，主要用电接点水银温度计、热敏电阻、感温包等作为感温元件，一般用来检测新风温度和回风温度，通过相应的温度采集模块选择空调运行模式，为乘客提供最舒适的环境。

（4）压力保护器件

制冷系统中一般都设置高压压力保护、低压压力保护、油压控制器等。

高压压力保护用来监视和控制排气压力，防止高压系统压力超限。如当室外热交换器脏、制冷剂充注过多、冷凝风机反转、排气管段堵塞、室外通风机不转、空气或不凝性气体混入系统时，都会引起高压系统超高。一旦高压过高，压缩机的排气压力也过高，会导致压缩机电机过载运行而受损害。因此系统中设置高压压力保护，当系统高压压力过高时会使压缩机停机。

低压压力保护用来监视和控制吸气压力，防止压缩机吸气压力过低时，如制冷剂泄露、吸入空气温度太低、风量不足、低压管路堵塞、蒸发器散热片堵塞等引起低压压力保护器动作。当系统压力过低时，不仅会影响机组的正常工作，而且压缩机近于空载运行也会损害电机。因此,系统中设置低压压力保护,当系统高压压力过低时会使压缩机停机。

在制冷压缩机运转过程中,它的运动部件会摩擦发热。为了减少运动部件的磨损和防止部件发热变形而发生事故,必须不断供给一定压力的润滑油,使运行部件得到润滑和冷却。若供油压力因某种原因而降低时,则会使压缩机得不到足够的润滑油,压缩机就会发生故障。为了保证压缩机的安全运转,故在系统中设置油压控制器,当油压降低到某一调定值时,就切断压缩机的电源,以保护压缩机。

【任务实施】

空调自动控制系统的作用是控制各系统按设定的方案协调地工作,使车内空气参数满足设计的要求,同时对各系统进行自动保护和故障显示。

(1)运行控制原则

①电机连锁。制冷工况各电机均应顺序连锁,前级设备未启动,后级设备不允许启动。空调机组内通风机不运行,则两台冷凝风机、两台压缩机均不允许启动;机组内有一台冷凝风机不运行,则两台压缩机均不允许启动。

②室外温度低于某一数值或室内温度低于某一数值时,禁止开启压缩机。

③为防止压缩机频繁启动及多台压缩机同时启动,每台压缩机的控制电路中均设有时间继电器,控制每台压缩机在冷凝风机启动后延时启动,并使多台压缩机顺序启动。

④为了使同一机组中的两台压缩机运行时间尽量一致,在控制电路中设有转换继电器,使两台压缩机在单机工作时轮流工作。

⑤不同的车型应安装不同数量、不同制冷量的空调机组,同样也应配有不同形式的电气控制系统。

(2)常见保护功能

①主电路设置欠压、过压、三相电压不平衡保护,可防止主电路的电压波动对机组造成损坏。

②电机过载保护。任何一台通风机过载保护,则断开机组冷凝风机和压缩机,另一台通风机继续运行;任何一台冷凝风机过载保护,则断开机组所有冷凝风机和压缩机,机组仅通风机运转。

③压缩机低温、低吸气压、高排气压、过流保护。压缩机控制电路中串联有压缩机低温运行保护继电器,以防止压缩机在蒸发器前进风温度低于19 ℃时运转,产生液击现象;采用低压继电器以防止制冷系统泄露、吸气压力低于190 kPa时压缩机运转产生过热现象;采用高压继电器以防止排气压力高于2.65 MPa时压缩机运行,产生阀片损坏、高压部分管路破裂等现象;采用过流继电器以防止压缩机工作电流超过额定电流时烧坏压缩机的现象出现。

④电加热器过热保护。为了防止通风机停转或转速达不到规定值,风道有堵塞现象,机组内电加热器上部温度过高而引起火灾事故,电加热器控制电路中设有温度继电器及熔丝式温度保护熔断器。当风道温度超过70 ℃时,温度继电器动作,切断电加热器接触器的控制电源。若温度继电器损坏,电加热器的温度超过139 ℃,串联在电加热器主电路中的温度熔断器将会断开,直接切断电加热器的主电路来保护电加热器。

【效果评价】

评　价　表

项目名称	城市轨道交通车辆空调控制系统运用与维护		学生姓名	
任务名称	任务6.1　空调自动控制系统概述		分　数	
项　目			分　值	考核得分
1.空调自动控制系统相关知识的搜集、整理			10	
2.是否有小组计划			5	
3.空调自动控制系统组成的掌握情况			40	
4.城轨车辆空调控制基本原则的熟悉情况			30	
5.编制学习汇报报告情况			10	
6.基本素养考核情况			5	
教师简要评语： 教师签名：				

任务6.2　城轨车辆空调控制系统的组成和维护

【任务场景】

空调控制柜，又称控制盘，是空调自动控制系统中进行本车控制和本车显示的装置。每辆车配有一台空调控制柜，一般在车端布置。

【任务要求】

掌握空调自动控制系统的基本组成及作用。

【知识准备】

6.2.1　城市轨道交通车辆空调控制系统简介

城市轨道交通车辆空调机组采用微机控制方式，既可根据外界环境温度进行客室内温度控制，也可根据每车各自的温控器进行客室内温度控制，具有自诊断功能和故障记录功能。为了实现城轨车辆空调电气控制系统的小型化、智能化和系统化，城轨车辆客室内设置了空调控制柜。此控制柜内包含了空调控制相关的接触器、继电器、断路器以及PLC或空调控制器以及和不同空调元件进行通信所必要的连接器等，它根据预设参数，实现自动控制，对空调机组运行参数进行实时检测，出现故障时及时进行保护动作，避免了由于保护不及时引起的严重后果。

6.2.2　城轨车辆空调控制系统基本组成及作用

城市轨道交通车辆空调控制系统一般由控制盘、紧急逆变器、监控通信系统等组成。

（1）控制盘

控制盘由 PLC 或空调控制器、DC110 V 直流供电系统（控制电路）、AC380 V 交流供电系统（空调机组主电路）、外围控制元件（包括接触器、继电器、保护电路等）和监控通信模块电路组成。

控制盘中的 DC110 V 直流控制电压是接触网上的 DC1 500 V 直流电经过列车辅助供电系统的整流装置变换成 DC110 V 后供给控制电路；AC380 V 交流供电电压是从接触网下来的DC1 500 V 直流电经过列车辅助供电系统逆变成 AC380 V、50 Hz 三相交流电后，供给空调机组的压缩机、冷凝风机等交流负载。DC110 V 电压供 PLC 或空调控制器及外围控制系统使用（在 PLC 或空调控制器内部，会将 DC110 V 电压降到 24 V 供 PLC 或空调控制器本身使用）。AC380 V 供电电压通过断路器、接触器、热保护继电器等分别与两组空调机组的工作电机相连接（每一个空调机组包括 2 台通风机、2 台冷凝风机、2 台压缩机）。这里的断路器和热保护器是电路保护元件，不受 PLC 或空调控制器控制，但热保护器状态会被 PLC 读取，以便进行故障诊断。而接触器受 PLC 或空调控制器控制，PLC 或空调控制器根据内部程序、外部温度及列车网络控制命令对接触器进行通断控制，从而控制任何一个工作电机的启停。另外，在一个机组的 2 台通风机、2 冷凝风机、2 台压缩机之间，还有一个正连锁的逻辑关系，可以用下面的式子来表示：

（通风机 1 启动）且（通风机 2 启动）=（冷凝风机 1 或冷凝风机 2 启动）
（冷凝风机 1 启动）或（冷凝风机 2 启动）=（压缩机启动）

式中，等号前面的事件是等号后面事件发生的条件。

在控制盘向机组的输出中，还有其他一些控制信号，如：

①压缩机启动和运行控制信号（压缩机有单独的启动回路）；
②压缩机半载全载运行控制信号；
③压缩机欠压过压保护信号；
④压缩机转向及绕组温度保护信号；
⑤新风口、回风口的开启及闭合控制信号。

控制盘外挂有温度传感器，用于采集环境温度供 PLC 或空调控制器内部控制程序使用。

（2）紧急逆变器

紧急逆变器是在列车辅助供电系统全部失电（机组主电路失电）或出现 PLC 故障、列车总线网络故障等（不同的车型，设置条件有所不同）条件下，以致所有通风机不能工作时启用并用于紧急通风的一种应急设备。它的输入电源是列车蓄电池直流 DC110 V 电压，工作时将蓄电池的 DC110 V逆变成三相交流电，供通风机使用 45 min。由于列车蓄电池的储量有限，在紧急通风模式下，通风机通常采用降频降压工作模式。紧急逆变器通常安装在车内的箱体中，如图 6.4 所示。

图6.4　紧急逆变器

1）控制盘给紧急逆变器提供的信号

①辅助供电检测信号（Voltage detection）；

②紧急通风信号（Emergency signa）；

③启动允许信号（Start permission）；

④风机工作信号（Fan operating）。

2）紧急逆变器的具体启动条件

①辅助逆变器失电。空调启动后，紧急逆变器开始检测允许启动信号，若正常，则PLC或空调控制器正常投入工作，紧急逆变器待命。在待命过程中，紧急逆变器一直在监视主电路中辅助逆变器的供电情况，若检测出失电情况，紧急逆变器立即输出紧急通风信号给PLC或空调控制器。PLC或空调控制器收到信号就断开所有通风机的接触器，然后紧急逆变器再去检测所有的通风机接触器，确保全部断开后，就开始同时向客室输出三相交流电供通风机用。在运行过程中（45 min内），紧急逆变器还是一直在监视辅助逆变器的供电，若供电恢复正常，则紧急逆变器停止工作，然后撤销紧急通风信号，通知PLC或空调控制器启动主回路接触器。

②PLC故障。空调系统在运行过程中，如出现PLC故障，紧急逆变器会检测通风机接触器的接通情况，若没有全部断开，则紧急逆变器不投入工作。只有在检测到所有的通风机接触器全部断开，它才向PLC发送紧急通风信号并保持此信号（供PLC在恢复正常的时候能发现此信号，PLC才不会误操作启动通风机接触器造成短路事故），并启动紧急通风。

③列车总线网络故障。当出现列车总线网络故障时，系统进入紧急通风状态。空调机组持续执行紧急通风模式直至列车总线网络发出停止紧急通风命令。系统收到取消"紧急通风"命令后，紧急通风模式停止。

（3）**监控通信系统**

1）通信

PLC或空调控制器自带RS485口、RS232口，通过PC/PPI通信电缆，一端接PLC或空调控制器的通信口，另一端接便携式电脑，即可通过标准RS232口直接进行信息传递。

2）监控

通过外接计算机,可以查询的内容有:

①传感器检测的实时温度;

②车厢温度(两机组传感器检测的实时温度的平均值);

③设定温度;

④当前空调机组的运行状态;

⑤机组各电机的运行情况;

⑥压缩机的累计工作时间;

⑦故障信息,包括当前故障和历史故障及相关维修记录。

6.2.3 空调控制运作模式

城市轨道交通车辆空调机组的控制运作模式主要有以下几种模式:

(1)通风状态

两个机组的通风机全部运行,而且新风阀、回风阀全部打开。

(2)紧急通风状态

两个机组的通风机全部运行,且新风阀全部打开,回风阀全部关闭。

(3)半冷(弱冷)状态

两个机组的送风机全部运行,冷凝风机也全部运行,每个机组的压缩机只有累计运行时间少的压缩机运行,即只有一半的压缩机启动。

(4)全冷(强冷)状态

两个机组的送风机全部运行,冷凝风机全部运行,每个机组压缩机全部运行,即所有的压缩机启动。

(5)自动冷状态

空调机组根据规定的目标温度来控制空调机组处于通风模式、半冷模式及全冷模式。

1）按照 UIC 曲线计算的目标温度

根据 UIC 553,当环境温度高于 19 ℃ 时,客室温度将按以下公式计算:

$$T_{ic} = 22 ℃ + 0.25 (T_e - 19 ℃)$$

当环境温度低于 19 ℃时,客室温度将维持 22 ℃,即

$$T_{ie} = 22 ℃$$

在实际控制过程中,室内温度与目标温度将保持在 ± 1 ℃的偏差范围内,即:

当 $T_e > 19$ ℃时, $T_i = 22$ ℃ $ + 0.25 (T_e - 19$ ℃) ± 1 ℃

当 $T_e \leqslant 19$ ℃时,$T_i = (22 \pm 1)$℃

式中　T_e——环境温度;

T_i——室内温度;

T_{ie}——室内目标温度。

室内目标温度与环境温度的变化关系如图 6.5 所示。

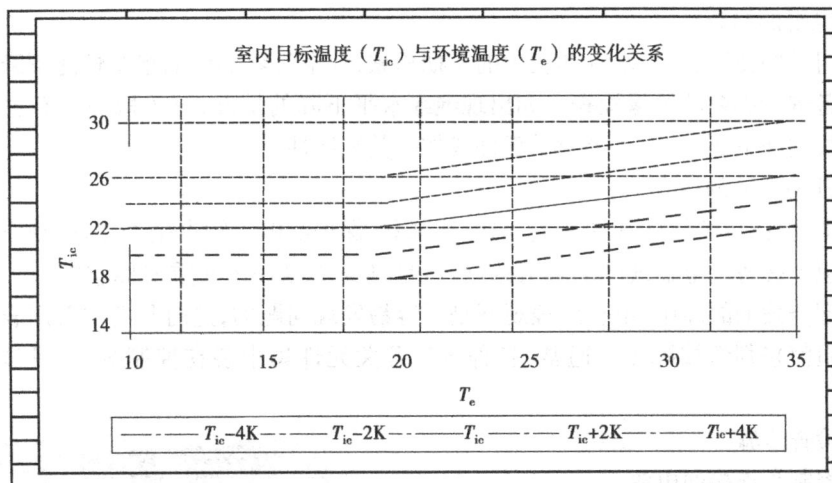

室内目标温度（T_{ic}）与环境温度（T_e）的变化关系

图 6.5　UIC 目标温度曲线计算

2) 设定的目标温度

目标温度也可以根据实际需要人为地将温度值设定在 19 ℃、21 ℃、23 ℃、25 ℃、27 ℃等。

（6）停机状态

所有的通风机、冷凝风机、压缩机均停止运行。

【任务实施】

（1）电气系统的维护

空调控制装置属于电气设备,其应按电气系统进行定期的维护保养。日常的检修过程中应该注意检查各种连接导线是否断线、脱落、虚接、绝缘老化,以及接触是否良好,必须经常清理电器元件上的污垢和灰尘,雨季要防止绝缘受潮漏电。电气设备的接地线必须安全可靠,维护时还必须注意作业安全。

1) 控制盘的维护

控制盘的灰尘、潮湿和污垢易造成电气绝缘电阻下降、触头接触不良、散热条件恶化,甚至造成接地与短路故障,因此应注意检查各电气元件有无污垢和绝缘破损的现象,要经常清扫灰尘和污垢。在列车运行中,电气控制柜内电气连接紧固处易松动,可能引起发热、短路、打火等故障,因此必须经常检查柜内各电器和接线端子的安装紧固情况,对接触器、接线端子、引线有烧焦变色痕迹的地方要进行检查和更换处理。对温度控制器和各保护器整定值的调节要合理适当,不要随意调整。

2) 电气线路的维护

对于电气线路,主要进行各分线盒内接点的紧固情况与绝缘检查,一般每年进行 1 次。各接点必须紧固,绝缘板不得有变色、焦痕,必要时更换新绝缘板。

（2）电气系统的检查

空调机组在长期的运行中可能会出现各种各样的问题,必须进行电气设备的各种检查。

1）绝缘电阻的检查

空调机组长期使用,加上水汽和灰尘的长期积累,使电气零部件的绝缘性能下降。因此必须对电气设备进行必要的绝缘检查。如出现绝缘水平下降的情况,可采取断开有关线路分段测量的方法找到漏电部位,然后更换零部件或加强其绝缘性。

2）电器开关元件的检查

对于这类元件,主要检查选择开关、温度控制器、保护继电器触点是否完好,动作机构是否灵活。平时应掌握各种电器线圈的阻值数据,这是判断电器好坏的重要标志之一。因为在继电器吸引线圈烧毁的故障中,单从外表观察是不容易发现问题的,这时只有用万用表实际测量吸引线圈的阻值来判断故障点。通常,各种电气开关元件集中装在控制盘内,具体如图6.6所示。

接触器检查步骤:

①断开控制盘连接的电源。

②断开与接触器连接的接线。

③松开卡扣式外壳,拆下接触器。

④检查接触器有没有灰尘或接触不良,并用软毛刷或真空吸尘器清理接触器的灰尘。

⑤晃动接触器,如果有咔哒的声音,表明接触器内部已经烧坏,应更换烧坏的接触器。

⑥检查触点有没有严重的毛刺,用200目的细锉刀将损坏部位锉平,然后用浸染了四氯化碳的布清洗接触器的触点。如果触点熔化而牢固的连接在一起,应立即更换接触器。

⑦扣上外壳,将线缆连接到接触器。

空气断路器和继电器检查步骤:

①确定与控制盘连接的电源已经断开。

②断开与空气断路器和继电器连接的线路。

③松开卡扣式外壳,拆下空气断路器或继电器。

④检查空气断路器或继电器有没有接触不良或灰尘。

⑤需要时,用软毛刷或真空吸尘器清理接触器的灰尘。

⑥更换接触不良或烧坏的空气断路器或继电器。

⑦扣上外壳,将线路重新连接到断路器上。

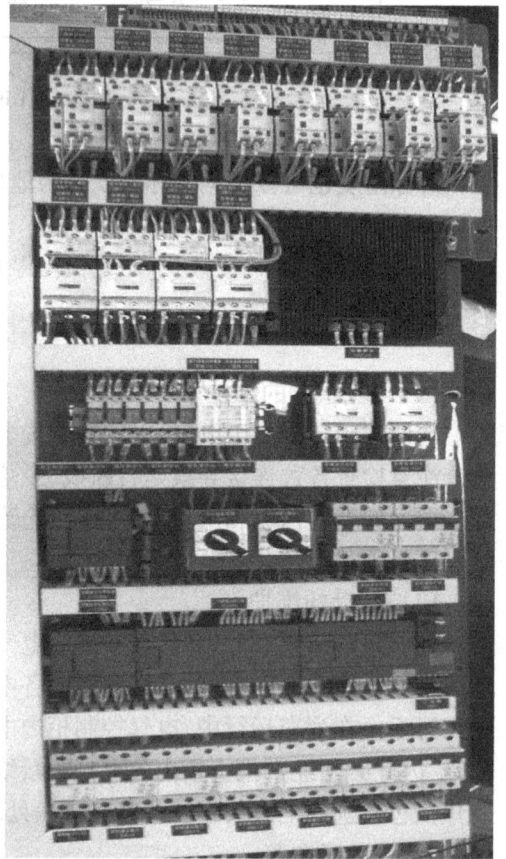

图6.6 空调控制柜内实物图

【效果评价】

评 价 表

项目名称	城市轨道交通车辆空调控制系统运用与维护		学生姓名	
任务名称	任务6.2　城市轨道交通车辆空调控制系统		分　数	
项　目			分　值	考核得分
1.城市轨道交通车辆空调控制系统相关知识的搜集、整理			10	
2.是否有小组计划			5	
3.城轨车辆空调控制系统基本组成的掌握情况			20	
4.空调控制运作模式的熟悉情况			20	
5.城轨车辆空调控制装置的掌握情况			30	
6.编制学习汇报报告情况			10	
7.基本素养考核情况			5	
教师简要评语：				
			教师签名：	

任务6.3　空调控制系统故障的诊断

【任务场景】

列车控制及监控系统是用全工传输金属线接续配备在各车上的中央局与终端局间,与其他机器进行数据收发信,对机器进行控制、监视和检查的综合性信息系统。其具备显示司机操纵列车的运行状态(运行控制功能),显示设备的动作状态(监控机能),显示并记录、指导处理异常发生的故障状态(异常检知机能),控制车内·车外显示器以及自动广播、空调的动作状态(辅助机器控制机能),以及支持主要机器的自检测试和试运转的各种数据测量的功能(检查机能)等。

【任务要求】

了解城市轨道交通车辆空调控制系统与列车控制及监控系统的接口。

【知识准备】

城市轨道交通车辆空调的启停可以通过单节车的显示操作屏或模式开关操作,也可以通过司机室的触摸显示屏或开关来控制整列车空调的动作,其指令通过列车的中央控制单元、终端控制端元、空调网关或者 MVB 总线传送给每节车空调控制柜内的 PLC 或空调控制器,从而实现对整列车的空调机组进行集中控制。

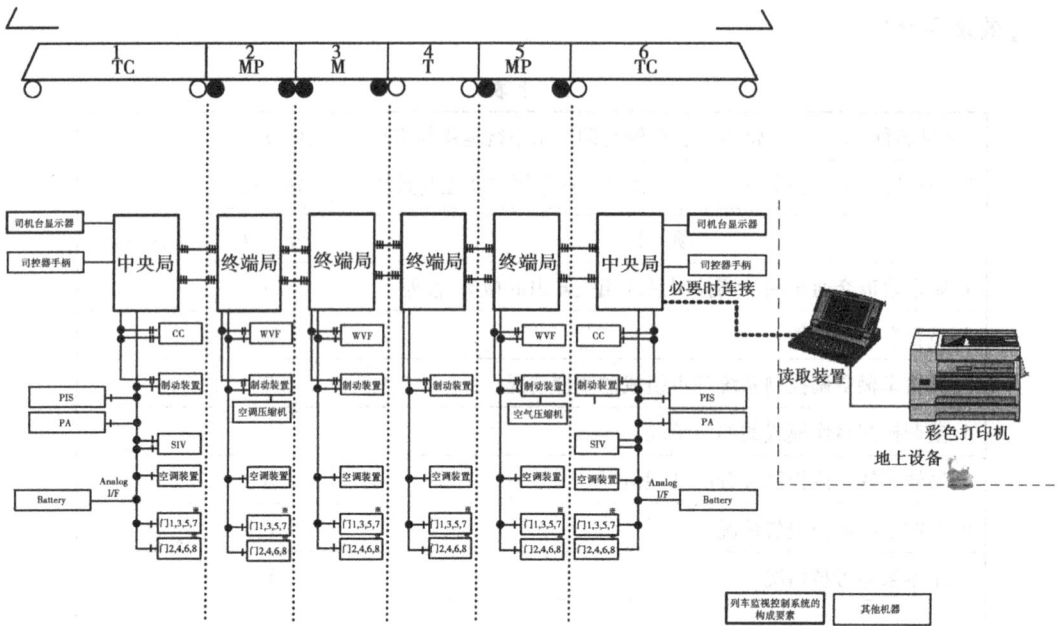

6.3.1 空调控制器/PLC 与列车控制及监控系统接口

空调控制器/PLC 与列车控制及监控系统接口示意图如图 6.7 所示。

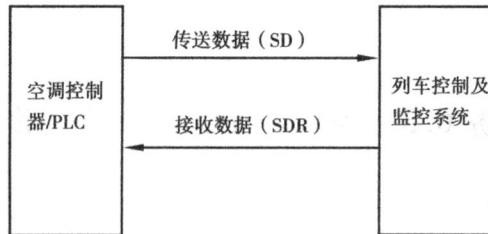

图 6.7 空调控制器/PLC 与列车控制及监控系统接口示意图

6.3.2 空调控制器/PLC 与列车控制及监控系统之间的传送信息

(1)传送数据的种类

空调控制器/PLC 与列车控制及监控系统之间的数据类型主要有两类:一类是空调控制器/PLC 传送给列车控制及监控系统的数据即传送数据(SD);另一类是列车控制及监控系统发送给空调控制器/PLC 的数据即(SDR)。

(2)传送的信息

1)列车控制及监控系统发送给空调控制器/PLC 的信息

①日历信息;

②列车号、车辆号;

③设置温度;

④空调运作模式信息。

2)空调控制器/PLC 传递给列车控制及监控系统的信息

①空调信息:软件的版本号;新风温度;回风温度;目标温度;减载信号;紧急逆变器。

②空调运作模式信息:关机;通风;紧急通风;自动;半冷;全冷;强制通风。

③机组状态信息;

④故障信息。

【任务实施】

控制盘具有完备的空调机组保护系统,当机组发生故障时,PLC 或空调控制器将向列车控制及监控系统发送相关的故障信号及故障代码。

(1)风机过载故障

空调机组的通风机和冷凝风机都设置了过载保护,如果风机过载保护后,相对应的热继电器常闭触头会断开,该风机停止运行,该机组冷凝风机、压缩机禁止启动,而另一个风机正常运行。排除故障后,手动复位,风机可再运行。

①1 号机组通风机 1 过载保护,断开 1 号机组除通风机 2 外的其他输出。

②1 号机组通风机 2 过载保护,断开 1 号机组除通风机 1 外的其他输出。

③2 号机组通风机 1 过载保护,断开 2 号机组除通风机 2 外的其他输出。

④2 号机组通风机 2 过载保护,断开 2 号机组除通风机 1 外的其他输出。

⑤1 号机组通风机 1 和通风机 2 都过载保护,断开 1 号机组的所有输出。

⑥2 号机组通风机 1 和通风机 2 都过载保护,断开 2 号机组的所有输出。

⑦1 号机组冷凝风机 1 或 2 过载保护,断开 1 号机组的冷凝风机 1、2 和压缩机 1、2。

⑧2 号机组冷凝风机 1 或 2 过载保护,断开 2 号机组的冷凝风机 1、2 和压缩机 1、2。

(2)压缩机高压压力故障

空调机组的每个压缩机设有高压压力开关,当压缩机高压压力异常时,断开相应压缩机的输出,相应的压缩机停机。若高压压力开关动作 1 分钟内压力已经恢复,压缩机重新启动。若高压压力开关动作 1 分钟后,压力没有恢复,则锁死故障并输出。若高压压力开关 15 分钟内第二次动作,则压缩机停机,PLC 或控制器第二次记录高压压力故障,但不输出故障。若高压压力开关在记录第二次后 15 分钟内再次动作,则系统锁死故障并输出,相应故障指示灯亮。若某次记录后 15 分钟以内没有动作,则清除故障记录,重新记录。

(3)压缩机低压压力故障

空调机组的每个压缩机设有低压压力开关,当压缩机的低压压力异常时,断开相应压缩机的输出,相应压缩机停机且锁死并输出故障,相应的指示灯亮。只有断开控制回路的空气开关重新上电或处于停机状态,才能清除故障,可再次启动压缩机。

(4)压缩机过载故障

每个压缩机均设有过载保护,当压缩机过载故障时,断开相应压缩机的输出,相应的压缩机停机且锁死并输出故障,相应的指示灯亮。断开控制回路空气开关重新上电或处于停机状态,可清除故障,再次启动压缩机。

(5)接触器故障

控制盘上的每个接触器均设有反馈信号,当接触器动作后,0.5 s 以内该接触器的触点信号将反馈到空调控制装置。

如果接触器吸合后 0.5 s 内空调控制装置没有收到该接触器的反馈信号(第一次),那么接触器断开；延时 6 s，该接触器再次闭合，0.5 s 内仍然没有反馈输入（第二次）时则接触器断开，锁死故障，相应的指示灯亮。只有断开控制回路空气开关重新上电或处于停机状态可清除故障、再次启动。

如果在接触器断开 0.5 s 后，仍有该接触器的反馈信号，则锁死故障。只有断开控制回路空气开关重新上电或处于停机状态可清除故障、再次启动。

（6）温度传感器故障

①温度传感器开路、短路、温度范围高于 60 ℃ 或低于 -50 ℃ 时，均视为传感器故障。

②单个新风温度传感器故障，取无故障新风传感器的值为外气温度。

③单个回风温度传感器故障，取无故障回风传感器的值为车内温度。

④两个回风温度传感器故障，强制通风。

⑤两个新风温度传感器故障，若转换开关置于自动位，会取系统内设定的温度。

（7）紧急通风逆变器故障

控制系统断开紧急通风接触器，再断开紧急通风电源允许启动信号，空调紧急通风模式停止。

（8）空调控制器与 MVB（车辆总线）通信异常

当 MVB 网络异常时，系统将会执行紧急通风工况。

*【知识扩展】

（1）PLC 控制的空调控制系统

城市轨道交通车辆每节车的客室内设有一个空调控制柜。此空调控制柜控制单元采用西门子 S7-200PLC 控制，中央控制单元为 CPU224，带有两个扩展模块：数字量扩展模块 EM223 和模拟量扩展模块 EM231。EM231 热电阻模块可采集车内温度信号，通过与 PLC 内部设定温度比较后，实现通风、制冷、制热各工况。

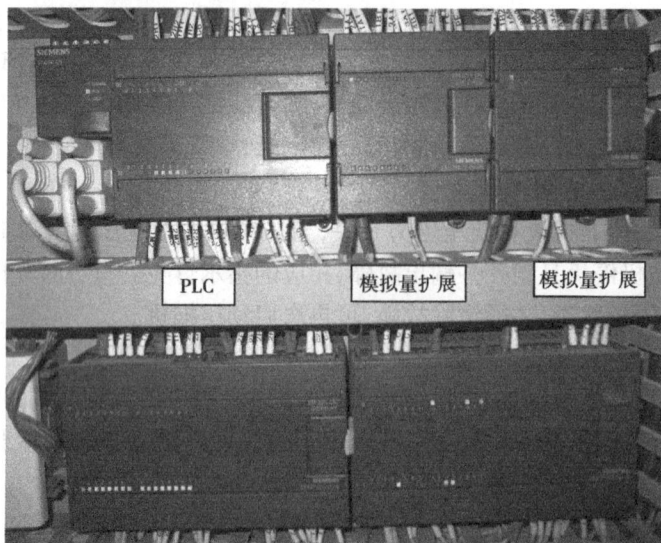

图 6.8　PLC 实物图

1)PLC 功能

PLC 是可编程逻辑控制器的缩写,可对整个空调机组进行自动控制,实时检测运行过程中的参数,对出现的故障自动处理,通过显示操作屏实现人机对话,响应显示操作屏输入的命令、参数,将故障信息、运行状态通过显示操作屏显示等。

2)显示操作屏

显示操作屏是一种微型可编程终端,采用全中文液晶显示操作屏(带背光),具有字符类型和图像类型显示,由通信接口和 PLC 的外设接口进行通信。主要功能是控制空调机组运行工况、显示运行工况参数、实时显示各功能的运行状态及故障现象。

3)交、直流电源规格

①主电路电源。主电路是向空调机组的压缩机等交流负载供电。额定工作电压:三相交流 380 V;电压波动范围:三相交流 380 V ± 15%;额定工作频率:50 Hz ± 1%。

②交流控制电源。交流控制电源取主回路的 U 相作为制冷工况控制电源,向交流接触器等交流控制元件供电。额定工作电压:单相交流 220 V;电压波动范围:单相交流 220 V ± 15%;额定工作频率:50 Hz ± 1%。

③直流控制电源。外部提供直流 110 V 经电源模块转化成 24 V 直流,向 PLC、显示操作屏、新风阀供电。输入电压范围:直流 100 ~ 127 V;额定输出电压:直流 24 V;输出电压波动范围:20.4 ~ 26.4 V。

4)运作模式

①以网络通信模式控制机组通风、制冷、制暖。

②如果网络未接入,可用触摸屏设定通风、弱冷、强冷、自动冷、半暖、全暖、自动暖。如果网络未接入,可用触摸屏设定通风、自动制冷、自动制暖温度 T 值及手动制暖、制冷不受温度控制等模式。

③通风状态:两个机组的通风机全部运行,而且新风阀、回风阀全部打开。

④紧急通风状态:KM11、KM21 吸合,2 个机组通风机全部运行,制冷、制暖停机。

⑤手动通风:PLC 不工作(将 PLC 的功能按钮打到 OFF 挡位),闭合 Q8,延时 3 s 后通风机自动启动。

⑥弱冷状态:2 个机组通风机全部运行,冷凝风机全部运行,每个机组压缩机累计运行时间少的压缩机运行。

⑦强冷状态:2 个机组通风机全部运行,冷凝风机全部运行,每个机组压缩机全部运行。

⑧自动状态:可以按照 UIC 曲线进行自动温度控制,亦可根据设定目标温度值进行温度控制。

⑨停机状态:通风机、冷凝风机、压缩机均停止运行。

⑩减载运行:减载继电器吸合,HL1(指示灯)亮红灯,仅有一台压缩机运行,每 5 分钟自动转到另一台压缩机工作。制暖时工况为单机制暖。

⑪压缩机故障停机,自动转换另一台压缩机运行,电热故障停机,不转换。

5)新风阀、回风阀运作模式

①新风阀、回风阀工作电压:DC24 V。

②新风阀、回风阀开阀或关阀时间由限位装置调定,如果不能调定,则开阀、关阀时间暂定为 120 s。开阀或关阀结束后自动断电,即新风阀、回风阀不准长期带电。

③通风:新风阀开,回风阀开。

④应急通风:新风阀开,回风阀关;风机电源 AC266 V,频率 35 Hz,应急通风运作,制冷或制暖自动停机。

⑤预冷、预热:新风阀关,回风阀开。

⑥制冷、制暖:新风阀开,回风阀开。

6)制冷运作模式

①外温 $t \geq 19$ ℃时,允许制冷。

②转换:每次开机累计运作时间少的压缩机先开机、后停机。运行的压缩机发生故障时,自动转换至另一台压缩机运行。

③压缩机不能同时开机,间隔大于 10 s,压缩机运行时间应大于 3 分钟,停机大于 3 分钟后才允许再开机。

④预冷:首次开机自动冷且室温 t_0 大于 32 ℃。当室温小于半冷制冷条件或预冷时间超过 30 分钟,预冷结束。

⑤自动冷开机、停机:列控(网络)给定自动冷温度 T 值,当室温 $t_0 \geq T + 3.5$ ℃时,双机制冷过程为:风机运行→延时 10 s→冷凝风机运行→延时 10 s→累计运行时间少的压缩机运行→延时 10 s→另一台压缩机运行→降温室温 $t_0 \leq T + 2$ ℃→运作时间多的压缩机先停机→当室温 $t_0 \leq T$ ℃时→延时 3 s→另一台压缩机停机→延时 5 s→冷凝风机停机→通风机继续运行→如果需要停通风机延时 15 s→可以停通风机。

⑥自动冷室内升温:当温度 $t_0 \geq T + 1.5$ ℃时,累计运行时间短的一侧制冷系统先开机运行;如果继续升温 $t_0 \geq T + 3.5$ ℃时,另一侧制冷系统开机运行,双机制冷。

⑦如果制冷执行 UIC 曲线目标温度值即 T_u 值:$T_u = ($外温 $- 19$ ℃$) \div 4 + 22$ ℃。

a. 降温:

$$双机制冷温度 \geq T_u + 3.5 ℃$$
$$单机制冷温度 \leq T_u + 2℃$$
$$停机(不制冷)温度 \leq T_u ℃$$

b. 升温:

$$单机制冷温度 \geq T_u + 1.5 ℃$$
$$双机制冷温度 \geq T_u + 3.5 ℃$$

⑧手动制冷不受温度控制,但当室温大于设定温度时,手动制冷停机。

7)制暖运作模式

①外温 $t \leq 14$ ℃,允许制暖。

②每次开机累计运行时间少的电热先开机后停机。

③预热:首次开机自动暖且室温 $t_0 \leq 10$ ℃。当室温 t_0 大于等于半暖制暖条件时或预热时间超过 30 分钟,预热结束,新风阀开,回风阀开。制暖发生故障时,停机不运转。

④自动暖开机、停机:风机运行→当室温 $t_0 \leq T - 3.5$ ℃时双机制暖→当室温 $t_0 \geq T - 2$ ℃时单机制暖→当室温 $t_0 \geq T$ ℃不制暖→延时 3 分钟后→停风机。(T 值为设定的自动暖温度)

⑤自动暖室温降温,$t_0 \leq T - 1.5$ ℃,单机制暖。如果继续降温,$t_0 \leq T - 3.5$ ℃时,双机制暖。

⑥如果制暖执行 UIC 曲线目标温度即 T_u 值:$T_u = ($外温 $- 19$ ℃$) \div 4 + 22$ ℃。

a.升温：

$$双机制暖温度 \leqslant T_u - 3.5 \ ℃$$
$$单机制暖温度 \leqslant T_u - 2 \ ℃$$
$$停机不制暖温度 \geqslant T_u \ ℃$$

b.降温：

$$单机制暖温度 \leqslant T_u - 1.5 \ ℃$$
$$双机制暖温度 \leqslant T_u - 3.5 \ ℃$$

⑦手动制暖不受温度控制,但当室温≥设定温度时,手动制暖停机。

8)显示操作屏操作方法

①主画面。开机后首先显示主画面,如图6.9所示。

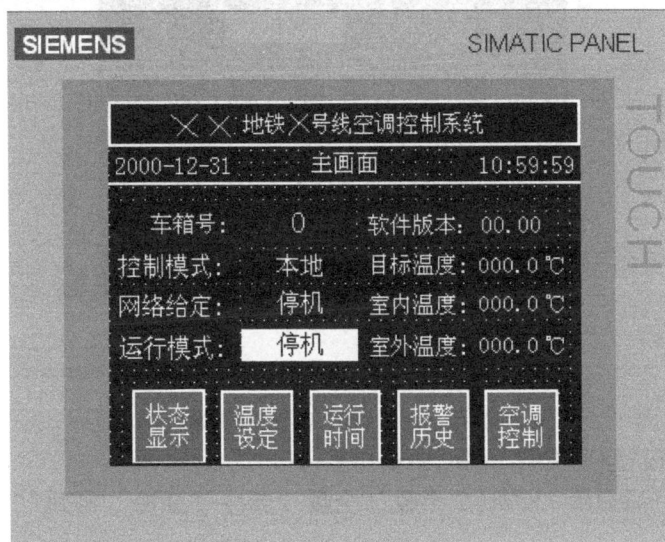

图6.9 显示操作屏主画面

a."主画面"文字左侧显示现在 PLC 系统日期,右侧显示现在 PLC 系统时间。

b."车箱号"后显示数字(1~6)为本车箱的车箱号,由网络给定。

c."软件版本"后显示数字(1.01~2.03),是本系统的软件版本,在下载程序时写入。

d."控制模式"后显示"本地"或"网络"。显示"本地"代表此时控制系统可由本机触摸屏操作运行,显示"网络"代表此时控制系统由上位机控制。此时本地操作无效,并且网络控制优先,只要网络通信正常就由网络控制。

e."网络给定"后显示由上位机通过网络给定的"停机""自动暖""自动冷""半暖""全暖""弱冷""强冷""通风"八种运行指令。

f."运行模式"后显示"停机""半暖""全暖""弱冷""强冷""通风""应急通风"七种本机当前运行状态。

g."目标温度"后显示的是自动冷和自动暖指令时的目标温度,并且只在此两种工况时起作用。其值来源详见"温度设定"画面的说明。

h."室内温度"后显示当前客室内的温度值。

i. "室外温度"后显示当前客室外的温度值。

j. 当按下"状态显示"按钮后画面切换到"状态显示"画面。

k. 当按下"温度设定"按钮后画面切换到"温度设定"画面。

l. 当按下"运行时间"按钮后画面切换到"压缩机运行时间"画面。

m. 当按下"报警历史"按钮后画面切换到"报警历史"画面。

n. 当按下"空调控制"按钮后画面切换到"空调控制"画面。

②空调控制。空调控制画面如图6.10所示。

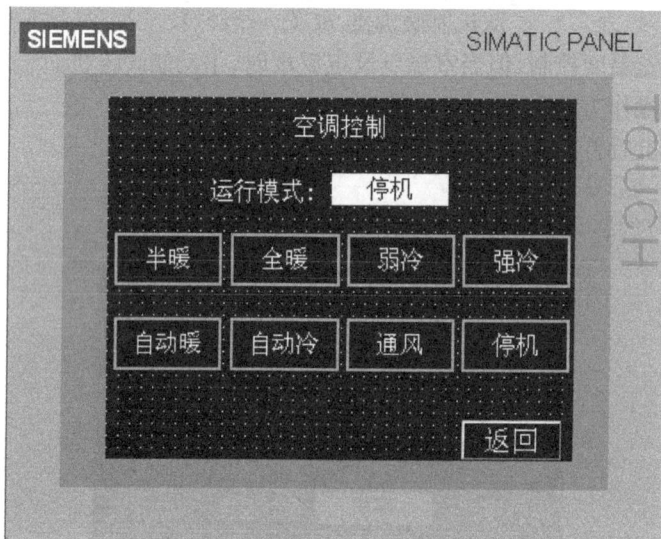

图6.10 显示操作屏控制画面

a. 在主画面中按"空调控制"按钮,画面切换按钮显示此画面。

b. "运行模式:"后显示"停机""半暖""全暖""弱冷""强冷""通风""应急通风"七种本机当前运行状态。

c. 在本地操作模式下可对本画面按钮进行操作来控制空调机组的工作模式。具体说明如下:

当按下"半暖"按钮时,空调机组工作在半暖工作模式。

当按下"全暖"按钮时,空调机组工作在全暖工作模式。

当按下"弱冷"按钮时,空调机组工作在弱冷工作模式。

当按下"强冷"按钮时,空调机组工作在强冷工作模式。

当按下"自动暖"按钮时,空调机组工作在自动暖工作模式。

当按下"自动冷"按钮时,空调机组工作在自动冷工作模式。

当按下"通风"按钮时,空调机组工作在通风工作模式。

当按下"停机"按钮时,空调机组停止所有的工作模式。

d. 当按下"返回"按钮后,画面切回到主画面。

③状态显示。状态显示画面如图6.11所示。

a. 在主画面中按"状态显示"画面切换按钮显示此画面。

b. 本画面显示空调机组"通风机""冷凝风机""压缩机""电热"的运行状态,当对应空调机组的"通风机""冷凝风机""压缩机""电热"运行时,在对应位置显示白底黑字的"运行",否

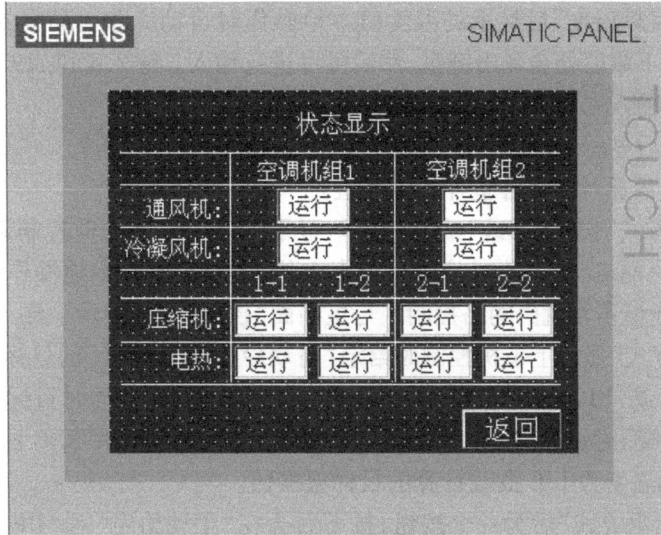

图6.11 显示操作屏显示画面

则没有显示。

　　c. 当按下"返回"按钮后,画面切回到主画面。

　　④温度设定。温度设定画面如图6.12所示。

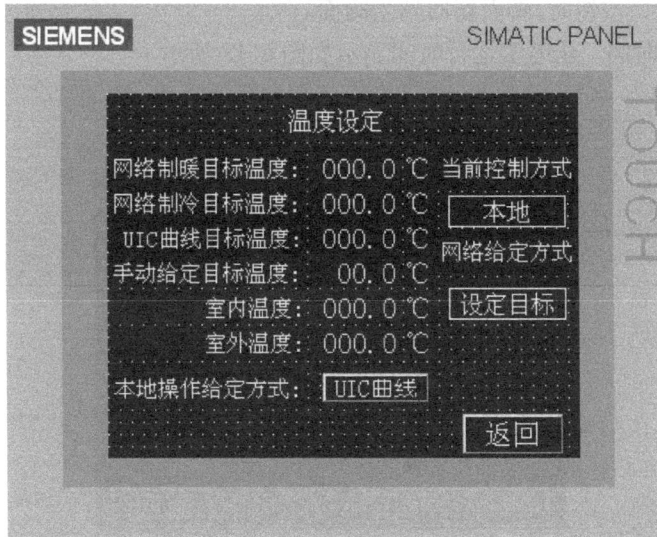

图6.12 显示操作屏温度设定画面

　　a. 在主画面中按"温度设定"画面切换按钮显示此画面。

　　b. "网络制暖目标温度"后显示的温度值是上位机通过网络给定的自动暖时的目标温度值(14~18 ℃)。

　　c. "网络制冷目标温度"后显示的温度值是上位机通过网络给定的自动冷时的目标温度值(18~28 ℃)。

　　d. "UIC曲线目标温度"后显示的温度值是依据外温通过UIC曲线计算得出的自动冷和自动暖的目标温度值。

173

e."手动给定目标温度"后显示的温度值本地操作时自动冷和自动暖的手动设定目标温度值。由操作者按下数值处会弹出键盘,然后可以进行输入。输入范围:19~28 ℃,如超出范围将不能进行正确输入。

f."室内温度"后显示当前客室内的温度值。

g."室外温度"后显示当前客室外的温度值。

h."当前控制方式"显示"本地"或"网络"。显示"本地"代表此时控制系统可由本机触摸屏操作运行。显示"网络"代表此时控制系统由上位机控制,此时本地操作无效,并且网络控制优先,只要网络通信正常就由网络控制。与主画面"控制模式"显示一致。

i."网络给定方式"显示上位机控制时给定"自动冷"和"自动暖"的目标温度值来源选择,分别为"设定目标"或"UIC 曲线"。当显示"设定目标"时,"自动冷"时目标温度为"网络制冷目标温度","自动暖"时目标温度为"网络制暖目标温度"。当显示"UIC 曲线"时,"自动冷"和"自动暖"的目标温度为 UIC 曲线计算的目标温度值。

j."本地操作给定方式"后为一个按钮,按下后会在"手动给定"和"UIC 曲线"之间切换,通过按此按钮可以选择本地操作时自动冷和自动暖的目标温度值。当按钮显示"手动给定"时,手动给定自动冷和自动暖时的目标温度值为"手动给定目标温度"所输入的温度值。当按钮显示"UIC 曲线"时,手动给定自动冷和自动暖时的目标温度值为"UIC 曲线目标温度"所显示的温度值。

k.当按下"返回"按钮时,画面切回到主画面。

⑤压缩机运行时间。压缩机运行时间显示如图 6.13 所示。

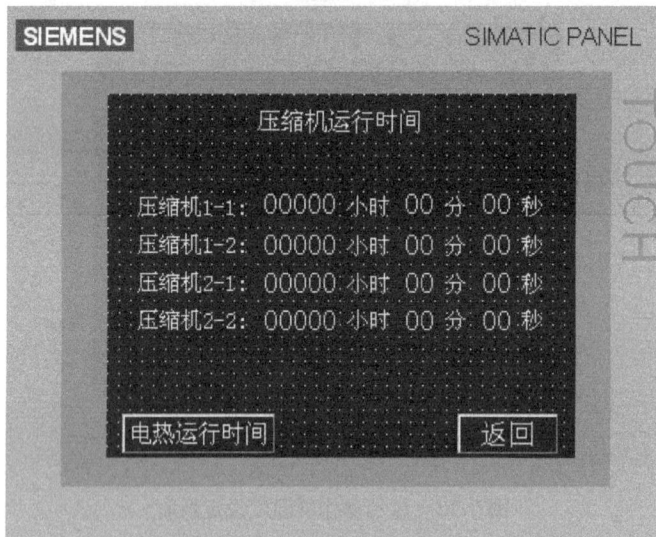

图 6.13　显示操作屏显示画面

a.在主画面中按"运行时间"画面切换按钮显示此画面。

b.本画面显示两个空调机组四个压缩机的累计运行时间。

c.当按下"电热运行时间"画面切换按钮后,画面切回到"电热运行时间"画面。

d.按下"返回"按钮后,画面切回到"主画面"。

⑥电热运行时间。电热运行时间如图 6.14 所示。

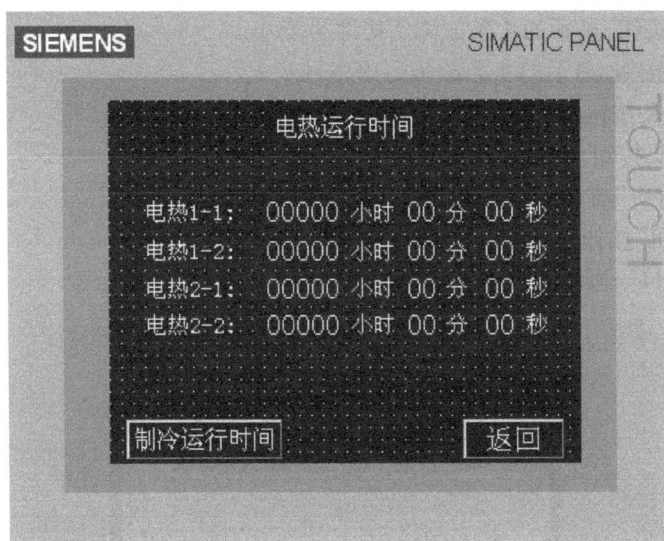

图 6.14　显示操作屏显示画面

a. 在压缩机运行时间中按"电热运行时间"画面切换按钮显示此画面。

b. 本画面显示两个空调机组四个电热的累计运行时间。

c. 当按下"制冷运行时间"画面切换按钮后,画面切回到"压缩机运行时间"画面。

d. 当按下"返回"按钮后,画面切回到主画面。

⑦报警历史。报警历史显示画面如图 6.15 所示。

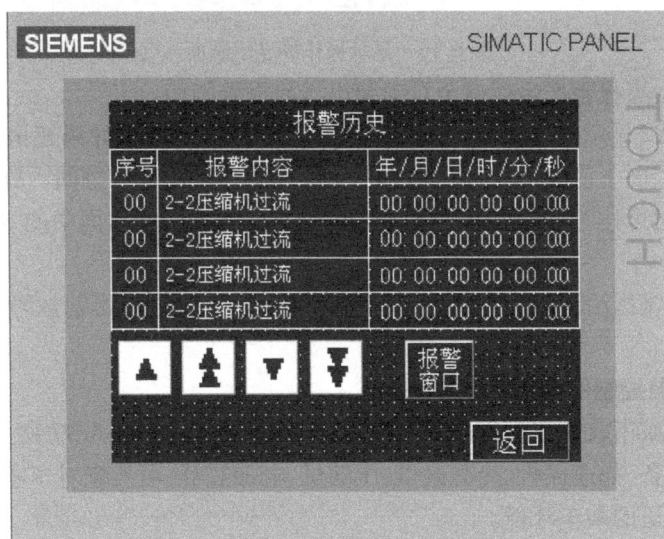

图 6.15　显示操作屏显示画面

a. 在主画面中按"报警历史"画面切换按钮显示此画面。

b. 此画面显示过去产生的报警历史,显示 4 条,共存储 64 条。

c. "序号"显示报警历史的序号,范围为 1~64,序号大的是最近发生的。

d. "报警内容"显示报警历史的内容。

e."年/月/日/时/分/秒"显示报警历史的发生日期和时间。

f.按向上箭头按钮,显示的 4 条故障历史序号变小。

g.按向下箭头按钮,显示的 4 条故障历史序号变大。

h.按双向上箭头按钮,显示序号为 1~4 条故障历史。

i.按双向下箭头按钮,显示序号为 61~64 条故障历史。

j.按此"报警窗口"按钮弹出当前故障窗口。

k.当按下"返回"按钮后,画面切回到主画面。

⑧当前报警窗口。当前报警窗口如图 6.16 所示。

图 6.16　显示操作屏显示画面

a.在任意画面,当报警产生后就会自动弹出当前报警画面。

b.当前报警窗口显示当前存在报警的产生时间和报警内容。如果超出一页面范围,可以用向上箭头按钮、双向上箭头按钮、向下箭头按钮、双向下按钮进行翻阅。故障消失后,画面自动关闭,故障存在时可按"X"形按钮关闭此窗口。在"报警历史"画面中的"报警窗口"按钮可以弹出此窗口。

c.右上角为报警指示器,当故障存在时会自动显示,并且显示当前故障存在数量,故障消失后自动关闭。

(2)空调控制器控制的空调控制系统

空调控制器是城市轨道车辆空调系统控制的配套控制器,如图 6.17 所示。通过控制空调机组内部的电气设备,如通风机、冷凝风机、压缩机、电加热器,可实现对车厢内部的温度控制,使乘客拥有一个舒适的乘车环境。

空调控制器安装在空调控制盘中,是整个空调控制系统的核心单元,按其设定的程序准确控制着空调系统的正常工作,完成通风、预冷、半冷、全冷、停机等各项操作。

每个控制柜上设有一个功能及温度选择开关,指示有 9 挡:Test1,Test2,Off,Auto,19 ℃,21 ℃,23 ℃,25 ℃和 27 ℃。机组设有温度传感器,可检测车厢内外的温度。同时,空调控制器采集各个接触器等节点状态、接收车辆 MVB 控制指令,也可选择地接收上位机 PTU 软件的指令进行综合逻辑运算。最后控制器将室内温度与设定温度比较之后,决定机组工作在何种

图6.17　空调控制器

工作工况,如通风、半冷、全冷、预冷、测试模式等,在不同工况下控制两个空调机组进行工作,实现调节车厢内部的温度,使乘客有一个舒适的乘车环境。

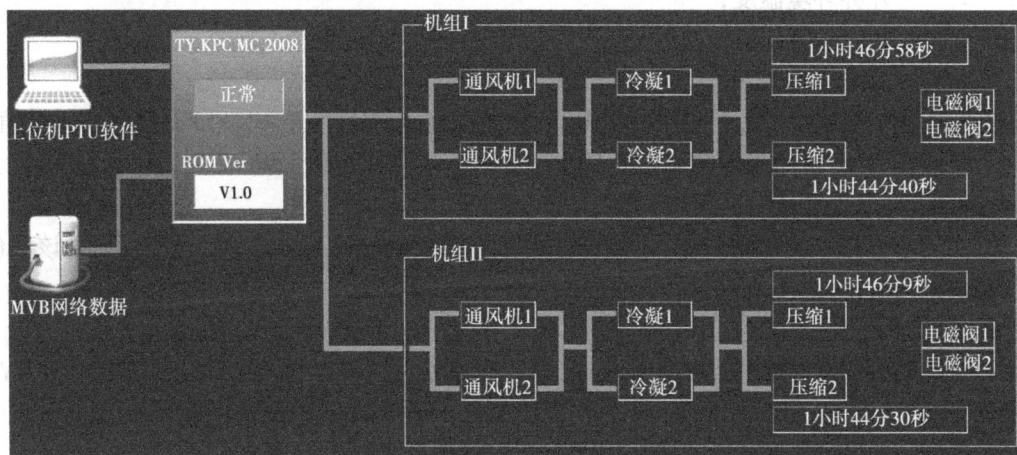

图6.18　空调控制拓扑图

1)运作模式简介及设定

①将功能选择开关放置 Auto,19 ℃,21 ℃,23 ℃,25 ℃和27 ℃中任意一挡,空调机组将进入自动工作模式。空调机组各工况的运行情况如下:

a.预冷:空调系统首次得电并检测到客室内有制冷需求时,启动预冷程序,空调新风门关闭,回风门打开。

b.通风:两台通风机运行。

c.半冷:两台通风机运行,两台冷凝风机运行,一台压缩机运行。

d.全冷:两台通风机运行,两台冷凝风机运行,两台压缩机运行。

②将功能选择开关放置 TEST1 或 TEST2 时,空调机组处于测试工作模式。在此工作位时,分别强制空调机组 1 或空调机组 2 处于全冷运行状态 15 分钟后停机。

③将功能选择开关置于除"Off"外的任意挡位时,通过 PTU 维护软件,可使系统处于维护模式。维护模式时可对系统单个主要设备或多个设备进行控制和检测,同时可监测系统的相关运行信息,下载历史故障记录。

④自动模式下,系统接到紧急通风指令或 MVB 故障时,系统进入紧急通风模式,风机降频降压运行,新风阀全部打开,回风阀关闭,给车厢最大限度地提供新鲜空气。

⑤当系统接收到停机指令或转换开关处于 OFF 位时,系统处于停机模式。

⑥火灾模式主要针对隧道火灾,由司机通过车辆屏发送"火灾模式"信号。新风阀全关,空调机组维持工作状态不变。当司机通过车辆屏取消"火灾模式"信号时,系统停机,需人工重新启动系统。

2)温度设定

可通过 MVB 总线或控制盘上的功能选择开关设定温度。温度设定分六挡:Auto,19 ℃,21 ℃,23 ℃,25 ℃,27 ℃。

①功能选择开关 SA1 位于 Auto 位时,温度由温度传感器和司机室的车辆控制单元进行设定。根据 UIC553,当环境温度高于 19 ℃时,室内设定温度将按以下公式计算:

$$T_{ic} = 22\ ℃ + 0.25(T_e - 19\ ℃)$$

当环境温度低于 19 ℃时,室内设定温度将维持 22 ℃,即

$$T_{ic} = 22\ ℃$$

式中　T_e——外界环境温度;

　　　T_i——室内温度;

　　　T_{ic}——室内设定温度。

当接收到 MVB 网络发送的信号为"UIC"时,室内设定温度等于 UIC553 计算得出的数值。

当接收到 MVB 网络发送的信号为 UIC-1,UIC-2,UIC+1,UIC+2 时,室内设定温度分别等于 UIC553 计算得出的数值减 1,减 2,加 1,加 2。

②当功能选择开关 SA1 位于 19 ℃,21 ℃,23 ℃,25 ℃,27 ℃中任何一位时,那么该数值为当前的室内设定温度,两空调机组按照该设定温度工作。

3)操作方法及工作过程

先分别闭合主回路中的空气开关,再闭合控制回路 DC110 V 的空气开关,当接收到 MVB 网络的"空调允许启动命令 =1"时,系统启动。表 6.1 为控制盘主要部件及功能。

表 6.1　控制盘主要部件及功能

部　件	功能描述
SA1	功能选择开关
EFK1	通风机接触器-空调机组 1
EFK2	通风机接触器-空调机组 2
CFK11、CFK12	冷凝风机接触器-空调机组 1
CFK21、CFK22	冷凝风机接触器-空调机组 2
CPK11、CPK12	压缩机接触器-空调机组 1
CPK21、CPK22	压缩机接触器-空调机组 2
DM11、DM12	旁通电磁阀-空调机组 1
DM21、DM22	旁通电磁阀-空调机组 2
RY1	中间继电器
EMFK1、EMFK2	紧急通风接触器
Test1、Test2	测试模式

①自动工作模式。此模式下由温度传感器检测到车内温度,与控制器内部设定的温度比较后,自动进行通风、半冷、全冷、预冷各工况。

由控制器检测回风温度传感器 Pt100 的温度值,取其值作为室内温度 T_i。

空调的工作状态与设定温度关系如图6.19所示(其中 T_{ic} 为室内设定温度)。

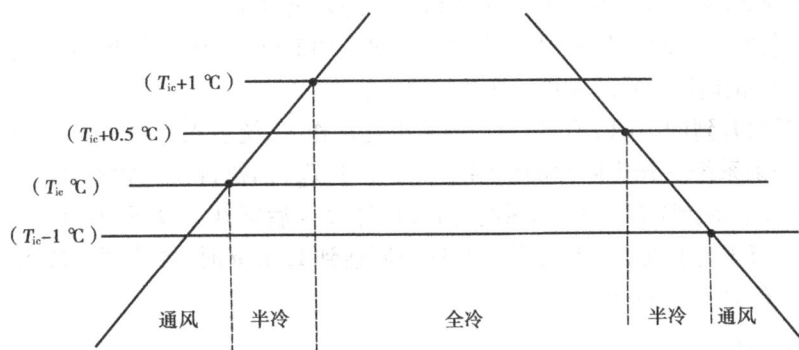

图6.19　制冷工况下温度曲线图

a.通风。由空调控制器检测两个回风温度传感器的温度值,取其平均温度作为室内温度。系统启动检测到室内温度≤T_{ic}时,接触器 EFK1,EFK2 吸合,相应指示灯亮,通风机运转,系统执行通风工作。

b.半冷。当温度继续升高,室内温度≥T_{ic}时,则空调控制器向 MVB 网络发送启动信号。同时接触器 CFK11、CFK12 吸合,接触器 CFK21、CFK22 吸合,机组1的两台冷凝风机 CF11、CF12 和机组2的两台冷凝风机 CF21、CF22 运转。延时10 s,当接收到机组允许启动信号后,接触器 CPK11(或 CPK12)吸合,机组1的压缩机 CP11(或 CP12)投入运行。同时旁通电磁阀 DM11(或 DM12)动作,延时30 s,停止输出。CPK11 动作后延时5 s 接触器 CPK21(或 CPK22)吸合,机组2的压缩机 CP21(或 CP22)投入运行。同时旁通电磁阀 DM21(或 DM22)动作,延时30 s,停止输出。机组1和机组2均进入半冷状态。

当温度下降到($T_{ic}-1$)以下时,冷凝风机及压缩机均停止运行,仅通风机保持运转。如果温度继续回升到超过 T_{ic} 时,重新执行上述动作,系统进入半冷状态,如此反复。

c.全冷。在半冷状态下,当温度继续升高,室内温度≥($T_{ic}+1$)℃时,空调控制器向 MVB 网络发送启动信号。当接收到机组允许启动信号后,接触器 CPK12(或 CPK11)吸合,机组1的压缩机 CP12(或 CP11)投入运行。同时旁通电磁阀 DM12(或 DM11)动作,延时30 s,停止输出。CPK12(或 CPK11)吸合后延时5 s,接触器 CPK22(或 CPK21)吸合,机组2的压缩机 CP22(或 CP21)投入运行。同时旁通电磁阀 DM22(或 DM21)动作,延时30 s,停止输出。机组1和机组2进入全冷状态。

如系统启动时即室内温度≥($T_{ic}+1$)℃,则空调控制器向 MVB 网络发送启动请求信号,同时接触器 CFK11、CFK12 吸合,接触器 CFK21、CFK22 吸合,机组1的两台冷凝风机 CF11 和 CF12 和机组2的两台冷凝风机 CF21 和 CF22 运转。延时10 s 后,当接收到机组允许启动信号后,接触器 CPK11(或 CPK12)吸合,机组1的压缩机 CP11(或 CP12)投入运行。同时旁通电磁阀 DM11(或 DM12)动作,延时30 s,停止输出。CPK11(或 CPK12)启动后延时5 s 后,接触器 CPK21(或 CPK22)吸合,机组2的压缩机 CP21(或 CP22)投入运行。同时旁通电磁阀

DM21(或 DM22)动作,延时 30 s,停止输出。CPK21(或 CPK22)动作后延时 5 s,接触器 CPK12 (或 CPK11)吸合,机组 1 的压缩机 CP12(或 CP11)投入运行。同时旁通电磁阀 DM12(或 DM11)动作,延时 30 s,停止输出。接触器 CPK12(或 CPK11)吸合后延时 5 s,接触器 CPK22 (或 CPK21)吸合,机组 2 的压缩机 CP22(或 CP21)投入运行。同时旁通电磁阀 DM22(或 DM21)动作,延时 30 s,停止输出。机组 1 和机组 2 进入全冷状态。

当温度降到(T_{ic}+0.5)℃以下时,机组 1 压缩机 CP12(或 CP11)停止运行,机组 2 压缩机 CP22(或 CP21)停止运行。系统又进入半冷状态。

当温度重新回升到(T_{ic}+1)℃时,重新执行上述动作,系统进入全冷状态。如此反复。

d. 预冷。如果系统一开机即检测到温度大于等于 T_{ie},则执行预冷状态,四台通风机均运行。启动预冷后,空调新风阀关闭,回风阀打开,延时 75 s 后断开。以下动作同开机后第一次进入全冷相同。当车内温度达到设定值或预冷时间达到 15 min 时,停止预冷进入正常工作状态,新风阀打开,延时 75 s 后断开。

②紧急通风模式。

当系统处于自动模式,且满足下列任意条件之一时,系统处于紧急通风模式:

a. MVB 故障时(仅故障车进入紧急通风模式,而非故障车仍继续运行);

b. MVB 正常,且收到"紧急通风"命令。

紧急通风模式下回风门关闭,新风门完全打开,送风机由紧急逆变器供电工作。其他设备停止运行。

当 MVB 网络故障或 MVB 发送"紧急通风"命令时,中间继电器 RY1 动作,发送给紧急通风逆变器允许启动指令。紧急通风信号输入后,空调控制器断开所有电机的输出。延时 10 s,接触器 EMFK1、EMFK2 吸合,通风机由紧急逆变器供电工作。同时,新风阀全开,回风阀全关。

空调机组持续执行紧急通风模式直至 MVB 网络发出停止紧急通风命令。系统收到取消"紧急通风"命令后紧急通风模式停止。紧急通风结束时,回风阀打开。

③维护模式。

将模式选择开关置于除"Off"外的任意挡位,将 PTU 与系统的 RE232 或 USB 通信口连接,启动 PTU 维护软件建立通信,系统即处于维护模式,此时 PTU 维护软件发送的命令具有最高优先权。

维护模式时可对系统单个主要设备部件进行检测,也可以对多个设备部件同时进行检测。

④测试模式。

若 SA1 打到"Test1""或"Test2"挡,此两挡位为测试位,不受 MVB 网络控制,强制机组 1 或者机组 2 运行在全冷模式,15 分钟后停机。

a. 选择"Test1"位,接触器 EFK1 吸合,控制器面板上相应指示灯亮。延时 5 s,接触器 CFK11、CFK12 吸合,控制器面板上相应指示灯亮。延时 10 s,接触器 CPK11(或 CPK12)吸合,控制器面板上相应指示灯亮。压缩机 CPK11 的旁通电磁阀 DM11 动作。电磁阀 DM11 动作后延时 30 s 后断开。CPK11 动作后延时 5 s,接触器 CPK12(或 CPK11)吸合,控制器面板上相应指示灯亮。同时旁通电磁阀动作。电磁阀动作后延时 30 s 断开,15 分钟后停机。

b. 选择"Test2"位,接触器 EFK2 吸合,控制器面板上相应指示灯亮。延时 5 s,接触器 CFK21、CFK22 吸合,控制器面板上相应指示灯亮。延时 10 s,接触器 CPK21(或 CPK22)吸合,控制器面板上相应指示灯亮。同时相应的旁通电磁阀动作。电磁阀动作后延时 30 s 后断开。CPK21(或 CPK22)动作后延时 5 s,接触器 CPK22(或 CPK21)吸合,控制器面板上相应指示灯亮。同时旁通电磁阀动作。电磁阀动作后延时 30 s 断开,15 分钟后停机。

⑤停机模式。

满足下列任意条件之一时,系统处于停机模式:

a. 当模式选择开关处于"Off"挡位,系统忽略来自 MVB 的命令信号处于停机模式;

b. 当模式选择开关处于 Auto,19 ℃,21 ℃,23 ℃,25 ℃,27 ℃挡位时,系统接受到来自 MVB 的停机信号。

c. 系统处于停机模式时,空调系统停止一切动作但控制器得电。

⑥火灾模式。

功能选择开关处于 Auto,19 ℃,21 ℃,23 ℃,25 ℃,27 ℃中任一挡位。机组处于正常工作状态,当通过上位机模拟 MVB 发送"火灾模式"信号,空调机组保持原工作状态不变,新风风阀全部关闭。当通过上位机模拟 MVB 取消"火灾模式"信号,空调机组停机,需重新启动机组。

⑦风阀状态。

系统首次上电时新风阀和回风阀全部关闭,然后再依据系统所处状态打开至指定位置,以防止控制系统突然断电。

a. 通风状态:新风阀全开,回风阀全开。

b. 制冷状态:新风阀全开,回风阀全开。

c. 紧急通风状态:新风阀全开,回风阀全关。

d. 预冷状态:新风阀全关,回风阀全开。

e. 火灾模式:新风阀全关,回风阀保持原状态。

【效果评价】

评 价 表

项目名称	城市轨道交通车辆空调控制系统运用与维护		学生姓名	
任务名称	任务6.3　空调控制系统与列车控制及监控系统的接口		分　　数	
项　　目			分　值	考核得分
1. 空调控制系统与列车控制及监控系统的接口相关知识的搜集、整理			10	
2. 是否有小组计划			5	
3. 空调控制器/PLC 与列车控制及监控系统之间传送信息的掌握情况			40	
4. 空调控制显示故障诊断的熟悉情况			30	
5. 编制学习汇报报告情况			10	
6. 基本素养考核情况			5	
教师简要评语:				
			教师签名:	

项目小结

空调自动控制系统是整个空调系统的神经系统,一般由控制器、执行器、控制对象、传感器、变速器组成。

城市轨道交通车辆空调控制系统主要采用 PLC 控制和空调控制器控制,主要包含控制盘、紧急逆变器、监控通信系统等部分。其中,空调机组的控制运作模式主要有通风、紧急通风、弱冷、全冷、自动冷、半暖、全暖、自动暖、停机等模式。

空调控制装置主要以各种接触器、空气开关、继电器等电器元件组成,因此必须定期对这些电器元件进行保养和维护,如元件检查、清理灰尘、绝缘电阻测量等。

思考练习

1. 简述空调自动控制系统基本组成、作用、特点。

2. 简述城市轨道车辆空调控制系统基本组成及作用。

3. 简述空调控制的运作模式。

4. 简述空调控制装置的保养和显示故障的诊断方法。

项目 **7**
城轨交通车辆空调系统的调试试验

【项目描述】

在城市轨道交通建设初期,车辆空调专业必然要参与车辆采购、车辆监造和新车调试等工作。城轨车辆空调系统在其出厂前和出厂后须进行有关调试试验,检验其工作性能和工作状态是否达到采购合同的技术要求。本项目介绍了城轨交通车辆通常须进行的调试试验项目、内容,调试方案的编制,调试工作的组织。在车辆采购、车辆监造以及新车调试中,对城轨交通车辆空调专业、编制供货合同中相关技术要求和厂家监造、接车调试工作具有指导作用。

【学习目标】

1. 掌握城轨交通车辆空调专业主要技术要求;
2. 了解车辆空调系统在其出厂前和出厂后须进行的主要调试试验项目;
3. 了解车辆空调系统在其出厂前和出厂后须进行的主要调试试验的内容和方法;
4. 掌握编制车辆空调系统调试大纲的主要内容;
5. 了解新车调试方案的编制和调试工作的组织。

【技能目标】

1. 能够编制城轨交通车辆供货合同中的空调专业技术要求;
2. 能够参与车辆空调专业的生产监造;
3. 能够编制车辆调试方案;
4. 能够组织现场新车调试工作。

任务 7.1　城轨交通车辆空调专业技术要求的认知

【活动场景】

车辆设备技术规格书是车辆供货合同的重要部分。技术规格书不仅阐述了车辆的主要设备的分包厂家、型号、规格,而且确定了其技术要求和技术参数,进而明确了车辆的运行品质和服务品质。本任务进行课堂教学,讲授车辆供货合同技术规格书中有关空调专业的内容。

【任务要求】

掌握车辆供货合同中空调专业技术规格及要求的主要内容构成。

【知识准备】

车辆供货合同是供需双方约定车辆技术规格、质量要求、供货方式等要求的技术文件。其中,涉及空调专业的内容是车辆空调系统的技术规格及要求。编制车辆供货合同前,须在科学预测线路客流的基础上,确定车辆选型、车辆编组,做好车辆空调系统的设计和选型后,进而确定车辆空调系统的技术规格及要求。

车辆供货合同中车辆空调专业的内容须涵盖车辆空调系统的基本要求、性能要求、主要部件要求和试验功能要求。

7.1.1　基本要求

基本要求主要包含空调机组的制冷形式、安装方式、启动方式、空调系统的控制方式、控制工况等基本技术要求。举例如下:

①空调机组采用单冷形式、微机控制。

②空调机组采用顶置式安装,空调机组外形轮廓尽可能与相邻的车体轮廓形状相一致。空调安装后,车内客室高度必须予以保证。

③每辆车安装空调机组 2 台,确保满足车辆制冷要求。当空调机组因故不能制冷时,保证适当的通风;具备紧急通风功能,保证列车无电(故障)时向车内紧急供风。

④全列车空调机组在车辆运行时由司机集中控制;在维修时可由维修人员单独控制。

⑤空调装置设有 4 种工况:手动、自动、通风和停止,可通过本车控制装置对空调进行控制,也可通过司机室内的显示器进行控制和温度设定。

⑥空调机组可与列车总线网络进行通信,并可通过列车总线网络对空调机组进行控制。

⑦空调机组的启动方式:采用同步指令控制,分时顺序启动。

7.1.2　性能要求

性能要求主要包含空调机组额定风量、制冷量(制热量)、保护功能、密封性能等。此外,还有空调机组整机噪声、排水、电源方式等。

①额定风量:包括送风量标准和新风量标准。

②制冷量(制热量):每台空调机组在名义工况下工作时的制冷量(制热量),在最大负荷工况下工作时的制冷量(制热量)。在环境温度达到指定温度时,能保证客室内温度、湿度所能达到的标准。

③保护功能:空调机组须设有过载、短路、过电压、欠电压、缺相及压缩机过压、低温不启动等保护功能,以及保护动作执行标准。

④密封性能:制冷系统的密封性能,保证制冷剂不漏泄;空调机组风道的密封性能,保证不漏风和风道无水;空调机组与车体的密封性能,机组的排水功能,保证机组与车体间密接。

⑤绝缘性能:空调机组绝缘阻值标准和绝缘介电强度,绝缘介电强度应满足 IEC60310 或 JIS6602 标准的要求。

⑥隔音、隔热性能:空调机组运转时的噪声标准和隔热阻燃要求。

⑦机组启动性能:包括启机条件、启动制冷时客室风速要求等。

⑧机组供电方式:包括正常转动、列车故障(无电)以及车辆检修、调试时的供电方式。

7.1.3　主要部件要求

这部分内容主要阐述空调机组中压缩机、风机、蒸发器、冷凝器、节流装置等部件,以及制冷剂等的主要规格要求。试举例如下:

(1)压缩机组

①采用卧式或立式涡旋压缩机,具有过热保护、过压保护和高、低压保护装置;

②压缩机电机为三相 AC380 V、50 Hz 常时工作制电机,具有过载、接地、缺相、欠压、过压等保护;

③压缩机组寿命、平均无故障工作时间及原产地等。

(2)风机

①空调机组风机符合有关国际标准或 JISB8330 标准的规定;

②空调机组风机的电机符合 GB755、IEC60349、JISE6601 标准的规定;

③通风机采用低噪声离心式风机,电源为三相 AC380 V、50 Hz,具有过载、短路、欠压和缺相等保护,并可在潮湿环境中工作;

④冷凝风机采用低噪声轴流式防水风机,电源为三相 AC380 V、50 Hz,具有过载、短路、欠压和缺相等保护,并可在潮湿环境中工作。

(3)节流装置

空调机组用节流毛细管或膨胀阀,符合有关标准的规定。

(4)制冷剂

使用 R407C 或符合环保部门有关规定的其他环保型制冷剂。

(5)冷冻机油

空调机组使用的冷冻机油符合有关标准的规定。

(6)蒸发器、冷凝器

①蒸发器、冷凝器均采用铜管铜翅片或铜管铝翅片结构;

②蒸发器、冷凝器框架采用具有足够刚度和强度的耐腐蚀材料;

③翅片形状、结构便于清洗;

④管子间隔和翅片间隔便于清洗;

⑤排水管有足够的斜度以排放冷凝水或雨水。

（7）空调机组的壳体

壳体采用不锈钢材料，防风、防水密封结构及减震器，符合有关标准的规定。

（8）管路及其他

①空调系统所用的管材及保温材料、消声材料等采用不燃材料，具有防潮、防腐、防蛀、耐老化和无毒的性能。

②空调过滤网易拆洗，可重复使用。

7.1.4　试验性能要求

合同中应明确阐明车辆空调系统须进行的型式试验和运用试验。通过型式试验以证明产品满足 GB/T 19842—2005 中规定的相关要求，通过运用试验以证明设计满足使用需要和达到的相关技术要求。试验方法以 GB/T 19842—2005、TB/T 1804—2003 标准或 JISE6602 及其他经过验证的国际相关标准为准。

（1）型式试验

《轨道车辆空调机组》GB/T 19842-2005 中规定了空调机组在出厂前，空调机组生产厂家必做的 25 项形式试验项目，见表 7.1。

在车辆供货合同中，须对车辆供货厂家应做的空调系统型式试验项目进行明确约定。一般包括：

①名义制冷量和输入功率；

②最大负荷工况和输入功率；

③线路运行条件下的制冷量和输入功率；

④启动试验；

⑤凝露工况试验；

⑥低温工况试验；

⑦极端工况下（外界气温 45 ℃）的运转试验；

⑧冲击和振动试验；

⑨静压试验；

⑩能效比特性试验；

⑪通风机、冷凝风机的风量和风压；

⑫机组噪音测量；

⑬机组水密性试验；

⑭运转程序试验；

⑮保护、绝缘、介电强度试验；

⑯电子设备试验；

⑰紧急通风试验；

⑱测量通风机风量、风压；

⑲降温梯度试验；

⑳水密性试验。

表 7.1　空调机组型式试验项目

序　号	项　　目	型式试验	出厂检验	抽样检验
1	一般检查		※	※
2	标志检查			
3	包装检查			
4	绝缘电阻试验			
5	电气强度试验			
6	接地电阻试验			
7	制冷系统密封性能试验			
8	运转试验			
9	淋雨试验			
10	气密性试验			
11	制冷量试验	※		
12	机外静压试验			
13	制冷消耗功率试验			
14	最大负荷制冷试验			
15	热泵制热试验			
16	热泵制热消耗功率试验			
17	电加热功率试验			
18	能效比试验		△	
19	性能系数试验			
20	凝露试验			
21	噪声试验			
22	低温工况试验			△
23	热泵最大制热负荷试验			
24	自动除霜试验			
25	振动试验			

注:"※"为应做试验,"△"为不做试验。

(2)运用试验

运用试验是在列车编组后进行的试验项目。一般包括:

①启动试验;

②运用条件下的功能试验;

③运用条件下的制冷和输入功率试验;

④运用条件下的功率和温度分布试验;

⑤空车状态下客室风量检测；

⑥空车状态下客室降温梯度试验；

⑦噪声试验。

【任务实施】

①假设所在城市将开工建设地铁,编制车辆供货合同的车辆空调系统的技术规格书。

②以广州地铁二号线为例,撰写空调系统技术规格书中的基本要求和性能要求。

③根据本书项目1,对西安地铁二号线车辆空调的介绍,撰写空调系统技术规格书中空调机组主要部件要求。

【效果评价】

评 价 表

项目名称	城轨交通车辆空调系统的调试试验		学生姓名	
任务名称	任务7.1 城轨交通车辆空调专业技术要求的认知		分 数	
项 目			分 值	考核得分
1.城轨车辆供货合同中空调专业技术规格及要求的撰写情况			20	
2.城轨车辆空调系统基本要求的认知情况			15	
3.城轨车辆空调系统性能要求的认知情况			15	
4.城轨车辆空调系统主要部件要求的认知情况			15	
5.城轨车辆空调系统试验性能要求的认知情况			15	
6.编制学习总结情况			10	
7.基本素养考核情况			10	
教师简要评语： 教师签名：				

任务7.2 城轨交通车辆空调系统调试大纲的编制

【活动场景】

调试大纲是检验车辆设备是否满足合同要求而需进行的调试试验技术文件,是组织调试工作的核心文件。其具体内容有调试目的、范围、项目及项目的具体试验方法、试验评定标准等。它通常由车辆厂家编制,也可由第三方编制。本任务在车辆生产厂家生产现场,新造城轨车辆完工后编制调试大纲,也可进行课堂教学。

【任务要求】

了解车辆空调系统在运营使用前须进行的主要调试试验项目及其内容和方法。

【知识准备】

车辆空调系统调试是为了检查空调系统状态是否正常及性能指标是否满足电动客车采购合同的要求。调试由车辆制造厂进行。调试试验依据于车辆采购合同中的要求。因此,调试试验也按合同内容分为两类,即型式试验和运用试验。其中,一部分试验项目需在卖方现场进行,在车辆监造中应对这些调试试验工作进行监督;一部分试验项目需当车辆到货连挂编组后、在用户现场进行,称为新车调试。

车辆调试大纲是阐述检查车辆状态及性能指标是否满足采购合同要求而进行的车辆调试内容的文件,内容包括:试验目的、试验依据、试验项目、试验条件、试验设备、试验方法内容和试验检验标准等。其中关于空调系统调试的试验项目须依据车辆供货合同中空调系统的技术规格及要求,涵盖合同中约定的所有试验性能要求。

由于空调系统调试试验项目较多,现以运用试验项目为例,介绍运用试验的调试大纲。

7.2.1　试验目的

试验目的是检验空调系统状态是否正常及性能指标是否满足电动客车采购合同的要求。

7.2.2　试验依据

试验依据是车辆采购合同中的要求。

7.2.3　试验项目

调试工作中的试验项目用于检验车辆状态及性能指标是否满足采购合同要求,通常要覆盖供货合同中技术规格及要求的内容,包括型式试验和运用试验。以下 5 项试验通常是空调系统必做的调试试验项目。

①启动试验;
②空车状态下客室风量检测;
③空车状态下客室降温梯度试验;
④噪声试验;
⑤运用条件下的制冷和输入功率试验。

7.2.4　试验条件

①试验车辆及其内部设备应处于正常运用状态。
②空调系统试验期间,连续 2 小时以上外气温度符合 (35 ± 2) ℃,相对湿度为 $60\% \pm 5\%$ 。特殊情况下,可超过上限值,但干球温度不得低于下限值。
③运行试验应在线路上按正常运行速度进行。
④噪声试验期间,车门窗须关闭,符合列车噪声试验的其他条件。

7.2.5 试验设备

①各测量仪表必须在计量检定周期内,并应有计量检定合格证。
②多功能风速仪,其测量偏差应不大于测量值的 10% 。
③温湿度测量仪,其测量偏差应不大于 0.5 ℃。
④电流表精度应不低于 0.5 级。
⑤电压表精度应不低于 0.5 级。
⑥精密声级计。

7.2.6 试验步骤

①车辆处于静止状态,不载客、关门。开机前,先记录一组车内外温、湿度原始数据。
②车辆处于静止状态,开启空调机组,将空调机组设置在全冷状态,测定客室、司机室内空车降温速率、车内微风速、噪声。观测并记录空调机组工作情况。
③车辆处于正常运行状态,不载客、关门。开机前,先记录一组车内外温、湿度原始数据。
④车辆处于正常运行状态,开启空调机组,将空调机组设置在自动位,测定客室、司机室内空车降温速率、车内微风速、噪声。观测并记录空调机组工作情况。

7.2.7 试验方法

①测定客室、司机室内空车降温速率方法:车辆静止和正常运行状态时,每隔 10 min 分别测量一次客室、司机室温度、相对湿度,连续测记 1 小时。
②空车状态下客室风量检测方法:用风速仪分别测各测试点的风速、各空调新风口的风速和各出风口的风速。根据测定的风速计算风量,根据新风口风速及面积计算新风量,人均新风量应不小于 10 m^3/h。
③制冷和输入功率试验方法:分别用电压表、电流表测量压缩机、蒸发风机、冷凝风机电气参数计算输入功率。
④噪声试验方法:在车辆静止条件下,空调机组置于强冷位,在客室内及车外测试其噪声值。每个测点数据采集 3 次,每次取 3~5 s 的中间值。对于平均值偏差大于 3 dB(A)的数据应予以删除,取算术平均值。当出现猝发声或读数起伏超过 3 dB(A)时,应停止测量,待稳定后再进行。
⑤测定空调机组自动控制能力的方法:开启空调机组制冷,将空调机组设置在自动位,客室内温度低于设定温度时,空调机组应能自动转为半冷或通风。客室内温度高于设定温度时,空调机组应能自动转为半冷或全冷。
⑥观测空调机组工作情况:观察车内有无喷雾及漏水现象,机组有无异响、异震,以及空调系统各设备的运转状态。

7.2.8 试验标准

试验标准是合同中关于空调系统的技术要求、性能要求和功能要求。

【任务实施】

①以广州地铁二号线为例,编制车辆空调系统调试大纲。

②编写以下试验项目的调试大纲。

a.启动试验;

b.空车状态下客室风量检测;

c.空车状态下客室降温梯度试验。

【效果评价】

评 价 表

项目名称	城轨交通车辆空调系统的调试试验	学生姓名	
任务名称	任务 7.2　城轨交通车辆空调系统调试大纲的编制	分　数	
项　目		分　值	考核得分
1.城轨车辆空调系统调试工作的认知情况		20	
2.城轨车辆空调系统调试大纲内容构成的认知情况		20	
3.城轨车辆空调系统调试试验项目的认知情况		20	
4.城轨车辆空调系统调试大纲的编制情况		20	
5.编制学习总结情况		10	
6.基本素养考核情况		10	
教师简要评语:			
教师签名:			

任务7.3　城轨交通车辆调试方案的编制及组织

【活动场景】

调试方案是根据调试大纲的内容制订的组织调试各项工作的工作方案,是确保调试大纲中须在用户现场进行的新车调试项目顺利开展和完成的工作办法。调试方案中明确了调试工作的范围、目的、指挥、纪律和实施等内容,用于组织车辆厂方和用户,多方努力、协调一致、共同完成调试工作。本任务在城轨运营单位现场,对新到货的新造车开展调试工作。

【任务要求】

学习并掌握车辆空调系统在其出厂后须进行的新车调试工作的组织。

【知识准备】

新车调试工作是新造车辆到达用户现场、进行编组后,在用户实地现场为检查车辆状态及性能指标是否满足采购合同要求而进行的试验工作。这项工作涉及车辆自身和车辆所行驶的线路的各个专业,涉及车辆用户和车辆制造厂等多方面人员,为使调试工作有计划、有组织、有目的地开展,需要制订调试工作方案,详细安排调试工作。

7.3.1 车辆调试方案的主要内容

车辆调试方案是总体安排、有序开展调试工作的技术文件。一般包含以下内容:

(1)**调试工作的总体要求**

确定调试工作的范围、目的,以及试验涉及的所有车辆系统。

(2)**调试工作的内容及范围**

明确本次调试工作中所涉及的检验车辆系统使用功能的试验范围。

(3)**调试时间的确定及组织工作落实**

①调试时间的确定;

②调试指挥小组机构成员名单;

③各专业负责人名单;

④调试指挥小组组长职责;

⑤各专业负责人职责;

⑥调试值班人员职责;

⑦调试纪律;

⑧调试工作制度;

⑨调试工作依据。

制定调试工作相关制度和纪律是规范调试工作流程和工作纪律的必要工作。工作制度通常有会议制度、汇报制度、安全制度、交接班制度等。调试纪律通常有签到纪律、请销假纪律、督导纪律等。

(4)**调试工作的项目与程序**

城轨交通车辆是多专业综合性的产品,是多个子系统组成的紧密联系的复杂设备,涉及机械、电气、控制、材料等多领域。车辆调试工作涉及车辆各个系统,项目繁多。在调试方案中,对每个调试项目均须阐述以下内容:

①主要仪表工具;

②作业条件;

③准备工作;

④调试方法(工艺程序);

⑤调试评定标准。

7.3.2 车辆调试工作的组织

车辆调试涉及多专业、多项目、多人员,首先须明确组织构成及职责分工,即建立调试指挥小组。一般说来,车辆调试工作中除车辆专业,还涉及线路设施专业和行车调度专业。此外,为保障调试工作的顺利开展,还需有安全、技术督导和物资后勤保障的相关人员。因此,调试指挥小组可下设 5 个专业组,即车辆专业组、设施专业组、行车专业组、督导组和保障组,如图7.1 所示。除上述地铁运营部门的人员外,还有车辆厂家和相关专业厂家派驻的人员。

在建立了完备的组织机构和工作流程、纪律,确定了调试工作中所涉及的检验车辆系统使用功能的试验范围之后,由车辆专业组的调试人员,制订车辆各系统的试验项目、内容、方法及工艺流程。

【任务实施】

①在空调调试试验中,布置采集、检测试验数据的传感器检测点。

由于调试试验的目的就是检验车辆状态是否正常及性能指标是否满足电动客车采购合同的要求,各项试验特别是空调系统试验,需要在试验过程中采集、检测大量的试验数据。因此,对于新车调试的空调系统试验,准备工作中能否作好检测点的布置工作,直接关系到试验数据是否准确、试验结论是否正确。检测点的布置是调试准备工作的重要内容。

测点的布置:

a. 测点须在 M、T 和 Tc 车布置。

b. 客室内温度测点对应于旅客坐下和站立时的头部两个位置布置,测点距地板面的高度分别为 1.2 m 和 1.7 m。

c. 客室在两端及中部取 3 个测温断面。在每个断面的中部、左右对称、分别距地板面的高度为 1.2 m 和 1.7 m 布置 4 个测点,共布置 12 个测点。

d. 司机室在中部距地板面 1.2 m 和 1.7 m 布置两个测点。

e. 回风温度、湿度测点设在距回风格栅 0.05 m 处,每个回风口各设 1~2 个。

f. 外气温度、湿度测点在车外空调机组新风口处。

g. 新风速度测点设在距新风口 0.05 m 处,每个风口各设 2 个。

h. 在带司机室的拖车和动车的客室内,以及车外设置噪声试验测点。

②以空调系统噪声测量试验为例,编制调试工作方案。

【方案案例】

地铁车辆噪声测量调试方案

一、调试工作的总体要求

本调试方案适用于××号线所有地铁车辆的噪声测量试验。

(1)调试目的

检验××号线地铁车辆司机室和客室车内部运行噪声、车辆静止和运行的辐射噪声是否满足合同要求。(2)调试依据

《××号线地铁车辆整车采购合同》附件:技术规格书;

ISO 3095:2005《铁路应用-声学-轨道车辆辐射噪声测量》;

ISO 3381:2005《铁路应用-声学-轨道车辆内部噪声测量》。

二、调试工作的内容及范围

(1)工作内容

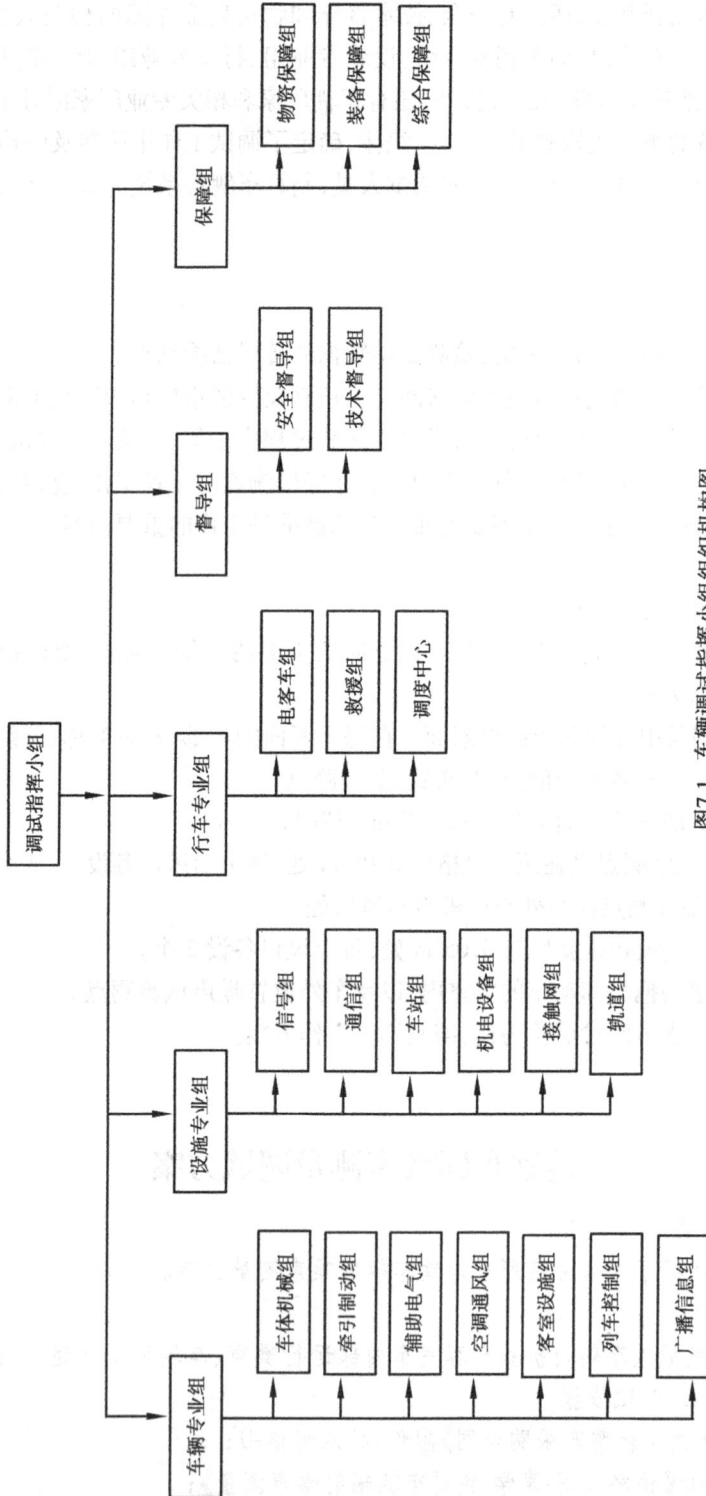

图7.1 车辆调试指挥小组组织机构图

　　制定本办法的目的是确保××号线地铁车辆噪声测量调试工作的有序推进,保证参与人员人身安全、设备安全及行车安全。

　　(2)适用范围

本办法适用于××号线所有地铁车辆车内和车外噪声测量试验工作。

三、调试组织工作

(1)调试时间的确定(见表7.2)

表7.2　调试时间安排

项　目	工作内容	计划时间
整　备	1. 车辆库内整备检查； 2. 噪声测点的布设。	××××年××月××日
静　调	1. 车辆静止状态车外测试； 2. 车辆静止状态车内测试； 3. 车辆静止状态设备噪声测试。	××××年××月××日
正线动调	1. 车辆运行状态车内噪声测试； 2. 车辆运行状态车外噪声测试。	××××年××月××日
总　结	形成调试报告。	××××年××月××日

(2)调试指挥小组机构成员

调试指挥小组由调试总指挥和各专业组负责人组成。调试工作设厂方专业组、车辆专业组、行车专业组、安全督导组和综合保障组。

(3)各专业负责人名单

(内容略)

(4)调试指挥小组组长(总指挥)职责

①负责地铁车辆调试试验工作的总体协调和指挥工作,落实地铁车辆保障工作,确保各项工作按计划进行;

②负责督导、指挥车辆故障应急处理、车辆非正常情况下的救援工作;组织对车辆调试过程中出现问题的处理及汇总;

③协调车辆厂方调试并提供相关支持,跟踪监造及调试中该系统开口项整改情况。

(5)各专业负责人职责

①厂方专业组:负责制定调试大纲,提供车辆调试相关技术文件,并主持调试工作。

②车辆专业组:负责车辆调试工作及与厂方的各项协调工作。负责协调车辆电气、机械、牵引、制动各小组的工作。

③行车专业组:负责车辆段行车计划申请的审批,监督检查计划的执行情况,并负责作业过程的安全管理。负责车辆故障应急处理,车辆非正常情况下的救援工作。

④安全督导组:全面负责列车调试期间安全及技术工作的督导、检查。

⑤综合保障组:负责调试期间所用到材料、器具、物资的调配工作,并负责地铁车辆调试期间的后勤保障工作。

(6)调试纪律

①所有组员必须严格执行相关设备操作规程、安全管理规程、车场安全规定等。

②所有参与调试人员,未经车辆厂家、其他设备厂家及车辆调度允许均不得擅动厂家调试

设备、车辆设备及其他可能危及车辆、人身安全的设备。

③车辆调度负责进入调试作业场所人员的管理。所有进入调试车辆作业人员必须进行登记,非相关调试人员一律不得进入调试作业场地。

④进入作业场所人员必须做好个人安全防护。安全督导组负责监督。

⑤所有组员必须经过相关培训,通过安全考试合格后方可到车辆段现场参与相关工作。

⑥所有组员要认真学习厂家提供的相关技术资料,根据试验项目提前熟悉相关内容,在每次试验前要做到“五清”。(“试验项目清、试验过程清、试验标准清、试验分工清、试验风险清”)。

⑦车辆专业组员要根据试验计划,全程参与相关试验,不得发生漏项现象。

⑧调试过程中若出现问题,各组负责人应马上采取处理措施,并立即向主持调试的厂家负责人通报。必要时,负责人有权要求停止调试。

(7)调试工作制度

①会议制度:

a.每日调试工作开始前组织会议,各调试配合组负责人参加,汇报前一天调试情况及存在问题。调试指挥小组负责安排当天的调试任务。

b.对于车辆调试组调试车辆需要其他调试配合组参与时,需提前一天制订计划,报请调试指挥小组,并由调试指挥小组在调试会议上进行安排。

②签到、请销点制度:

a.各专业组负责人于每日会议前须在车辆调度处签到。

b.当天参与调试作业的所有人员须在调试作业开始前到车辆调度处签到,办理请点手续。

c.所有调试作业均须向车辆调度请点,车辆调度签字确认后,方可开始作业。作业完成,向车辆调度销点。

③记录汇报制度:

a.各专业组参与人员在调试过程中要认真记录。

b.调试过程中若出现问题,组员应立即向其专业组负责人汇报,专业组负责人应马上采取处理措施。如涉及其他专业,相关专业组负责人协调处理,必要时报请调试指挥小组协调。

(8)调试工作依据

调试工作依据以下规章文本:

①地铁车辆调试期间安全管理办法;

②工程建设期间人身安全规定;

③车场安全管理办法;

④事故救援管理规则;

⑤行车调度规则;

⑥司机安全驾驶手册;

⑦地铁车辆检修规程;

⑧外单位人员管理办法。

四、调试工作的项目与程序

(1)调试项目

地铁车辆噪声测量试验。

（2）试验条件

1）试验对象

选取一列编组中所有类型的车辆。

2）被试车辆条件

①被试车辆处于正常的工作状态。

②车辆处于正常操作条件，轮对踏面没有明显的缺陷。

③测量过程中，车辆门窗关闭。

④被试车为 AW0 整备状态，除测试工作人员外无其他乘客。

3）试验线路

①线路曲线半径大于 1 000 m，坡道小于 6‰。

②碎石道床、钢筋混凝土轨枕、无缝线路，轨面无明显擦伤和缺陷。

4）试验环境

①被试车辆附近地势平坦，不应有大面积连续的声反射物，如建筑物、城墙或其他类似的大型障碍物；

②背景声压级比在此背景噪声下测量的车辆产生的噪声至少低 10 dB；

③其他声源的噪声（例如工厂噪声，其他车辆等）不能影响被试车辆噪声测量；

④气象条件（例如雨、雪、风、温度）不应影响测量结果。

5）试验配合

需要厂方工作人员配合打开、关闭被试车辆相关电器设备。

（3）试验设备

测试用试验设备满足 IEC651（1979）以及 IEC60804（1985）的要求。

（4）试验方法和试验程序

1）静止外部噪声测量

列车静止，测量外部噪声，存储传感器信号，以便日后处理。

①车体每侧布置 5 个传声器，距离轨道中心线 7.5 m，距轨平面 1.5 m，具体如图 7.2 所示。车体中央布置 1 个测点，中央测点两侧布置 2 个测点，测点之间相距 5 m。

②传声器应弹性地固定在支架上，面向车体，其轴线与轨平面平行。

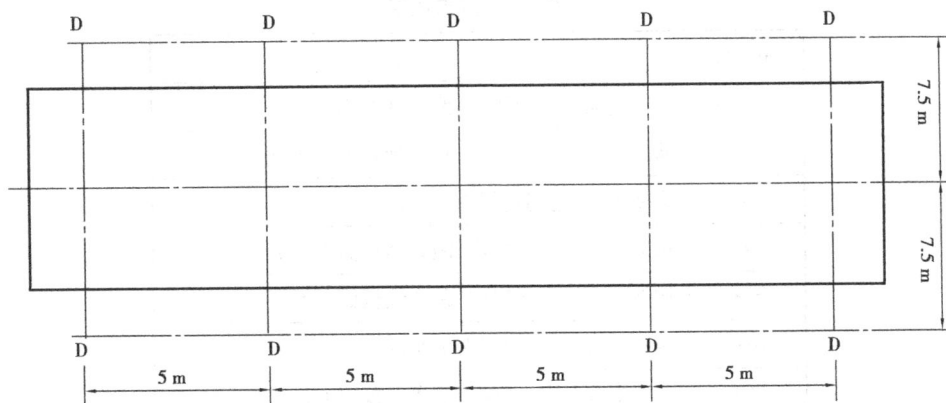

图 7.2 传声器位置

③连接所有仪器设备,并进行校验。

④记录气象条件。

⑤试验前测量并存储背景噪声。

⑥车体两侧门窗和车内过道门关闭。

⑦存储传感器的时间历程数据。

⑧辅助电器设备正常工作。

测量时间不小于20 s,特殊情况下不小于5 s,进行3次有效测量。测量时间的变化需要在试验报告中说明。记录辅助电器(主要包括空调系统、主逆变器)工作状态。

2)车辆内部噪声测量

列车静止和恒速运行时,车内噪声测点位置相同。调整车载电器设备达到试验要求,测量车内噪声、存储传声器信号,以便日后处理。

①测点位置。司机室布置1个测点,客室布置3个测点,测点暂按图7.3、图7.4和表7.3布置。

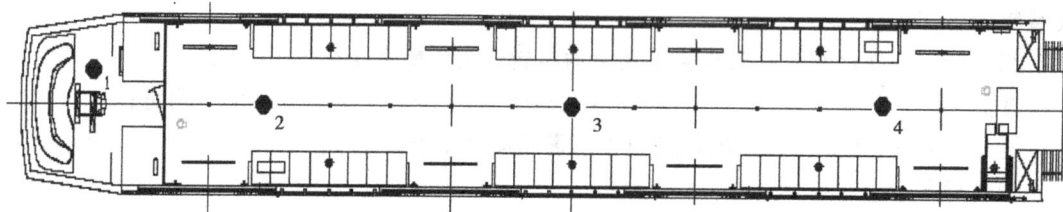

图7.3　带司机室拖车车内测点布置

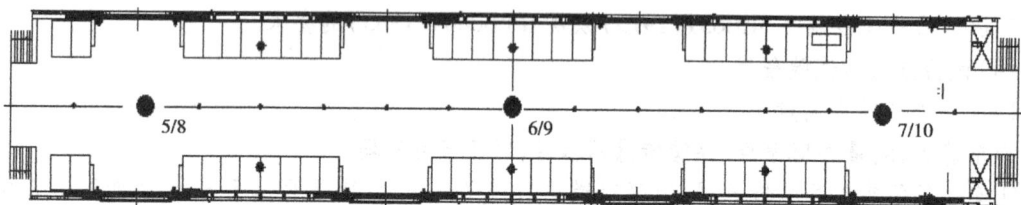

图7.4　普通动车车内测点布置

表7.3　测点位置

序　号	位　置
1	司机室司机座位附近,距离地板面1.2 m
2	构架中心上方客室内,距离地板面1.5 m
3	客室中央,距离地板面1.5 m
4	构架中心上方客室内,距离地板面1.5 m
5/8	构架中心上方客室内,距离地板面1.5 m
6/9	客室中央,距离地板面1.5 m
7/10	构架中心上方客室内,距离地板面1.5 m

②试验步骤同{静止外部噪声测量},速度从 40 km/h 起,分 3 个速度级采样:40 km/h、60 km/h、80 km/h。空调系统正常负载运行。并记录电器工作状态。

3)运行外部噪声测量

列车恒速运行,测量车外噪声、存储传感器信号,以便日后处理。

①测点位置。恒速运行车外辐射噪声测量时,布置 1 个传声器,传声器距轨道中心线 7.5 m,距轨道面 1.5 m。传声器应弹性地固定在支架上,面向车体,其轴线与轨平面平行。具体如图 7.5 所示。

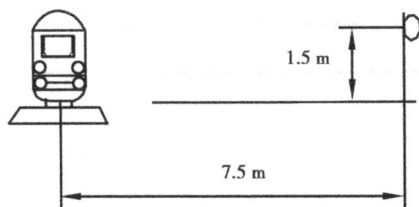

图 7.5　车外辐射噪声

②试验步骤同{静止外部噪声测量},速度从 40 km/h 起,分 3 个速度级采样:40 km/h、60 km/h、80km/h。

4)车外设备辐射噪声测量

在列车静止状态下,离空气压缩机、辅助逆变器等各种噪声大的设备 5 m 远的地方布置测点(高度以测点布置合适为准),同车外静止噪声测量同时进行。

5)评定标准(表 7.4)

表 7.4　评定标准

部　位	车辆状态	噪声值	车辆状态	噪声值
司机室	80 km/h 恒速运行时	≤75 dB(A)	静止时	≤69 dB(A)
客　室		≤75 dB(A)		≤69 dB(A)
车外辐射	60 km/h 恒速运行时	≤80 dB(A)		≤69 dB(A)

在离空气压缩机、辅助逆变器等各种噪声大的设备 5 m 的任何方向测量产生的噪声不应超过 66 dB(A)。

【效果评价】

评价表

项目名称	城轨交通车辆空调系统的调试试验		学生姓名	
任务名称	任务 7.3　城轨交通车辆调试方案的编制及组织		分　数	
项　目			分　值	考核得分
1.城轨车辆调试方案构成的认知情况			20	
2.城轨车辆空调系统调试前准备工作的认知情况			20	

续表

项目名称	城轨交通车辆空调系统的调试试验	学生姓名	
任务名称	任务7.3　城轨交通车辆调试方案的编制及组织	分　数	
项　目		分　值	考核得分
3.城轨车辆空调系统调试方案的编制情况		20	
4.城轨车辆调试工作组织的认知情况		20	
5.编制学习总结情况		10	
6.基本素养考核情况		10	
教师简要评语： 教师签名：			

项目小结

在城轨交通车辆工作中,新车调试是地铁线路运营开通前的一项重要基础工作。其工作的好坏,不仅关系到地铁线路是否能够顺利开通,而且关系到地铁车辆是否满足运行品质和服务品质的预期要求。车辆调试是车辆专业必做的一项工作内容。

思考练习

1.编定车辆供货合同中空调专业主要部件的技术规格书。

2.拟订地铁车辆空调专业调试大纲。

3.编制地铁车辆空调系统运行时噪声测量试验的调试大纲。

4.简述车辆空调系统在用户现场须进行的主要调试试验项目。